우리말 우리 문화 하

우리말 우리 문화 (하)

초판1쇄 인쇄 2014년 12월 23일 | 초판1쇄 발행 2014년 12월 30일
저자 박갑수
펴낸이 이대현 | 책임편집 이소희 | 편집 권분옥 박선주
디자인 이홍주 | 마케팅 박태훈 안현진 | 관리 구본준
펴낸곳 도서출판 역락 | 등록 제303-2002-000014호(등록일 1999년 4월 19일)
주소 서울시 서초구 동광로 46길 6-6 문창빌딩 2층
전화 02-3409-2058(영업부), 2060(편집부) | 팩시밀리 02-3409-2059
전자우편 youkrack@hanmail.net

ISBN 979-11-5686-137-9 04710
      979-11-5686-135-5 (전2권)
정가 20,000원

이 도서의 국립중앙도서관 출판예정도서목록(CIP)은 서지정보유통지원시스템 홈페이지(http://seoji.nl.go.kr)와
국가자료공동목록시스템(http://www.nl.go.kr/kolisnet)에서 이용하실 수 있습니다.(CIP제어번호 : CIP2014037770)

우리말 우리 문화

박갑수

역락

서문

언어는 문화의 색인(索引)이라 한다. 이는 문화(文化)를 반영한다.

언어와 문화는 표리관계(表裏關係)를 지닌다. 따라서 언어를 알려면 문화를 알아야 한다. 문화를 알지 않고는 언어를 제대로 이해할 수 없다. 특히 외국인의 경우 더욱 그러하다. 그래서 외국어교육에서는 그 첫째시간부터 문화교육이 필요하다고 한다.

화자(話者)가 표준어를 쓰느냐 아니냐에 따라 교양인이냐, 아니냐를 가름하고, 그 국민이 어느 정도 표준어(標準語)를 구사하느냐에 따라 그 나라의 문화 정도를 평가한다. 그리고 개인적으로는 그가 얼마나 많은 어휘를 알고 사용하느냐에 따라 지식인의 단계가 평정된다.

『우리말 우리 문화』라는 책을 세상에 내어 놓는다. 이는 한 마디로 앞에서 말한 언어·문화의 속성을 전제로 한 것이다. 우리 언중(言衆)이 우리말에 반영된 우리의 문화를 이해하여 훌륭한 교양인이 되고, 우리말에 대한 풍부한 식견을 갖춤으로 보다 훌륭한 지식인으로 대접 받고, 성장할 수 있었으면 하는 바람에서 이들 글을 쓰고, 책을 간행하는 것이다.

그런데 우리는 우리말에 대한 관심이 지나치게 소홀한 편이며, 바른말에 대한 인식이 부족한 편이다. 그래서 우리말에는 좋은 말들이 많이 있음에도 불구하고 활용을 하지 않아 사어(死語)가 되었거나, 되어 가는 말이 많은가 하면, 어휘·문법·화용(話用)의 면에서 잘못 쓰는 경우도 많다. 우리말에 활력을 불어넣어야 하겠다.

　이 책에서는 특히 우리말의 고유어(固有語), 그 가운데도 많은 단어 가족을 거느린 어휘 150개 내외를 골라, 166개 꼭지에서 논의를 하였다. '가슴'에서 '힘'에 이르는 150개 내외의 표제어(標題語)를 중심으로, 이와 의미 및 형태면에서 관련을 갖는 4, 5000의 어휘·관용어·속담에 이르는 넓은 의미의 어휘(語彙)를 대상으로 한 것이다. 따라서 이는 '언어'라는 주제가 있는 에세이집(集)이라 하여 좋을 것이다. 여기서는 어원(語源) 및 발상(發想)에 대한 문제도 아울러 다루어 언어와 문화의 관계를 구체적으로 논의하였다. 따라서 독자의 흥미도 유발하고, 재미도 느끼도록 할 것이다. 특히 우리말에만 한정하지 아니하고 영어·일어·중국어와도 비교·대조하여 우리말의 특성을 보다 잘 이해하게 하고, 흥미를 느끼게 할 것으로 기대한다.

　이 책에 수록된 166개 꼭지의 글들은 세 가지 부류로 이루어졌다. 그 하나는 월간 『독서평설』(지학사)에, 다른 하나는 월간 『한글＋漢字 문화』(전국한자교육연합회)에 발표한 「우리말 우리 문화」의 원고이고, 나머지는 발표하지 않은 「우리말 우리 문화」 원고다. 『독서평설』에는 2000년 8월부터 2002년 2월에 걸쳐 발표한 것이고, 『한글+漢字문화』에는 2001년 5월부터 2012년 12월에 걸쳐 발표한 것이다. 여기에는 시사성도 반영된다.

이 책에는 독자의 편의를 위해 부록으로 '어휘 색인'을 붙여 사전처럼 이용하게 하였다. 쉽게 궁금한 것을 해결할 수 있게 하기 위해서다. 그러나 지면 관계로 모든 어휘를 색인에 수용하지 못하고, 해설이 붙여진 어휘, 그것도 주요 단어만을 제시한 아쉬움이 있다. 나머지 어휘는 표제어 항을 통해 검색하기 바란다. 그러면 덤으로 얻는 수확도 있을 것이다.

우리는 우리말에 대한 관심과 사랑이 부족하다. 일본에서는 일본어 사용에 관한 교양서가 베스트셀러가 되기도 하고 있다. 우리말에 대한 관심과 애정을 쏟아 모두가 훌륭한 교양인, 지식인이 되길 바란다. 우리말 겨루기와 같은 실전에서는 영광의 지름길도 되게 할 것이다.

2014년 12월 10일

沙平書室에서 南川

차례

사람이면 다 사람인가?

사람

10월 3일은 개천절이다. 단군왕검은 홍익인간(弘益人間)을 건국이념으로 하여 이 땅에 나라를 세웠다. 널리 사람 사는 세상(人間)을 유익하게 하겠다는 것이다. 그러고 보면 인본주의(人本主義)는 일찍이 서양이 아닌 한국에서 비롯되었다 하겠다.

'人人人人人'이 무엇이냐는 한자 수수께끼가 있다. 그 답은 "사람이면 다 사람인가, 사람이 사람다워야 사람이다."라는 것이다.

그렇다면 '사람'이란 무엇인가? '사람'의 어원은 어디 있는가? '사람'의 옛말은 '사룸'으로, 이 말은 '살다(生)'의 어간 '살-'에 접미사 '옴'이 결합된 것이다. 따라서 우리는 사람을 '살아 있는 것', 곧 하나의 생명체로 파악했다. 이에 대해 영어 'man'이나 일본어 '히토'의 어원은 분명치 않다. 'man'은 고대 영어에서부터 이미 남녀를 포함한 인간을 의미하고 있다. 일본어 '히토(人)'는 '영혼이 머무는 곳', 또는 '영혼이 머무는 사물'이라는 견해가 있다.

사람은 소속이나 계층에 따라 여러 가지로 달리 일러진다. '사 삿사람, 집사람, 안사람, 집안사람, 댁사람, 새사람'은 소속과 관련 된 사람의 지칭이다. '사삿사람'은 공인(公人) 아닌 사인(私人)을 말 한다. 사인은 개인 자격으로서의 사람이다. 이에 대해 공인은 공 적인 일에 종사하는 사람으로, 흔히는 관리를 말한다. 옛말로 하 면 '구실아치'다. 요사이 연예인들이 공인이라 자처하는 것을 보 게 되는데, 이는 바른 용법이 아니다. '집사람, 안사람'은 자기 아 내를 겸손하게 일컫는 말이다. '댁사람'은 큰 살림집에 친밀하게 자주 드나드는 사람이다. '새사람'은 신인이란 뜻 외에 새로 시집 온 사람을 손윗사람이 이르는 말이다. 제3자는 신부를 '새색시'라 한다. '가욋사람, 군사람'은 정원(定員) 이외의 사람이란 말이다.

이와는 달리 '상사람, 손윗사람, 손아랫사람, 윗사람, 아랫사람' 은 사회적 계층과 관련된 지칭이다. '상사람'은 상민(常民)·상인(常 人)으로, 양반(兩班)에 대가 되는 말이다. 이는 조선조 중엽 이후 평 민을 일컫던 말이다. '손윗사람'이나 '손아랫사람'은 수상자(手上者) 또는 수하자(手下者)를 일컫는 말로, 나이나 항렬에 따라 구별하는 지칭이다. '윗사람, 아랫사람'은 '손윗사람'이나 '손아랫사람'이란 뜻 외에 지위의 높낮이까지 나타낸다.

사람은 또한 사람의 됨됨이, 인품 등에 따라 구별된다. '난사람, 숫사람, 큰사람, 홑사람, 홑벌사람'이 그것이다. '난사람'은 출중(出 衆)한 사람, 남보다 뛰어나게 잘난 사람이란 말이다. '숫사람'은

거짓이 없고 숫된 사람을 가리킨다. 『춘향전』에 다음과 같은 예가
보인다.

어사또 행장을 차리난듸 모양 보소 숫사람을 속이랴고 모자
없는 헌 파립(破笠)에 버레줄 총총 매여 초자 갓끈 달아 쓰고……

'홀사람'은 '홀벌사람'의 준말로, 이는 소견이 좁은 사람을 비
하(卑下)하는 말이다. 사람은 사물을 인식하는 식견이나 생각이 깊
고 넓어야 한다. 그런데 '홀벌사람'이란 오히려 이것이 얕고 좁은
사람이다. '홀벌'은 깊이에 대한 표현으로 여러 벌이 아닌 단벌로
천박하다는 말이다.

이 밖에 어두에 '사람'이란 말이 오는 '사람값, 사람대우, 사람
대접, 사람됨'도 이 부류에 속할 말들이다. '사람값'은 사람으로서
의 가치나 구실을 의미한다. 앞에서 언급한 사람다운 사람이 '사
람값'을 지닌 사람이다. '사람대우'와 '사람대접'이란 사람에게 어
울리는 예우를 하는 것을 뜻한다. 사람은 사람대접을 받아야 한
다. 그렇지 않을 때는 인격적 모독을 느끼고, 반발하게 된다. 어
느 소설에 구걸하는 거지가 '주어도 미운 사람, 안 주어도 예쁜
사람'이라고 독백을 하는 것이 있었는데, 바로 이런 것이 사람대
접에 대한 반응을 나타낸 것이다.

사람은 사는 지역에 따라 구별되기도 한다. '노햇사람, 두멧사

람, 산사람, 섬사람, 아래댓사람, 우댓사람, 촌사람' 등이 그것이다. '노햇사람'은 바닷가의 열린 들판인 노해(露海)에 사는 사람이다. '두멧사람'은 흔히 '두메산골'이라 하듯, 도시에서 떨어져 사람이 별로 살지 않는 산골에 사는 사람이다. 이에 대해 '우댓사람'은 서울의 광통교 위에, '아래댓사람'은 효경교 아래에 살던 사람을 말한다.

지난날 서울의 인왕산(仁王山)과 경복궁(景福宮) 사이의 지역을 우대라 하였는데, 오늘날의 청운동과 삼청동 일대에는 양반이 살고, 누하동 누각동 일대에는 하급 관리들이 살았다. 이에 대해 동대문과 광희문(光熙門) 사이의 성벽을 경계로 한 예지동, 주교동, 방산동, 광희동 일대를 아래대라 했다. 이 지역에는 군영(軍營)에 딸린 하급 장교나 군사들이 살았다. 이에 우대와 아래대는 말과 생활습관이 달랐다. 그래서 '우댓사람'과 '아래댓사람'이란 말이 생겨났다.

또한 '관사람, 뱃사람, 뱃사람말'은 직업과, '뒷사람, 옛사람'은 시대와 관련된 말이다. '관사람'은 관(館), 곧 성균관에 딸려 있던 사람으로, 주로 쇠고기 장사를 하던 사람들이다. '관(館)'은 이에 쇠고기나 돼지고기를 팔던 가게, 푸줏간을 이르게 되었다. 몹시 겁내는 것을 나타내는 '관에 들어가는 소'란 속담에 이 말이 남아 있다. '뱃사람말'은 뱃사람이란 특수한 사회적 계층에서만 쓰이는 사회적 방언으로, 동풍, 남풍을 '샛바람, 마파람' 따위라 하는 것이 그것이다.

이 밖에 사람과 관련된 말에 '눈사람, 뭇사람, 별사람, 사람멀미, 사람벼룩, 사람사태' 같은 말도 있다. '눈사람'은 '설인'이다. 일본에서는 이를 '유카다루마(雪達磨)'라 한다. 눈사람이 달마처럼 생겼다 해서 붙여진 이름이다. '별사람'은 기인(奇人)을, '사람멀미'는 군중 속에서 느끼는 어지러운 증세를, '사람사태'는 인파가 마치 사태(沙汰)처럼 번잡함을 이른다. '사람벼룩'은 사람이 벼룩에 비유된 것이 아니고, 사람 몸에 기생하는 벼룩을 말한다. 이는 '개벼룩, 쥐벼룩' 등과 구별하는 말이겠다.

사람이라고 다 사람이 아니다. '사람값'을 하는, 사람다운 사람만이 사람이다. 사람이 행세하는 인간(人間)에서 사람답게 살아야 한다.

사랑은 모든 것을 견디어 냅니다

사랑

신재효(申在孝)의 <춘향가(春香歌)> 남창(男唱) 가운데 도령이 부른 '사랑가'는 이렇게 시작된다.

> 사랑 사랑 사랑이야 연분이라 하는 것은 삼생(三生)의 정함이
> 오, 사랑이라 하는 것은 칠정(七情)의 중함이라. 월로(月老)의 정한
> 배필(配匹) 홍승(紅繩)으로 맺었으며, 요지(瑤池)의 좋은 중매 청조
> (靑鳥)가 날았구나.

'사랑'이란 희로애락 애오욕(喜怒愛樂愛惡慾)이란 감정 가운데 하나이며, 부부란 월하노인(月下老人)이 붉은 줄로 발을 묶고, 청조가 중매한 특별한 인연이라 노래한 것이다.

'사랑'은 '이성에게 끌려 몹시 그리워하는 마음'이 주된 뜻이라 하겠다. 그런데 전통적으로 우리 사회에서는 이러한 사랑은 별로

행해지지 않았다. 오히려 정으로 살았고, 과거의 사랑은 '사랑＝성애(性愛)'란 에로스(eros)적 사랑이었다. 고소설이나 설화가 다 그러하다.

'사랑'은 본래 사랑 애(愛)자의 '애(愛)'를 뜻하는 것이 아니었다. '생각 사(思), 헤아릴 량(量)'의 '사량'이 변한 말로, '생각'에서 '애정'의 의미로 바뀌었다. 본래 애정(愛情)의 속성이 자꾸만 생각하게 하고, 그러노라면 그리워지고, 또 그렇게 되면 사랑으로 빠지는 것이 아니겠는가? 그러니 '사랑'이란 말은 자연스러운 의미변화를 한 것이라 하겠다.

우리말에는 애정을 나타내는 말에 '사랑'이란 말 외에 '괴다'와 '돗다'가 있었다. '괴다'는 '괼 총(寵)'에서 알 수 있듯 남녀의 사랑을 의미한다. 고려속요 「정과정(鄭瓜亭)」 가운데 "아소, 님하 도람 드르샤 괴오쇼셔"나, 송강 정철(鄭澈)의 「사미인곡(思美人曲)」 가운데 "나 ᄒᆞ나 졈어 잇고 님 ᄒᆞ나 날 괴시니"가 이러한 예다. 앞의 노래는 님이 마음을 돌려 사랑해 달라는 것이고, 뒤의 노래는 내가 아직 젊고 님이 날 사랑하시니라는 뜻의 노래다. 이렇게 남녀의 애정은 '괴다'라 했다. '돗다'는 이와는 달리 남녀의 애정 아닌, 넓은 의미의 사랑을 의미했다. "다ᄉᆞᆯ 애(愛)「훈몽자회」", "그ᄃᆡ롤 ᄃᆞᆺ샤 호믈(憐君)「두시언해」"과 같은 것이 그 예다.

'사랑'이란 말과 합성된 말 가운데 '사랑'이 앞에 오는 주요한 말에 '사랑가, 사랑땜, 사랑싸움, 사랑앓이' 같은 말이 있다. '사랑

가'는 앞에서 본 <춘향가>의 '사랑가'처럼 사랑을 주제로 한 가요거나, 가사(歌辭)를 이르는 말이다. 따라서 이는 '사랑 노래'라는 말과 구별되는, 서양의 '아리아'처럼 우리 문화를 반영하는 문화어(文化語)다. '사랑니'란 재미있는 말이다. 이는 어금니가 다 난 뒤 성년기(成年期)에 입의 맨 구석에 새로 나는 어금니다. 사춘기 이후 사랑할 때쯤 이 이가 난다하여 이런 이름을 붙였을 것이다. 이를 일본어로는 '어버이 모르는 이(親知らず歯), 지혜치(知慧齒), 지치(知齒)'라 하여 우리와 명명을 달리한다. 영어의 'a wisdom teeth'는 일본어와 발상을 같이 한다. '사랑땜'은 '새로 가지게 된 것에 얼마 동안 사랑을 쏟는 일'을 뜻한다. 사람들은 흔히 한 동안 새로운 것에 애착을 갖는다. 이런 심정이 반영된 말이 '사랑땜'이다. 이러한 말은 일어나 영어에는 있는 것 같지 않다.

'사랑싸움'은 사랑으로 인해 악의 없이 벌이는 싸움이다. 따라서 이는 주로 연인이나 젊은 부부 사이에 벌어진다. 『춘향전』에도 춘향과 도령이 이별하게 되어 춘향이 도령에게 앙탈을 할 때, 그 전말을 모르는 춘향 모가 "애고, 저것들 사랑싸움이 났구나. 어, 참 아니꼽다. 눈구석 쌍가래톳 설 일 많이 볼네."(『열녀춘향수절가』)라 하고 있다. '사랑앓이'는 사랑 때문에 괴로워하는 일로, 상사병(相思病)에 해당한 말이다. 일어의 '고이야미(戀やみ)', 영어의 'love-sick'과 같은 말이다.

'사랑'이 뒤에 붙는 복합어에는 '짝사랑, 외짝사랑, 참사랑, 풋

사랑' 같은 말이 있다. '짝사랑'은 '외짝사랑'과 같은 뜻의 말이다. 이는 "짝사랑에 외기러기"란 속담의 '짝사랑'이다. 사랑은 서로 나누는 것이다. 따라서 이 속담은 혼자서만 사랑하여서는 아무 소용없다는 뜻을 나타낸다. '참사랑'은 물론 진실하고 순수한 사랑이고, '첫사랑'은 처음으로 하는 사랑이다. 일본어도 '하쓰고이(初戀)'라 하여 우리말과 같은 구조로 되어 있다. 영어는 'one's first love'라 하여 다소 산문적이다. '풋사랑'은 '어려서 깊이를 모르는 사랑', 또는 '정이 덜 들고 안정성이 없는 들뜬 사랑'을 말한다. 현진건의 『적도』에는 "애송이 남녀는 풋사랑의 쓰라린 작별에 울고 또 울었다."는 예를 보여 준다. '풋사랑'은 일본어로는 '가리소메노고이(假の初戀), 아와이고이(淡い戀), 아다나사케(徒情)', 영어로는 'transient love, calf love, puppy love'라 하여 우리말과 그 표현에 상당한 차이를 보인다. 특히 영어에서 '송아지 사랑, 강아지 사랑'이라 하는 것은 우리 정서와는 거리가 느껴진다. 들뜬 사랑은 따로 'fickle love'라 한다.

'사랑'은 이성간의 애정 외에 '부모나 윗사람, 자식이나 아랫사람을 아끼고 소중히 여기는 마음', 그리고 '남을 돕고 이해하려는 마음, 어떤 사물이나 대상을 몹시 아끼고 귀중히 여기는 마음'도 의미한다. 이들은 근대(近代)에 접어들어 서양의 영향을 받아 그 의미가 확장된 것이다.

우리는 '내리 사랑'이라 한다. 윗사람이 아랫사람을 사랑하기는

쉬우나, 그 반대는 어렵다는 말이다. 그리고 요사이는 "엄마 사랑해!"라고 거침없이 말하지만 지난날 이는 무례하고 불경스러운 말이었다. 윗사람은 아랫사람을 사랑하고, 아랫사람은 윗사람을 공경(恭敬)하는 것이다. 공경의 대상이지, 사랑의 대상이 아니다. 일본의 "위는 아래를 사랑하고, 아래는 위를 공경한다(上は下を慈み, 下は上を敬う)"는 속담도 이런 자세다. 이러한 경향은 중국어에서도 엿볼 수 있다. 애정(愛情)을 나타내는 '은애(恩愛), 총애(寵愛), 은정(恩情), 은혜(恩惠), 은의(恩誼)'와 같은 말은 남자가 여자에게, 윗사람이 아랫사람에게 베푸는, 귀여워하고 돌보아 주는 일방 통행적 감정 표현의 경향을 보인다. 그리고 우리는 부부나 자식에게도 드러내 놓고 '사랑한다'는 말을 하지 않았다. 그렇게 되면 불출(不出) 소리를 들었다. 일본사회에서도 이 말 하기를 꺼린다. 한일 언어문화는 애정표현에 매우 소극적이고 보수적이었다.

현대의 인생(人生)은 적극적인 사랑으로 운행되어야 한다. 사랑의 방법은 『고린도전서』에 잘 나타나 있다. ― 사랑은 성을 내지 않습니다. 사랑은 앙심을 품지 않습니다. 사랑은 불의를 보고 기뻐하지 아니하고, 진리를 보고 기뻐합니다. 사랑은 모든 것을 덮어주고, 모든 것을 믿고, 모든 것을 바라고, 모든 것을 견디어 냅니다.

배꼽 아래 맨살은 성의 개방
살(肉)

우리는 스스로 우리나라를 동방예의지국이라 일렀다. 그래서 그 런지 부모의 병을 낫게 하기 위해 제 자식을 제물로 바치는 설화 (說話)가 적지 않다. 평북 신의주에 전해지는 설화도 이런 것이다.

옛날 효성이 지극한 사람이 있었는데 백방으로 약을 구해 썼으 나 아버지의 병이 낫지 않았다. 시주승(施主僧)이 잉어 세 마리를 고아 먹이면 낫겠다고 했다. 그러나 겨울이라 잉어를 구할 수 없 어 언 강바닥에 앉아 울고만 있었다. 그랬더니 얼음장이 깨지면서 잉어 세 마리가 튀어 나왔다. 아버지는 이를 드시고 병환이 나았 다. 그런데 얼마 지나지 않아 아버지는 또 병이 났고, 병이 전보 다 심했다. 전날의 시주승이 효자(孝子)의 하나밖에 없는 아들을 삶아 그 살코기와 국물을 먹여야 낫겠다고 했다. 효자는 아내와 상의해 아들을 제물로 바치기로 하였다. 아들을 삶아 아버지께 드 렸다. 이를 먹고 아버지는 병이 씻은 듯이 나았다. 그런데 조금

후에 죽었어야 할 아들이 밖에서 걸어 들어왔다. 놀란 효자 부부는 부엌으로 가 가마솥을 열어 보았다. 거기에는 큰 나무 뿌리 하나가 들어 있었다.

이 설화에서 어린 아들의 살은 생명과 약을 상징한다. 우리말의 '살'은 이 밖에 육체, 혈연, 유산, 성, 건강 등을 상징한다. '살결박, 살내'의 '살'은 육체를 상징한다. '살결박'은 죄인의 옷을 벗기고 알몸뚱이로 묶는 것을 말한다. 한자말로 육박(肉縛)이라 하는 것이다. '살내'는 몸에서 나는 냄새를 뜻한다. 향긋한 여인의 살내가 있는가 하면, 고약한 암내도 있다.

'살붙이'는 혈연을 나타내는 말이다. 이는 부모나 자식 관계와 같이, 혈육의 계통이 가까운 사람을 이른다. 혈육지친(血肉之親), 육친(肉親)이 이의 한자말이다. 이산가족 상봉장의 오열은 이런 '살붙이'의 한 맺힌 울음이다. '피붙이'도 같은 뜻의 말이다.

유산(遺産)으로서의 '살'은 '신체발부(身體髮膚)는 수지부모(受之父母)'라는 것이다. 그래서 '불감훼상(不敢毁傷)'이라 하였고, 단발령(斷髮令)이 내렸을 때 차라리 죽을지언정 머리를 자를 수 없다고 항거했다.

'살'은 성욕, 성생활을 상징한다. 성욕은 이를 육욕(肉慾)이라 하고, 성생활은 육담(肉談)이 성을 주제로 하는 이야기라는 것이 단적인 예이다. 옛 풍습에 젊은 과부가 남성을 그려 탈선할 지경에 이르면 자기 허벅지 살을 송곳으로 찌르거나, 쑥으로 떠서 화상

(火傷)을 자초하였는데 이는 허벅지 살에 성욕을 일으키는 피가 모여 있다고 보았기 때문이다. 그리고 요사이는 소위 배꼽티가 유행이어 젊은 여성들이 아랫배를 많이 내놓고 다니지만, 지난날에는 배꼽 아래 맨살을 내놓고 다니는 것은 성을 개방하고 있다는 의미였다.

성생활과 관련된 '살'은 '살보시(布施)', '살보시하다'라는 말에서 쉽게 확인된다. '살보시'의 사전적 의미는 '여자가 중에게 몸을 허락하는 것을 농조로 일컫는 말'이라 되어 있다. 그러나 이는 협의의 의미이고, 여자가 육체를 남에게 허락하는 것을 다 '살보시'라 한다. '살수청(守廳)든다'도 속언에서 '살보시하다'와 같은 뜻으로 쓰인다. '살을 섞었다'는 육체적 교섭을 했다는 말이고, '살을 맞대고 사는 사이'란 부부를 우회적으로 표현하는 말이다.

다음에 외설적인 '살' 시조를 하나 보기로 한다. 서인(西人)의 거두 송강 정철(鄭澈)이 진옥(眞玉)이란 기생에게 준 시조이다.

옥이 옥이라커늘 燔玉(번옥)만 여겼더니
이제야 보아하니 眞玉일시 적실하다
내게 살 송곳 있더니 뚫어 볼까 하노라

진옥이를 '살 송곳'으로 뚫어 보겠다는 것이다. 여기 '살 송곳'은 물론 남근(男根)이다. 이는 물론 비유적 표현이나 속언에 보통

명사화한 것이다. 이에 응대한 진옥이의 시조도 걸작이다.

鐵이 鐵이라커늘 섭철(假鐵)만 여겼더니
이제야 보아하니 正鐵일시 분명하다
내게 골풀무 있더니 녹여 볼까 하노라

여기 '골풀무'란 골을 파서 만든 풀무, 곧 야로(冶爐)를 뜻하나, 여근(女根)에 비유된 것이다. 그리고 여기 쓰인 '골'은 '고랑'이라기 보다, '살(肉)-송곳'에 대를 이루는 '골(骨)-풀무'라 볼 수도 있다.

'살'이 건강을 상징하는 것은 살이 찌는 것을 '살이 오른다', 몸이 마르는 것을 '살이 내린다'고 하는 데서 볼 수 있다.

다음에는 이런 상징적 의미가 아니라, 구체적이고 지시적인 의미의 말을 보기로 한다. '살맛, 살소, 살손, 살친구, 살소매, 살품'은 '살(肉)'과 직접 관련을 갖는 말이다.

'살맛'은 남의 살과 서로 맞닿아서 느끼는 감각을 이른다. 문자 그대로의 육감이라 하겠다. '살소'는 육용우(肉用牛)의 고유어이고, '살손'은 무슨 일을 할 때 연장 따위를 사용하지 않고 바로 대어 만지는 손을 가리킨다. 맨손과 비슷한 말이다. '살친구'는 사내끼리 성교하듯 하는 짓의 친구, 곧 호모 섹슈얼을 가리킨다. '살소매'나 '살품'은 각각 팔과 소매, 가슴과 옷 사이의 틈을 의미한다.

재단할 때 유념할 사실이다.

'견짓살, 구녕살, 밑살, 방아살, 비역살, 쥐살, 토시살, 허벅살, 혹살' 따위는 살의 부위를 나타내는 말이다. 요사이 음식점에 가면 생소한 살코기 이름이 보이거니와, 그런 특정 부위의 살 이름이다.

'견짓살'은 닭의 겨드랑이에 붙어 있는 흰 살이고, '구녕살'은 소의 볼기에 붙은 살이며, '밑살'은 항문 부분의 살이다. '방아살'은 소의 등심 복판에 있는 살이며, '비역살'은 궁둥이 쪽의 사타구니 살이고, '쥐살'은 소의 앞다리에 붙은 살이다. '토시살'은 소의 만화에 붙은 살이고, '허벅살'은 허벅지의 살이며, '혹살'은 소의 볼기 복판에 붙은 기름기가 많은 살이다. 이들은 대체로 그 부위와 형태에 따라 명명된 것이다.

이 밖에 '살잎, 잎살'은 잎의 두께와 관련된 말이며, '가리맛살, 조갯살' 따위는 '살'이 조개 등의 껍데기 속의 연한 물체를 가리킨다. '살돈'은 무슨 일을 하여 밑졌을 때 그 밑천이 되었던 돈을 이른다. 한자어로 육전(肉錢)이라 하는 것이다. '본살'도 이와 비슷한 뜻으로 노름판에서 밑천으로 가졌던 본디의 돈을 가리킨다. '살돈'이나, '본살'이 축이 난다는 것은 돈을 잃는다는 말이다.

살림에는 눈이 보배라
살림

요사이는 따로 결혼의 계절이 없다. 그러나 역시 만물이 소생하고, 만화방창(萬化方暢)한 삼월이 결혼의 계절이라 할 것이다. 결혼을 하면 미혼일 때와는 달리 일가를 이루어 '신혼살림'을 하게 된다.

'살림'은 '한집안을 이루어 살아가는 일', 또는 '살아가는 상태나 형편'을 의미한다. 따라서 이 말이 '생활', 또는 생계'라고 번역되나 '생활'은 우리말 '살림'과는 거리가 있다. 오히려 영어의 'a household', 또는 'a housekeeping'에 가깝다. '살림'의 뜻은 이 말의 복합어인 '살림살이'란 말에 구체적으로 잘 나타난다. '살림살이'는 '살림을 차려서 사는 일', 또는 '살림에 쓰이는 세간'이란 뜻을 나타내기 때문이다.

'살림살이'의 옛말은 '사룸사리'였다. '사룸'은 '살-옴'으로 '삶', 곧 생(生)을 의미한다. 이에 대해 '사리'는 '살-이'로, 사는 것, 곧 생활을 의미하고, 나아가 살림에 쓰이는 세간을 의미하기도 한다. 따라서 '사롬사리'는 삶(生)을 위한 생활, 또는 삶을 위한 세간이란 의미를 나타낸다. '살림살이'는 이러한 '사롬사리'가 변한 말이다.

한 사람의 '살림', 또는 '살림살이'는 '신혼살림'으로부터 시작된다. '신혼살림'은 물론 갓 결혼하여 꾸미는 '새살림'을 말한다. 사람들은 신혼살림을 흔히 깨가 쏟아지게 재미있는 것으로 표현한다. 신혼의 단꿈을 의미하는 영어 Honeymoon도 마찬가지다. '새살림'과 관계가 있는 말에는 또 '신접살림'이 있는데, 이는 '신접살이'라고도 한다. '신접(新接)'이란 새로 살림을 차려 한 가정을 이루는 것을 말한다.

'살림'은 우선 살림하는 방법에 따라 여러 가지로 나뉜다. '각살림, 독살림, 딴살림, 단칸살림, 단가(單家)살림, 홀앗이살림'이 이런 것이다. 결혼하여 새살림을 차릴 때 부모와 같이 살 수도 있고, 분가하여 살 수도 있다. 분가하여 따로 나가 사는 것을 '각살림' 또는 '딴살림'이라 한다. 이들은 한 가족이면서 각각 따로 나가 살림한다고 하여 '각살림' 또는 '딴살림'이라 하는 것이다. '각살림'은 한자말로는 각산(各産)이라 한다. 이러한 풍습은 종래 장자 이외의 자제를 분가시킨 데 연유한다 하겠다.

'독살림'도 딴살림을 하는 것이다. '독살림'이 '각살림'이나, '딴살림'과 다른 점은 경제적으로 부모나 남에게 의지하지 않는 것을 강조한다는 것이다. 부모의 곁을 떠나 딴살림을 하는 경우 종래에는 흔히 집을 장만하기보다 남의 집을, 그것도 단칸방을 빌려 신혼살림을 시작했다. 이런 살림을 '단칸살림'이라 한다. 단칸방 살림을 시작으로 한 푼, 두 푼 돈을 모아 내 집 마련의 꿈을 키웠던 것이다. '단가살림'은 '단가살이'라고도 하는데, 단독주택에서 생활한다는 말이 아니고, 식구가 적어서 단출한 살림을 한다는 말이다.

'홀앗이살림'도 같은 뜻의 말이다. '홀앗이'란 살림살이를 혼자서 맡아서 꾸려 나가는 처지를 의미한다. 오늘날의 가정은 대부분 부모를 중심으로 한두 자녀만이 있는 핵가족(核家族)으로 이루어져 있다. 이런 의미에서 현대의 가정은 모두 단가살림, 또는 '홀앗이살림'이라 할 수 있다.

이 밖에 '안살림살이, 큰살림, 홀아비살림'도 우리의 살림살이를 보여 주는 말이다. '안살림살이'는 바깥 살림살이에 대한 상대적인 말로, 안식구들에 의한 집안의 살림살이를 말한다. 지난날 양반가에서는 바깥일은 사랑에서 주관했으나, 집안의 일은 안주인에게 맡겨져 있었다. 안방마님이 열쇠꾸러미를 치마허리에 차고 경제를 관장하는가 하면, 집안의 법도를 다스렸다. '안살림살이'는 줄여 '안살림'이라고도 한다.

'큰살림'은 많은 가족이 모여 살거나, 많은 재산을 갖추고 사는 큰 규모의 살림살이를 말한다. 따라서 이는 부분적으로 단가살이나 홀앗이살림에 대가 되는 말이다. '홀아비살림'은 홀아비의 궁색한 살림이나, 주책없이 되는 대로 사는 살림을 비유적으로 일컫는 말이다. 이는 "홀아비는 이가 서 말, 과부는 은이 서 말"이라는 속담과 발상을 같이 하는 것이다.

살림하는 장소와 관계되는 말도 몇 가지 있다. '살림집, 살림방, 살림채, 살림터, 협호살림'이 그것이다. '살림집'은 '가겟집'에 대가 되는 말이며, '살림방'은 거실에 해당하는 말로, 사랑 또는 서재(書齋) 등에 대가 되는 방이라 하겠다. '살림채'는 살림하는 방, 부엌 따위가 있는 집채로, 사랑채 헛간채 등과 구별된다. 이에 대해 '살림터'는 살림을 차리고 살아가는 장소를 폭넓게 의미한다. '협호살림'은 본채와 떨어져 있는 남의 집채에서 사는 살림이다. 이는 달리 '협호살이'라고도 한다. '협호(夾戶)'란 본채와 떨어져 있어 딴살림을 하게 되어 있는 집채를 의미한다.

이 밖에 '살림'과 합성된 말에 '살림꾼, 살림때, 살림붙이, 살림살이꾼, 살림비용, 살림푼수' 등이 있다. '살림꾼'은 살림을 맡아 하는 사람과, 살림을 알뜰히 잘 꾸려 가는 사람이란 두 가지 뜻을 지닌다. '살림꾼'을 the mistress of a house나, a good housewife라 번역하는 것은 '안살림살이'에 초점을 맞춘 것이다. '살림때'는 살림에 찌드는 일로, 궁하면 살림때가 끼게 마련이다. '살림붙이'는 살림살이에 쓰는 도구를, '살림푼수'는 한 집안을 이루어 살아가는 형편을 말한다.

이 밖에 '살림망(網), 살림통(桶)'과 같은 특수한 말이 있다. 이들은 낚시 용어로 '살림망'은 낚시에서 잡은 고기를 넣어 두는 그물 모양의 그릇이고, '살림통'은 낚시질하여 잡은 은어를 산채로 담아 두는 통을 의미한다. 따라서 이때의 '살림'은 '살리다'란 동사의 명사형으로 '살림살이'의 '살림'과는 구별되는 말이다.

우리 속담에 "살림에는 눈이 보배라"라는 말이 있다. 살림을 잘 하려면 눈썰미가 있어야 하고, 잘 살펴보는 것이 제일이란 말이다. 세계적인 경제위기를 맞고 있는 오늘날, 이 속담은 우리가 유념해야 할 교훈이다.

●●●●

이후란 산도 물도 말고 들에 가 살리라
살이

님 다리고 山(산)에 ᄀ도 못 술 거시 蜀魂聲(촉혼성)에 이 긋는듯

물 ᄀ에 가도 못 술 거시 물 우흿 沙工(사공)과 물 아뤗 沙工

(사공)이 밤 中(중)만 빅 쎠날 제 至菊叢(지국총) 於而臥而於(어이

와이어) 닷치는 소러에 한숨지고 도라눕네

이 後(후)란 山(산)도 물도 말고 들에나 가셔 술니라.

애인을 데리고 산에 가 살려 하니 두견새가 애달피 울고, 물
가에 가 살려 하니 뱃사공의 닷채는 소리 때문에 살 수가 없다.
그러니 이 후에는 들(野)에 가 살아야겠다는 노래다. 산촌(山村)의 생
활, 수촌(水村)의 생활을 다 할 수 없고, 야촌(野村) 생활을 해야겠다
는 것이다. 이런 '생활(生活)'을 고유어로는 '살이'라 한다. 그런데
이 말은 독립적으로는 쓰이지 않고, '벼슬살이, 타향살이, 시집살
이'와 같이 어떤 말에 붙어서만 사용된다. 사전의 풀이를 보면

'살이'는 '어떤 일에 종사하거나, 어디에 기거하여 살아가는 생활'
이라 되어 있다.

'살이'가 접사로 쓰이는 말은 참으로 많다. 이를 구체적으로 살
펴보면 이는 어떤 일에 종사하거나, 어디에 기거하는 두 가지 의
미만 나타내는 것이 아니다. 여러 가지 의미를 지닌다. ①어떤 일
에 종사하는 것, ②어떤 대상에 의지하는 것 ③어떤 지역에 기
거하는 것, ④생활환경, ⑤거처, ⑥생활 자체 등을 나타낸다. 다
음에 우리의 민족생활(民族生活)을 반영하는 이들 '살이'의 복합어를
좀 살펴보기로 한다.

첫째, 어떤 일에 종사하는 것을 나타내는 말로는 '고용살이, 고
공살이, 머슴살이, 고을살이, 벼슬살이, 드난살이' 따위가 있다.
'고용(雇傭)살이, 고공(雇工)살이, 머슴살이'는 다 같이 노동력을 제공
하고 품삯을 받는 생활이다. 이에 대해 '드난살이'는 자유로이 드
나들면서 고용살이 하는 것이다. 드난살이는 주로 여자들이 많이
한다. 박경리의 『토지』에 쓰인 예를 보면 다음과 같다.

얼음을 깨어 샀빨래를 해야 했고, 여름 봄엔 끌밭매기, 치마 밑
에 찬밥 한 덩이 얻어오는 드난살이에 눈이 짓무른 어미와, 일년
열두 달 물지게를 지고 나가는 오라비, 언제부터였던가 어린 두
자매는 산지기 눈을 피해가며 근처 산으로 가서 솔잎을 긁어오게

되었다.

이에 대해 '고을살이'와 '벼슬살이'는 관직생활을 하는 것이다. 특히 '고을살이'는 고을의 원(員) 노릇을 하는 생활이다. 이는 줄여 '골살이'라고도 한다.

둘째, 붙어 의지해 사는 기거(寄居)·우거(寓居)의 '살이'는 '시집살이, 처가살이, 친정살이'가 있다. 이들은 각각 시집, 처가, 친정에 의지해 사는 것이다. 여자가 시집을 가면 출가외인(出嫁外人)이라고 시집사람이 되는 것이지만 역시 타성받이로 새 집에 들어가 사는 고생은 말도 못할 지경이었다. 그래서 우리나라에는 한도 많고 설움도 많은 시집살이를 노래한 <시집살이타령>이 많다. 여기서 그 일단을 보면 다음과 같다.

> 뒷동산이 높다 하나/ 시아비보다 더 높겠소
> 사자 범이 무섭다 하나/ 시어미보다 더 무섭겠소
> 고초 후초 맵다 하나/ 시누이보다 더 맵겠소
> 해와 달이 밝다 하나/ 시동생 눈보다 더 밝겠소//
> 외나무다리 건너가서/ 의심 조심 많다 하나
> 이 내 사는 시집보다/ 의심 조심 더 많겠소

셋째, '타향살이, 외방살이'와 같이 지역 관련 생활을 나타낸다. '외방(外方)살이'는 지방관원으로 임명되어 외방에 가 생활하는 것이다. '고을살이'가 여기 해당한다. 원은 중앙정부에서 파견하였다.

넷째, 생활환경(生活環境)을 반영하는 것으로는, '귀양살이, 고생살이, 피난살이, 옥살이, 감옥살이, 징역살이' 따위가 있다. 이들은 모두 '옥살이'거나, '귀양살이'와 같이 '고생살이', 고난의 생활이다.

다섯째, 사는 곳, 거처(居處)와 관련된 '살이'는 '곁방살이, 셋방살이, 행랑살이, 움집살이, 남의집살이, 막살이, 움막살이, 오막살이, 더부살이, 단칸살이' 따위가 있다. '곁방살이, 셋방살이, 행랑살이, 남의집살이, 단칸살이'는 모두가 내 집, 아닌 남의 집을 빌려 사는 불쌍한 '더부살이'의 삶이다. 게다가 집은 또 제대로 된 집도 못되는 '움집살이, 움막살이', 곧 혈거생활(穴居生活)이다. 그러니 그 생활은 십중팔구 아무렇게나 되는 대로 사는 '막살이'가 된다.

여섯째, 생활(生活) 자체를 나타내는 '살이'는 '겨우살이, 세상살이, 살림살이, 안살림살이, 여름살이, 제살이, 단가살이, 개살이, 후살이, 신접살이, 죽살이' 따위가 있다. '겨우살이'에서 '여름살이'에 이르는 '살이'는 문자 그대로 '생활'을 뜻하며, '제살이'는 자립생활을, '단가살이'는 단출한 살림을 뜻한다. '개살이, 후살이'는 여자가 팔자를 고친 것이다. '신접살이'는 결혼하여 처음으로 차린 신혼살림이다.

이 밖의 '살이'로 '귀살이, 떼살이, 소나무겨우살이, 여러해살이, 하루살이, 한해살이' 따위가 있다. 이들은 사람의 생활이 아니다.

'귀살이'는 바둑 용어이고, 나머지는 동·식물의 생활과 관련된 것이다.

생활을 의미하는 '살이'는 전반적으로 긍정적 의미보다 부정적 의미를 지니고 있다. '생활(生活)'이란 한자어에 눌려 '살이'는 기운을 차리지 못한 것이다.

새가 새가 날아든다
새(鳥)

새가 새가 날아든다/ 온갖 잡새가 날아든다
새 중에는 봉황새/ 만수(萬樹) 문전에 풍년새
산고곡심(山高谷深) 무인처(無人處)/ 울림비조(鬱林飛鳥) 뭇새들이
농춘(弄春) 화답에 짝을 지어/ 쌍거쌍래(雙去雙來) 날아든다.

이는 남도 잡가의 하나인 「새타령」의 일절이다. 화창한 봄날 즐겁게 지저귀는 여러 가지 새소리를 묘사한 노래다.

서양에서는 새를 신(神)의 사자(使者)로 보았고, 우리도 새를 하늘과 땅 사이를 자유롭게 오르내리는 영물(靈物)로 여겼다. 그래서 고대설화에는 이 새가 많이 등장한다.

사물의 이름은 총괄적(總括的) 이름과 개별적(個別的) 이름의 두 가지로 나눌 수 있다. 새, 짐승 같은 것이 총괄적 이름이고, 까치, 제비, 코끼리 같은 것이 개별적 이름이다. 우리의 새 이름은 개별

적 이름이 많다. '가마우지・갈매기・고니・기러기・까마귀・까치・꾀꼬리・꿩・독수리・두루미・딱따구리・뜸부기・매・메추리・밀화부리・박쥐・부엉이・비둘기・뻐꾸기・솔개・수리・오리・올빼미・왜가리・제비・종다리・지빠귀・찌르레기・해오라기' 같은 것이 그것이다. 그런데 우리말에는 이와는 달리 총괄적 이름 '새'와 합성된 구조의 새 이름도 많다. 이들의 예를 보면 다음과 같다.

가리새(へらさぎ)・고지새(いかる)・굴뚝새(みそさざい)・도요새(しぎ)・동박새(めじろ)・되새(あとり)・딱새(ひたき)・멥새(ほおじろ)・무당새(のじこ)・물레새(いわみせきれい)・물총새(かわせみ)・박새(しじゆうから)・방울새(からふとかくらひわ)・뱁새(たるまえなが)・소쩍새(ほととぎす)・솔새(めぼそむくい)・쑥새(かしらたか)・오디새(やつかしら)・참새(すずめ)・촉새(しべりああおじ)・콩새(しめ)・크낙새(きたたき)・티티새(つぐみ)・파랑새(ふうぼうそう)・피리새(うそ)・할미새(いしたたき)・호반새(あかしようびん)・휘파람새(うぐいす)

이러한 준총괄적(準總括的) 명칭은 자연과 관련된 어휘 가운데 새이름과 나무, 꽃 이름에 많이 보인다. 짐승, 물고기 등의 이름에는 별로 보이지 않는다. 우리는 이러한 준총괄적 명칭을 즐겨 사용하는 경향이 있는 것으로 보인다. 이는 위의 새 이름에 일본어

명칭을 곁들였거니와, 이들 일본어는 모두 총괄적 명칭이 아닌 개별적 이름이다. 이것만 보아도 우리는 새를 비롯한 사물의 이름에 (준)총괄적 명칭을 즐겨 사용한다는 것은 알 수 있다.

준총괄적 명칭은 '들새(野鳥)·떼새(群鳥)·멧새(山鳥)·물새(水鳥)·밤새(夜鳥)·산새(山鳥)·수새(雄鳥)·암새(雌鳥)·이론새(益鳥)·철새(候鳥·渡鳥)·텃새(留鳥)·해론새(害鳥)'와 같이 복합어에 단의성(單義性)이 약하고, 관형어의 의미가 강한 경우에 나타난다는 특성도 아울러 지닌다. 이들 준총괄적 명칭은 일본에서도 개별어 아닌, 준총괄적 명칭으로 나타난다.

그런데 이들 새이름 가운데는 개별적 이름과 준총괄적 명칭을 아울러 지닌 새도 있다. '부엉이, 도요' 등이 그것이다. '부엉이'는 또 '귀곡새(鬼哭鳥)'라고도 한다. 울음이 구슬프다. 그래서 속설에 그 울음을 "계집 죽고 자식 죽고 소캐무텅이 다 나간다"고 운다한다.

'새'를 어두로 한 복합어는 구체적인 사상을 나타내는 외에 비유적 표현으로 많이 쓰인다. '새가슴·새다리·새대가리·새발톱표·새부리·새알꼽재기·새조개·새총·새털구름·새털수' 같은 것이 이러한 예다. '새가슴'은 계흉(鷄胸)으로, 새의 가슴처럼 사람의 가슴뼈가 불거진 것을 말한다. 그리고 겁이 많거나 도량이 좁은 사람의 마음을 비유적으로 이르기도 한다.

'새다리'는 아직 복합어로 인정되고 있지 않으나, 우리 언어사회에서는 이미 '가는 다리'를 나타내는 관용어가 되어 많이 쓰이고 있다. '새대가리'는 조두(鳥頭)로 연의 꼭지를 가리키거나, 우둔한 사람을 놀림조로 이르는 말이다. "새대가리에서 무슨 좋은 아이디어가 나오겠어?"와 같이 쓰이는 것이 그것이다. '새발톱표'는 문장부호로 '작은따옴표'를 말한다. 부호의 모양이 새 발톱과 닮은 데서 비유된 말이다.

'새부리'는 본래 새 주둥이를 뜻하는 말이나, 제도(製圖) 용구 오구(烏口)를 말한다. 이는 새, 혹은 까마귀의 부리 모양으로 만들어져 줄을 긋는데 사용된다. '새알꼽재기'는 새알이 작은 데서 좀스럽고 옹졸한 사람을 얕잡아 이르는 말이다. '새총'은 공기총이 아닌 Y자형의 나무 등에 고무줄을 맨 물건을 말한다. 공기총은 생각할 수 없었던 지난날 시골 아이들은 이 고무총으로 돌을 총알 삼아 새를 잡았기 때문이다.

'새조개'는 조합(鳥蛤)으로, 조갯살이 새처럼 생긴데서 비유된 말이다. 새조개로는 초밥을 만들어 먹기도 한다. '새털구름'은 권운(卷雲)으로 구름이 섬세한 섬유상(纖維狀)으로 되어 있어 비유된 말이고, '새털수'는 아주 가는 실로 새털이 난 것처럼 수(繡)를 놓는 법을 말한다.

이 밖에 '새'와 관련된 말로는 '새쫓기노래', '새타령'과 같이 민요와 관련된 언어문화도 있다. '새쫓기노래'는 우리나라 구전민요(口傳民謠)의 하나로, 벼가 한창 익을 무렵 새막(幕)이나 논둑에 앉

아 새를 쫓으면서 부르던 노래다. 짤막한 노래를 하나 보면 다음
과 같다.

> 윗녘 새야 아랫녘 새야
> 전주(全州) 고부(高阜) 녹두새야
> 덤불 밑에 기는 새야
> 도랑 건너 뛰는 새야
> 우리 집 논에 앉지 말고
> 저 건너 장자(長者) 집 논에 들러라
> 두름박 딱딱
> 우-여 우-여

'새타령'에는 남도 잡가로서의 「새타령」과, 판소리 「적벽가(赤壁
歌)」의 한 대목이란 두 가지가 있다. 잡가로서의 '새타령'은 이 글
의 서두에서 가사를 소개하며 약간 언급한 바 있다. 여러 가지
새의 울음소리를 묘사한 것으로 사설이 분절(分節) 아닌, 긴 통절(通
節) 형식의 구조로 되어 있다. 「적벽가」의 한 대목으로서의 '새타
령'은 조조(曹操)가 싸움에서 패한 뒤에 오림(烏林)으로 도망가는 길
에 나오는 것으로, 비통한 타령이다. 여기에는 병사들의 슬픈 넋
이 갖가지 비감한 새의 울음소리로 표현되고 있다.

오뉴월에 서리 친다

서리

자랏골 사람들은 서리 맞은 구렁이 같이 늘어진 삭신을 운신해 서 재를 넘어오는 동안 벙어리 떼처럼 말이 없었다. 〈송기숙, 『자랏 골의 비가(悲歌)』〉

'서리'란 대기 중의 수증기가 지상의 물체 표면에 얼어붙어 흰 가루 모양의 얼음이 된 것을 가리킨다. 그러나 이것이 비유적으 로 쓰이게 되면 '타격' 또는 '피해'를 나타낸다. 따라서 송기숙의 자릿골의 비가(悲歌)에 쓰인 '서리 맞은 구렁이'와 같은 표현은 행 동이 굼뜨고 힘없는 사람이나, 세력이 다하여 모든 희망이 좌절 된 사람을 비유적으로 이르게 된다. '서리병아리'란 말도 이와 비 슷한 뜻을 나타낸다. '서리병아리'란 이른 가을에 알에서 깬 병아 리를 가리킨다. 윤영춘의 시 「무화과」에는 다음과 같은 용례가 보인다.

어데선지 서릿병아리 그악스리
첫알 깨여 놓고 洞口를 헤젓고

　그런데 이 '서리병아리'가 비유적으로는 힘이 없고 추레한 사
람을 이른다. 김주영의 소설 『객주(客主)』에서 "건성으로 울고 있
던 서리병아리 같은 상놈 하나가 산신 제물에 메뚜기 뛰어들 듯
하더니 읍곡(泣哭)을 하자 생게망게해서(뜻밖이고 갑작스럽고 터무니없어서)
맥을 놓고 바라보았다."가 이러한 예다. '서리'가 비유적인 의미
로 쓰이는 대표적인 관용어로는 '서리(를) 치다, 서리를 맞다'가
있다.

　'서리'와 관련된 유명한 속담으로는 "계집의 곡한(사리가 바르지 못
한) 마음 오뉴월에 서리 친다."가 있다. 이것은 여자(女子)의 마음이
한번 비뚤어져 저주하고 원한을 품게 되면, 더운 오뉴월에도 서
릿발이 칠만큼 매섭고 독하다는 뜻이다. '서릿발'은 서리가 땅바
닥이나 풀포기 따위에 엉기어 삐죽삐죽하게 성에처럼 된 모양이
나, 그것이 뻗는 기운을 뜻한다. 이는 '서리+ㅅ+발'에서 유래된
말로, '빗발, 눈발, 핏발, 햇발'과 같은 구조로 된 말이다. 그런데
'서릿발'이 비유적으로 쓰이면 '백발(白髮)', 또는 '권위나 형벌 등
의 준엄함'을 나타낸다. 가령 '서릿발을 이다'는 '서리를 이다, 서
리가 내리다, 서리가 앉다'와 함께 '머리카락이 하얗게 세다'를
나타내는 관용어이다. 그리고 '서릿발 같은 호령', '서릿발 같은

권세'로 흔히 쓰이는 '서릿발 같다'는 '서릿발이 서다'와 함께 '권위(權威)나 형벌 등의 준엄함'을 나타낸다. '서릿발'은 '추상(秋霜) 같은 호령'에서처럼 '추상'이란 한자어로 표현되기도 한다. '서릿가을'은 다소 시적인 말로 늦가을을 뜻하는 말이며, '서릿바람'은 서리가 내린 아침에 부는 쌀쌀한 바람을 이른다. '서릿바람'과 관련이 있는 '상풍고절(霜風高節)'은 어떠한 어려움에 처하여도 굽히지 않는 높은 절개를 의미한다. 이는 비유적 표현으로 사육신(死六臣)의 절개 같은 것을 나타낸다 하겠다.

'서리'는 내리는 시기에 따라 '첫서리, 늦서리(늦봄에 내리는 소리), 올서리(다른 해에 비해 이르게 내리는 서리), 끝서리(봄철에 마지막으로 내리는 서리)', 등으로 구분한다. 이를 보면 '서리'는 24절후의 상강(霜降)의 경우처럼 가을에만 내리는 것이 아니고, 봄에도 내리는 것임을 알게 된다. 또 서리는 내리는 정도에 따라 '된서리, 무서리, 강서리' 등으로 구분하기도 한다. '된서리'는 늦가을에 아주 되게 내리는 서리를 가리키며, '강서리'도 된서리처럼 주로 가을에 아주 심하게 내리는 서리를 가리킨다. 여기에 비해 서정주(徐廷柱)의 유명한 「국화 옆에서」에도 나오는 '무서리'는 늦가을에 처음 내리는 묽은 서리를 이른다.

그립고 아쉬움에 가슴 조이던
머언 먼 젊음의 뒤안길에서

인제는 돌아와 거울 앞에서 선
내 누님같이 생긴 꽃이여

노오란 네 꽃잎이 피려고
간밤엔 무서리 저리 내리고
내게는 잠도 오지 않았나 보다.

무서리는 조정래(趙廷來)의 『태백산맥』에도 보인다. "그 이슬은 머지않아 무서리로 내릴 것이고, 그러면 겨울이 시작될 것이다."

여름에서 가을로, 그리고 겨울로 계절이 바뀔 것임을 말한 것이다. 서리가 생길 때의 온도를 '서릿점'이라 한다. '무서리'가 내릴 때는 '된서리'가 내릴 때와는 달리 온도가 그리 낮지 않다.

'서리'는 이러한 말과는 달리 시(詩)에서는 '서리무지개, 서리산(山), 서리정신(情神), 서릿발달빛, 서릿발법(法)'과 같은 다양한 표현이 보인다. 이들은 주로 '추상(秋霜) 같다'고 하듯 서리가 냉엄(冷嚴)함을 비유적으로 나타내고 있는 것이다.

●　●　●

섣달 그믐에 개밥 퍼 주듯

설

　해가 바뀌려한다. 신사년(辛巳年)이 가고 임오년(壬午年)이 다가온
다. 우리는 새해의 첫날을 '설', 또는 '설날'이라 한다. '설'은 우
리의 4대 명절 가운데 하나이다. 이 '설'을 「농가월령가(農家月令歌)」
에서는 이렇게 노래하고 있다.

> 正朝에 세배함은 돈후한 풍속이라.
> 새 의복 떨쳐입고 친척 隣里(인리) 서로 찾아
> 노소 남녀 아동까지 三三五五 다닐 적에
> 와삭버석 울긋불긋 물색이 번화하다.
> 사내 아이 연 띄우고 계집 아이 널 뛰기요
> 윷놀아 내기하기 소년들 놀이로다.
> 사당에 歲謁(세알)하니 餠湯(병탕)에 酒果로다.
> 엄파에 미나리를 무움에 곁들이면
> 보기에 신신하여 五辛菜(오신채)를 부러하랴.

47

오늘날은 이런 전통적인 민속이 하나 둘 사라져 가고 있다. 향수처럼 그리워지는 풍습이다.

'설'은 고어에서도 '설'이라 했다. "梅花ㅅ 부리 설 아래 뼈디니 梅花ㅣ 히 後에 하도다(梅藥臘前破 梅花年後多)"(『두시언해』)의 '설'이 그것이다. 매화의 꽃부리가 설 전에 터지더니 해가 바뀌어 많이 피었다고 노래한 것이다. 이 '설'의 어원은 대체로 한자어 '歲(세)'로 보고 있다. '歲'의 상고음은 [siwat]으로 '셛 > 셜 > 설'의 변화를 겪은 것으로 보는 것이다. 이 '설'을 중국에서는 위의 두보의 시에서처럼 '납일(臘日)' 또는 '세수(歲首), 세시(歲時)', '원단(元旦), 원일(元日)' 등으로 일러 우리와 차이를 보인다. 일본은 '正初(정초)'도 아닌, '쇼가쓰(正月)'라 하여 또 다른 이름으로 이르고 있다. 영어로는 The New Year's Day 또는 the first day of the year라 하여 다소 산문적이다.

우리의 '설'은 '한설, 한첫날'이라 일러지는 것과 '아찬설, 까치설, 작은설'이라고 일러지는 두 종류가 있다. '한설'은 작은 설에 비해 큰 설이란 뜻으로, '가위(中間)' 가운데 큰 가위를 '한가위(中秋節)'라 하는 것과 같은 말이다. '한첫날'은 일년 열두달 가운데 가장 큰 첫날이란 뜻이다. 이들은 다 같이 '설날'을 가리키는 말이다. '한첫날'은 '元日', '元旦', The New Year's Day와 맥을 같이한다. 이에 대해 '아촌설'이나 '아촌설날', '까치설'이란 말은 작은 설, 곧 섣달 그믐, 세모(歲暮)를 가리키는 말이다. '아촌'은 '작은

(小)'을 뜻하는 말이다. 조카를 '아춘아들'이라 하는 경우가 이러한 것이다. '까치설날'의 '까치'는 '아춘'이 변한 말로, '아춘'의 어원 의식이 없어지면서 이렇게 변한 것으로 본다(상권 114쪽 참조).

'설'은 본래 '세수(歲首)'를 의미하는 말이었다. 그런데 이 말은 15세기 조선시대만 하여도 '나이(歲)'도 아울러 이르는 다의어였다. 이는 당연한 의미 분화의 과정을 겪은 것이라 하겠다. 그것은 우리는 '설'을 쇠면 나이를 한 살 더 먹는 것으로 생각하기 때문이다. 그리고 '나이'를 이르는 말은 뒤에 모음 교체에 의해 분화되었다. 그것이 '살'이란 말이다. 이런 문화를 반영하는 어휘의 분화는 다른 말에는 보이지 않는다. 일본의 '도시(年)'나, 영어의 'year'가 유사한 면이 있으나, 이들은 어휘 분화를 보이지 않아 우리와 차이가 난다.

'설'과 합성된, 문화적 단면을 볼 수 있는 말로는 '설밥, 설빔, 설음식, 설장, 까치설빔' 같은 말이 있다.

'설밥'은 설날에 오는 눈을 비유적으로 이르는 말이다. 여기서 '눈'이 '밥'으로 비유된 것은 농경문화(農耕文化)를 반영한 것이다. 눈은 보리나 밀의 이불이라 할 정도로 추위로부터 보리나 밀의 싹과 잎을 보호한다. 그리고 이는 수분을 제공해 보리나 눈을 잘 자라게 한다. 따라서 '설'에 오는 눈을 '설밥'이라 한 것이다. 이는 '복눈'과 발상을 같이 하는 말이다. '설빔'은 설을 맞이하여 새로 몸을 단장하기 위한 옷이나 신 따위를 이른다. 새해를 맞는 우리 조상의 마음가짐을 엿보게 하는 말이다. '설빔'의 '빔'은 장식하다라는 뜻의 '빗다'에서 파생된 말이다. '빗음 > 비슴 > 비음 > 빔'으로 변한 것이다. 이 '빔'은 '까치설빔'에도 쓰이고 있다. 까치설날에 아이들이 입는 설빔을 이르는 말이다. 이는 '때때옷'을 말한다. 요사이는 경제적인 여유가 생긴 때문인지 '추석빔'이라는 말도 많이 들을 수 있다. '설빔'을 동사로 쓸 때는 "한복으로 곱게 설빔한 탤런트가 세배를 한다"와 같이 쓸 수 있다. '설빔'의 용례는 다음과 같이 시에서도 볼 수 있다.

> 대목장이라도 보고 온 것일까/ 설빔 때때옷을 걸친 여무는 달
> 이 막 샛강의 얼음 구덕에서/ 떠오른다. 〈송수권, 「回文里의 봄」〉

'설음식'은 설에 먹는 색다른 음식을 이른다. 이러한 색다른 음식 가운데 대표적인 것이 '흰떡'이고 '떡국'이다. 그래서 우리에게는 "섣달 그믐날 흰떡 맞듯"이란 속담도 있다. 이는 섣달 그믐날 설음식으로 흰떡을 만들기 위해 떡메로 떡을 치던 모습을 선히 떠오르게 한다. '설장'은 설을 가까이 앞두고 서는 장(場)을 말한다. 설날 차례를 지낼 제수는 이 '설장'에서 마련했다. 이런 명절 앞의 장은 위의 시에 보이는 것처럼 '대목장'이라 했다.

그리고 여기 덧붙일 것은 '섣달'이란 말이다. 이는 물론 음력으로 한 해의 맨 마지막 달, '납월(臘月)'을 가리킨다. 따라서 이는

'설'과 관련이 깊은 말이다. '섣달'은 '설-ㅅ-달'이 변화된 것이다. '설의 달', '설이 오는 달'이란 말이다. '섣달'은 '섣달 그믐날 개밥 퍼 주듯'이란 재미있는 속담을 보여 준다. 이는 시집을 가지 못하고 해를 넘기게 된 처녀가 홧김에 개밥을 퍽퍽 퍼주듯, 무엇을 푹푹 퍼 주는 모양을 나타낸다. 새해에는 노처녀처럼 화가 나서가 아니라 즐겁게 남에게 베풀 수 있는 풍요가 깃들였으면 좋겠다. '섣달'과 합성된 '섣달받이'는 음력 섣달 초순경 함경도 앞바다로 몰려오는 명태의 떼를 이른다. 이런 말이야말로 우리의 문화와 떼어서는 생각할 수 없는 것이다. '섣달받이'가 오듯, 임오년(壬午年)에는 많은 행운이 이 땅에 임하기를 기원한다.

얼룩백이 황소가 울음 우는 곳

소

소는 '농가의 조상'이라고 농가의 중요한 존재이다. 이러한 소는 또한 많은 덕을 지녔다. 그래서 춘원 이광수는 「우덕송(牛德頌)」에서 여러 가지 덕을 칭송하고 있다.

그리고 다음과 같이 결론을 내리고 있다.

> 소! 소는 동물 중에 인도주의자다. 동물 중에 부처요, 성자다. 아리스토텔레스의 말마따나 만물이 점점 고등하게 진화되어 가다가 소가 된 것이니, 소 위에 사람이 있는지 없는지는 모르거니와, 아마 소는 사람이 동물성을 잃어버리고 신성에 달하기 위하여 가장 본받을 선생이다.

'소'의 고어는 '쇼'다. 『용비어천가』의 "싸호는 한쇼롤 두 소녀 자바시며(方鬪巨牛兩手執之)"의 '쇼'가 그것이다. 이 '쇼'가 단모음화한 것이 오늘의 '소'다.

소를 이르는 대표적인 말에 '암소, 수소, 황소, 얼룩소' 같은 것이 있다. '암소, 수소'는 물론 소의 성에 따라 구분한 이름이고, '황소'는 '큰 수소'를 이르는 말이다. '황소'는 본래 '한(大)-소(牛)'이던 말이 변한 것이다. 앞에 보인 『용비어천가』 가운데 '한쇼(大牛)'가 그 예이다. 따라서 이 말은 암수와 관계가 없는 말이었다. 그러던 것이 뒤에 '큰 수소'를 의미하게 되어 '암소'의 대가 되는 말이 되었다. '얼룩소'는 털빛이 얼룩얼룩한 소를 이르는 말이다. "송아지 송아지 얼룩 송아지/ 엄마소도 얼룩소 엄마 닮았네"란 동요의 '얼룩소'가 그 예이다. '얼룩소'와 비슷한 말에 '얼럭소'가 있다. 이것도 털빛이 얼룩얼룩한 소를 이르는 말이다. '얼럭지다'는 '얼럭이 생기다'를 뜻하는 말이다.

그런데 여기 주의할 것이 있다. 그것은 '얼룩소'나 '얼럭소'를 흔히 '얼룩 반점이 있는 소'라고만 생각하는 경향이 있는데 그렇지 않다는 것이다. '얼룩지다, 얼럭지다'는 흔히 젖소에 보듯 반점(斑點)에 의해서만 이루어지는 것이 아니다. 고르지 않게 줄로 무늬를 이루기도 한다. 백두산 호랑이의 줄무늬가 그 대표적인 것이다. 정지용의 「향수」로 잘 알려진 "얼룩백이 황소가/ 해설피 금빛 게으른 울음을 우는 곳"의 '얼룩백이 황소'도 이러한 줄 무늬가 있는 황소를 가리킨다.

소를 이르는 말 가운데는 우리 문화를 반영하는 것이 많다.

'겨릿소, 도짓소, 배냇소, 생멧소, 수냇소, 악대소, 차붓소' 같은 것이 그것이다. '겨릿소'와 '차붓소'는 소가 끄는 기구와 관련된 말이다.

'겨릿소'는 쟁기인 거리를, '차붓소(車夫~)'는 달구지를 끄는 소를 가리킨다. '도짓소, 생멧소, 수냇소'는 '도조(賭租)'와 관련된 말이다. '도조(賭租)'는 남의 논밭을 빌려서 부치고 그 대가로 해마다 내는 벼를 이른다. 이는 '도지(賭地)'라고도 하는 것이다. '도짓소'는 도조를 내고 빌려 쓰는 소를, '생멧소'는 '돈도지'와 같은 말로, 소 한 마리 값을 꾸어 쓰고, 다 갚을 때까지 해마다 그에 대한 도조를 물던 관례를 뜻하는 말이다. '멧소'는 '도짓소'의 방언이다. '수냇소'는 송아지를 주고 그것을 기르게 한 뒤에 소값을 빼고 도조를 내게 한 소를 뜻하는 말이다.

'배냇소'는 배내로 작정하고 기르는 소를 뜻한다. '배내'란 남의 가축을 길러 다 자라거나 번식된 뒤에 주인과 나누어 가지는 일을 뜻하는 말이다. 이런 말들은 경제력이 없는 서민의 생활을 반영하고 있는 것이다. '악대소'는 불친 소를 뜻한다. '악대'란 거세한 짐승을 이르는 말이다. 그리하여 우리 옛말에는 '악대돈, 악대물'이란 말도 보인다. '악대'는 또한 '악대소'의 준말로 쓰이는가 하면, 비유적으로 불깐 황소처럼 미련하고 힘이 세며 많이 먹는 사람을 이르는기도 한다.

이 밖에 소와 합성된 '소걸음, 소고집, 쇠눈깔, 쇠발개발, 쇠아들, 쇠잠'과 같은 말이 있는데, 이들은 그 비유적인 의미가 재미 있는 말이다. 이는 우리 민족의 발상을 엿보게 한다. '소걸음'은 소가 느릿느릿 걷는 데서 '느릿느릿 걷는 걸음'을 가리킨다. '소 고집', '쇠고집' 및 '황소고집'은 "쇠고집과 닭 고집이다"란 속담 이 말해 주듯, 몹시 센 고집을 의미한다. '쇠눈깔'은 눈이 큰 것 을 이르는 말이고, '쇠발개발'은 더러운 발을 비유해 이르는 말이 다. '쇠아들'은 몰인정하고 우둔한 사람을 비유한다. 소를 몰인정 하고, 우둔하게 본 것이다. '쇠잠'은 '깊이 든 잠'을 뜻한다. 이는 '개잠'과 대조되는 말이다. '개잠'은 '개가 깊이 잠들지 않듯이, 깊이 자지 못하고 설치는 잠'을 이른다. 이는 '풋잠, 선잠'과 같은 뜻으로 쓰이는 말이다.

'소걸이, 소놀음굿, 소먹이놀이'는 우리의 민속(民俗)과 관련이 있는 말이다. '소걸이'는 상씨름을 뜻하는 말로, 씨름판에서 결승 을 다투는 씨름을 가리킨다. 씨름판에는 황소가 걸려 있었고, 상 씨름에서 이긴 장사(壯士)는 이 소를 상으로 타게 되어 있었다 그 래서 상씨름을 '소걸이'라 한 것이다. '소놀음굿'은 '소놀이굿, 소 굿'이라고도 하는 것으로, 농사나 사업이 잘되고 자손이 번창하기 를 비는 경사굿의 하나이다. 무당이 제석(帝釋)거리와 풍년을 비는 놀이를 시작하면, 마부가 나무 소(木牛)를 몰고 들어와 무당과 대 화하며 굿을 진행시키는 것이다. '소먹이놀이'는 농사의 풍요를 기원하는 놀이이다. 두 사람이 엉덩이를 맞대고 굽힌 위에 멍석을 덮어 소처럼 꾸민 다음 몰이꾼들이 몰고 집집마다 다니며 축원을 하고 대접을 받는 행사이다. 운치 있는 이런 민속놀이가 오늘에 와서는 하나 둘 사라져 가고 있다. 안타까운 일이다.

병사들의 발자국 소리들

소리

우리 속담에 "빈 수레가 더 요란하다"는 말이 있다. '요란하다'는 말은 시끄럽고 어지럽다는 말이다. 이는 빈 수레가 더 덜컹덜컹 시끄럽게 소리를 내는 것을 말한다. 셰익스피어의 『헨리 5세』에도 "빈 그릇이 큰 소리를 낸다(The empty vessel makes the greatest sound.)"는 말이 있다. 그릇이고 머리고, 속이 비어 있을 때 문제다.

우리말의 '소리'는 음파(音波), 성음(聲音), 말·이야기, 소문 등의 의미를 지니는가 하면, 판소리·잡가·민요 등의 창(唱)을 의미한다. 소리가 '노래' 아닌, '판소리·잡가·민요 등의 창'을 의미하는 것은 우리말의 한 특징으로, 이는 우리 문화를 반영하는 것이다. 영어의 경우는 사물의 진동음과 음성을 sound와 voice로, 일본어의 경우는 おと(音)와 こえ(聲)로 구별한다.

음파(音波)를 내타내는 대표적인 소리에는 '문소리, 발소리, 쇳소리, 신소리, 천둥소리' 따위가 있다. 이들은 성대(聲帶)를 통해 나오는 소리가 아니라, 사물의 진동에 의한 소리다. '발소리'는 발의 소리이기보다 발걸음 소리다. 그런데 이 '발소리'를 '발자국소리'라고도 한다. 그러나 이는 잘못된 말이다. '발자국'은 밟은 발의 자국, 족적(足跡)으로 소리가 나지 않기 때문이다. 국정교과서에까지 실렸던 시, 「어머니의 기도」에도 이 말이 쓰이고 있다.

바람이 성서를 날릴 때
그리로 들리는 병사의 발자국소리들!
아들은 어느 산맥을 지금 넘나 보다.

성대(聲帶)를 통해 나오는 소리에는 사람의 말소리와 동물의 짖어대는 소리가 있다. 우리말에는 이러한 동물의 소리를 나타내는 말이 매우 발달되었다. '개굴개굴, 맴맴, 멍멍, 음매' 같은 의성어가 그것이다. 사람의 말소리, 곧 성음(聲音)은 자음과 모음으로 나눌 수 있는 분절음(分節音)이다. 이러한 성음을 나타내는 말에는 '개소리, 끽소리, 놀소리, 새소리, 숨비 소리, 큰소리, 익은소리(俗音), 죽는소리, 쨱소리, 외마디소리, 혀짜래기소리' 같은 것이 있다. '끽소리, 깩소리, 찍소리, 쨱소리'는 아주 작게나마 남에게 들리게 내는 소리다. 흔히 작게나마 반항하는 소리를 나타낸다. '놀소리'는 참으로 좋은 말인데, 사람들이 잘 모르고 있다. 이는 젖먹이가 누워서 놀면서 입으로 내는 군소리다. 놀면서 흥얼거리는 소리다.

'숨비 소리'는 해녀가 바다 위에 떠오르며 참고 있던 숨을 내쉬는 휘파람 같은 소리다. '죽는소리'는 고통이나 곤란에 대하여 엄살을 부리는 말이다. '혀짜래기소리'는 '혀짤배기소리'가 변한말로, '혀(舌)-짧(短)-애기(접사)'가 '혀짤배기>혀짜래기'로 변한 말이다. 이는 혀가 짧아 'ㄹ' 받침소리를 제대로 내지 못하는 것을 말한다. 이런 사람은 혀짜래기, 또는 혀짤배기라 한다.

'소리'는 말, 이야기도 나타낸다. 이러한 말은 꽤 많다. '갖은소리, 군소리, 다리아랫소리, 동떨어진소리, 딴소리, 뭇소리, 별소리, 볼멘소리, 봉돗소리, 산소리, 선소리, 신소리, 웃음엣소리, 입찬소리, 잔소리, 제소리, 헛소리, 허튼소리, 흰소리, 벽제소리'가 이런 것이다. 이 가운데 '다리아랫소리, 동떨어진소리'는 색다른 말이다. '다리아랫소리'는 한자말로 각하성(脚下聲)이라 하는 것이다. 이는 비굴한 소리다. 머리를 다리 아래까지 숙여 내는 소리라는 뜻으로, 남에게 굽실거리거나, 애걸하면서 하는 말이다. 옛날 굶주린 하인이 상전에게 다소간에 식량이라도 얻어먹으려고 애걸복걸하던 자세가 이러했을 것이다. '동떨어진소리'는 경어(敬語)도 반말도 아니게 어리벙벙하게 하는 말씨다. 때로는 이런 경우가 있다. 존댓말을 하자니 그렇고, 반말을 하자니 너무 야박하고, 이런 경우에 '동떨어진소리'를 할 수밖에 없다. '벽제소리'와 '봉돗소리'는 벽제(辟除)나 봉도(奉導)할 때 내는 소리다. '벽제'는 높은 사람이 행차할 때 별배(別陪)가 행인의 통행을 금하여 길을 치우던 일이다. 이때 "쉬 물렀거라"라고 외쳤다. 봉도란 어가(御駕)를 편안히 모시도록 하기 위하여 별감들이 소리를 지르던 일이다. 봉도별감이 연(輦)이나 옥교(玉轎)의 머리채를 잡고 나아가면서, 또는 가교(駕轎)나 마상에 계실 때는 옆에 따르면서 먼저 목청을 높였다 낮추었다 하며 길고 느리게 부르면 다른 별감들이 따라 불렀다.

'산소리'는 어려운 가운데서도 기가 살아서 남에게 굽죄지 않으려고 큰소리를 치는 것이다. '선소리'는 경위에 닿지 않는 소리로, 상대방의 말을 다른 말로 슬쩍 놓쳐서 받아넘기는 말이다. 가령 '배가 부르다'는 말에 '몇 달이나 됐는데'라고 받아넘기는 투의 말이다. '입찬소리'는 장담하는 말로, "입찬말은 묘 앞에 가서 하여라"라는 속담의 '입찬말'이다. 장담은 함부로 하는 것이 아니다. '흰소리'는 터무니없이 자랑으로 떠벌리는 말이다.

이야기를 뜻하는 소리로는 '잡소리, 객소리'가 있다. '잡소리'는 잡말, 잡설 외에 잡가(雜歌)까지 의미한다. '객소리'는 객설(客說)로, 쓸데없이 객쩍은 말을 하는 것이다.

판소리나 잡가, 민요 등의 창을 나타내는 말로는 '뱃소리, 상엿소리, 선소리, 앉은소리, 짓소리, 판소리, 홀소리' 같은 말이 있다. '뱃소리'는 배를 저으며 부르는 소리고, 선소리는 입창(立唱), 앉은소리는 좌창(坐唱)이다. '짓소리'는 부처에게 재를 올릴 때 불법·게송(偈頌)을 매우 길게 읊는, 작위(作爲)가 복잡한 소리다. 이는 대개 합창으로 불린다. '홀소리'는 범패(梵唄)에서 단성(單聲)으로 독창

하는 소리다. 이밖에 '소리굿, 소리북, 소리판, 소리풀이'같은 말이 있고, 광대를 이르는 '소리광대, 소리꾼, 소리쟁이'가 있다. '소리굿'은 농악판굿에서 가락을 치면서 앞소리와 뒷소리를 함께하는 소리고, '소리북'은 판소리 반주에 쓰는 북이다. '소리판'은 소리와 노래를 부르며 즐겁게 노는 판이고, '소리풀이'는 명창이 소리를 마치고, 역대 명창을 하나하나 호명한 다음, 다시 자기의 독특한 소리로 한바탕 창을 하는 것이다. 이 밖에 '윈소리'는 사람이 죽었다는 소문을, '소리 소식'은 소식을 뜻한다 할 것이다. 본래 진동음을 나타내는 '소리'가 우리말에서는 이렇게 다양한 뜻으로 쓰인다.

삼신할머니의 손
손(手)

우리 민속 신앙에 산신(産神)이라 불리는 삼신할머니가 있다. 삼신(三神)은 원래 상고시대에 우리나라를 세웠다는 세 신, 곧 환인(桓因)·환웅(桓雄)·환검(檀君)을 뜻한다. 그런데 이 삼신이 뒤에 무속 신화와 민속신앙으로 전승되면서 인간 탄생을 점지하는 신령으로 바뀌어 섬겨지게 되었다.

삼승할망 본풀이에 의하면 마마신 대별상의 부인인 두신(痘神 : 홍역) 서신국 마누라가 임신을 했는데, 그 남편에 대한 삼신할머니의 노여움으로 해산달이 지나도록 몸을 풀지 못하였다. 그래서 다 죽게 된 부인을 보다 못한 대별상이 삼신할머니를 찾아가 잘못을 빌고 무사히 해산(解産)하게 해 달라고 부탁했다. 이에 삼신할머니는 서신국 마누라 앞에 나아가 두어 번 배를 손으로 쓸어내렸다. 그러자 그녀는 옥 같은 아들을 낳았다. 이렇게 아이를 점지해 주고 제대로 낳게 도와 주는 삼신할머니의 손은 생산(生産)과

위안을 상징한다.

우리말에는 '손'을 나타내는 합성어가 많다. 이 가운데는 우선 '손' 자체를 나타내는 말이 있다. '오른손·왼손·바른손·양손·외손·맨손·빈손·주먹손'은 그 대표적인 것이다. '깍짓손·뒷손·살손·약손·일손·줌손·조막손'도 이러한 손이다. '깍짓손'은 깍지(角指)를 낀 손, 곧 활시위를 잡아당기는 손을 이른다. '뒷손'은 뒤로 내미는 손, 또는 사양하는 체하면서 뒤로 슬그머니 벌려서 무엇을 받는 손을 뜻한다. 요사이 말썽이 되고 있는 뒷돈을 받아먹은 손이 이런 손이다. 영어로는 'a dirty hand(for money)'라 한다. '살손'은 무슨 일을 할 때 연장 따위를 쓰지 않고, 직접 대서 만지는 손을 나타낸다. 이는 일을 정성껏 하는 손을 뜻하기도 한다. '약손'은 아픈 곳이 낫는다고 하며 아픈 데를 어루만져 주는 손을 가리킨다. "엄마 손은 약손이다"하며 배를 문질러 주는 그런 손이다. '일손'은 일하는 손을 가리킨다. 이는 일하는 인원, 또는 솜씨를 나타내기도 한다. '조막손'은 조그만 손이 아니고, 손가락이 오그라져 펴지지 않는 손이다. 영어로는 'a claw hand' 또는 'a clubhand'라 하여 발상의 차이를 보인다. 이러한 손을 가진 사람은 '조막손이'라 한다. "조막손이 달걀 도둑질한다"는 속담은 달걀을 쥘 수조차 없는 조막손으로 달걀을 훔친다는 말이니, 어떤 사람이 그의 능력 이상의 일을 이루었을 때 하는 말이다. 이에 대해 "조막손이 달걀 놓치듯"이란 속담은 물건이나 기회를 잡지 못하고 놓치는 것을 의미한다.

'손'이 신체 부위가 아닌, '솜씨'를 나타내는 경우도 있다. 원래 '솜씨'는 '손-쓰이', 곧 '손의 사용'을 뜻하는 말이 변한 것이다. '악짓손·억짓손·엉너릿손·잡을손·휫손'과 같은 말이 그것이다. '억짓손'은 억지를 써서 해내는 솜씨다. '악짓손'은 '억짓손'의 변이형으로 고집대로 해내는 솜씨를 이른다. '엉너릿손'은 남의 환심을 사려고 어벌쩡하게 서두르며 사람을 후리는 솜씨를 말한다. '잡을손'은 일을 다잡아 해 내는 솜씨를, '휫손'은 남을 휘어잡아 잘 부리는 솜씨, 또는 일을 휘어잡아 잘 처리하는 솜씨다. '잡을손'이나 '휫손'을 지닌 사람은 윗사람의 사랑을 받을 것이다.

'손'은 또 사물의 손잡이를 나타내는 데 쓰인다. '대팻손·들손·맷손·씨아손·쥘손·톱손'과 같은 것이 그것이다. '대팻손'은 대팻집 위쪽에 가로 댄 손잡이를, '톱손'은 틀톱 양쪽 가에 있는 손잡이 나무를 이른다. '들손'은 그릇 따위의 옆에 달린, 반달 모양의 손잡이를, '쥘손'은 어떤 물건을 들 때의 손잡이 부분을 이르는 말이다. 이 손잡이를 일본어로는 '돗테(取手, 把手)', 영어로는 'a handle, a grip'이라 하여 발상이 비슷하다. '맷손'은 맷돌이나 매통을 돌리는 손잡이다. 일어로는 '히지키(肘木)'라 하여 팔뚝 모양으로 구부러진 나무를 가리켜 발상을 달리 한다. '씨아손'은 목화의 씨를 빼는 씨아의 손잡이를 뜻하는 말이다.

'손'은 손잡이가 아닌 어떤 사물을 의미하기도 한다. '덩굴손·

뜸손·부손·흙손' 같은 것이 그것이다. '덩굴손'은 다른 물체를 감아 줄기를 지탱하게 하는 식물의 덩굴이다. 일본어 '마키히게(卷鬚)'는 우리의 '덩굴수염'과 발상을 같이 하는 말이다. '뜸손'은 짚 또는 띠와 같은 풀로 거적처럼 엮어서 만든 물건인 뜸, 초둔(草芚)을 엮는 줄을 가리킨다. '부손'은 화로에 꽂아 두는 작은 부삽을 이른다. 이는 '불손'이 변한 말이다. '흙손'은 이긴 흙을 떠서 바르고 그 거죽을 반반하게 하는 데 사용하는 미장이의 연장이다.

'손'은 사람 그것도 노동력과 관계된 인원(人員)을 나타내기도 한다. '단손·일손·혼잣손'이 그것이다. '단손'은 '혼잣손'과 같은 말로, 도움 없이 혼자서 일하는 처지를 나타내는 말이다. '단손'은 단지 한번 쓰는 손을 의미하기도 한다. '일손'은 앞에서도 언급한 바와 같이 '일손이 부족하다'와 같이 쓰여 일하는 사람을 뜻하는 말이기도 하다.

'손'은 또 손질, 곧 수쇄(收刷)의 의미를 나타낸다. '뒷손·잔손·잡손'의 '손'이 이러한 것이다. '뒷손'은 뒷수쇄를 하는 손을 가리킨다. '뒷손이 가다, 뒷손을 보다'와 같이 쓰이는 것이다. '잔손'은 자질구레하게 여러 번 가는 손질을 뜻한다. '잡손'은 '잡손질'의 준말로, 쓸데없는 손질이나 손장난을 뜻한다. '손짬손'이란 말은 좀스럽고 얄망궂은 손장난을 뜻하는 말이다.

이 밖에 '손'은 '생인손·새끼손·약손·엄지손'과 같이 손가락과 관계가 있거나 손가락을 나타내기도 한다. '생인손'은 손가락

끝에 나는 종기를 뜻하는 말이고, 나머지는 '새끼손가락·약손가락·엄지손가락'의 준말로 쓰이는 말이다. '손'은 이렇게 다양한 비유적 의미를 지닌다.

끝으로 덧붙일 말은 '끝손질'이다. 이는 일의 마지막 손질, 마무리 손질을 뜻한다. 일은 마무리를 잘해야 한다. 요즘은 많이 개선됐지만 우리는 이 '끝손질'을 잘 못한다고 한다. 물건을 잘 만들고도 이 끝손질을 잘하지 않아 좋은 평판을 받지 못하는 경우가 많다. 일본의 경우는 이 끝손질을 잘한다. 소위 '시아게(仕上げ)'를 잘한다. 우리가 배워야 할 자세다.

한솥밥 먹고 송사 간다

솥

'솥'은 대표적인 살림 기구다. 그리하여 '솥단지를 뗀다'고 하면 그것은 이사한다는 말이요, 고향을 떠난다는 말이다. 요사이는 흔히 전기밥솥을 사용해 그것이 이삿짐의 어느 구석에 쳐 박혔는지 잘 보이지 않는다. 그러나 전에는 검은 쇠솥이 두렷이 한 자리를 차지해, 그것이 이삿짐임을 한눈에 알게 하였다. "솥 떼어놓고 삼년"이나, "솥 씻어놓고 기다리기"는 사람이 결단력이 없어 실행하지 못하는 것을 비유적으로 나타내는 말이다. 그러나 이도 실은 '솥'을 거는 일이 살림살이의 시작임을 전제한 말이다.

'솥'은 이렇게 살림살이의 대표적 기구로, 우리의 생활과 불가분의 관계를 지닌다. 그러나 역사적으로는 그것이 전부가 아니었다. 이는 왕권(王權)을 상징하기도 하였다. 이러한 문화는 중국의 하(夏)나라 우(禹)임금이 아홉 개의 솥을 제조하여 제위(帝位) 전승의 보기(寶器)로 삼은 것을 비롯하여, 우리도 고대부터 '솥'이 제천의식(祭天儀式)의 대표적 기구로 쓰여, 그 크기는 국위를 상징하였다. 그리하여 왕위를 정조(鼎祚)라 하고, 국운을 정운(鼎運)이라 하기도 하였다. 이때의 '솥'은 귀가 둘 달린 세발솥, 곧 정(鼎)을 가리킨다. 오늘날 중국어로는 '솥'을 주로 정 아닌, guo(鍋)라 하고, 밥솥을 fanguo(飯鍋)라 한다. 일본어에서는 '솥'을 가마(釜)라 한다. 우리 '가마솥'의 '가마'다.

우리의 '솥'은 재질과 형태, 용도 및 거는 위치에 따라 여러 종류로 나뉜다. 우선 재질(材質)에 따른 '솥'의 종류로는 '곱돌솥, 노구솥, 돌솥, 쇠솥, 양은솥, 옹솥, 질솥' 등이 있다. '곱돌솥'은 곱돌(蠟石)로 만든 것이고, '노구솥'은 놋쇠나 구리쇠로 만든 작은 솥이다. 노구솥은 자유로이 옮겨가며 따로 걸고 사용한다. 그러기에 '노구메'라는 말까지 생겨났다. 이는 산천의 신령에게 제사하기 위해 산이나 물가에 노구솥을 걸고 지은 메밥이다. 이해조(李海朝)의 「구의산(九疑山)」에도 이의 용례가 보인다.

"그때만 해도 지금보다 어두워서 그랬는지. 칠성마지를 하면 없는 자식이 생길 리가 있습니까. 그 후로 이곳 어리석은 백성들이 종종 와서 노구메를 올리지마는 칠성제군이 흠향을 아니 하는지 별로 효험을 못 보나 봅디다."

'돌솥'은 돌, '옹솥'은 옹기로 만든 솥이고, '질솥'은 진흙으로 구워서 만든 토정(土鼎)이다. '쇠솥'과 '양은솥'은 물론 철제의 솥이다. 이 밖에 전기를 활용하는 오늘날의 '전기밥솥', 또는 '전기솥'이 있다.

형태(形態)에 따른 '솥'으로는 '가마솥, 다갈솥, 발솥, 세발솥, 옹달솥, 오가리솥, 왜솥, 중솥, 큰솥, 화솥' 등이 있다. '가마솥'은 크고 우묵한 솥으로, 흔히 쇠죽을 쑤는 데 사용한다. '다갈솥'은 전이 있는 작고 오목한 솥이고, '발솥'이나 '세발솥'은 발이 세 개 달린 솥이다. 그래서 사물이 세 개 벌어져 있거나, 서 있는 것을 정립(鼎立)이라 한다. '삼국의 정립' 같은 것이 그 예다. '옹달솥'은 작고 오목한 솥으로, 줄여 '옹솥'이라고도 한다. '오가리솥'도 위가 옥은 옹솥이다. '왜솥(倭-)'은 일본 솥으로, 전이 있고 밑이 깊은 솥으로, 밑이 깊지 않은 조선 솥에 대가 되는 것이다. '화솥'은 돌아가며 전이 달려 있어 갓과 같이 생긴 솥이다.

용도(用途)에 따른 솥에는 '밥솥, 군불솥, 국솥, 탕솥' 같은 것이 있다. '군불솥'은 밥을 짓고 국을 끓이기 위해서가 아니라, 단지 방을 덥게 하기 위해 불을 때는 아궁이에 걸린 솥이다. '딴솥, 한뎃솥, 헛솥'은 걸어 놓은 위치(位置)에 따른 솥의 종류다. '딴솥'은 방고래와 관계없이 걸어 놓은 솥이고, '한뎃솥'은 노천에 걸어 놓은 것으로, 여름날 더위를 피하기 위해 한데 걸어 놓는 것이다. '헛솥'은 평소에 사용하지 않는 헛부엌에 걸어 놓은 솥이다.

이상 '솥'의 종류를 살펴보았거니와 우리말에는 '솥'을 어두로 하는 합성어도 여러 개 보인다. 이 가운데 중요한 것으로는 '솥귀, 솥단지, 솥땜장이, 솥물, 솥발내기, 솥발이, 솟점, 솥젖, 솥지기, 한솥밥' 따위가 있다.

'솥귀'는 솥의 운두 위로 두 귀처럼 삐죽이 돋친 부분으로, 의식용의 솥에 보이는 것이다. '솥단지'는 '솥'을 달리 이르는 말이다. 앞에서 '솥단지를 뗀다'고 한 '솥단지'가 바로 이것이다. '솥땜장이'는 구멍이 난 솥을 땜질하는 일을 업으로 하는 사람이다. 전에는 마을을 옮겨 다니며 솥을 때워 주었는데, 오늘날은 시대가 바뀌어 그런 사람을 볼 수 없게 되었다.

'솥물'은 새 솥에서 울어나는 쇳물이다. '솥발내기'와 '솥발이'는 '솥발'과 합성된 말로 비유적 의미를 나타낸다. '솥발내기'는 솥발(鼎足)처럼 꼼짝할 수 없어 아무 일도 못함을 나타내고, '솥발이'는 솥발이 세 개이어 한 배에 태어난 세 마리의 강아지를 이른다. '솟점'은 솥을 만들어 파는 가게이고, 이와 비슷한 '솥전'은 솥이나 냄비 따위를 파는 가게로 구별된다. '솥젖'은 솥전이 없는, 솥의 몸 바깥 중턱에 붙어 있는 쇳조각으로, 젖처럼 붙어 있다 하여 붙여진 말이다. 이는 솥이 안정적으로 걸리게 전 대신 붙인 것이다.

'솥지기'는 밥을 한 솥 짓는 동안을 가리키는 말로, 우리의 소박한 시간관념을 나타내는 말이다. '한솥밥'은 '한솥엣밥'과 같은 말로, 같은 솥에서 푼 밥을 가리킨다. 여기서 나온 "한솥밥 먹고 송사 간다"는 속담은 따라서 식구나, 같이 기거하던 친밀한 사이라도 하찮은 일로 송사(訟事)에까지 갈 수도 있다는 것을 비유적으로 나타내는 말이다. 험악한 인심을 경계하는 속담이다.

우리말에서는 '가마솥'의 의미가 아니라, '솥'과 같은 뜻으로 '가마'라는 말이 쓰이기도 한다. 그런데 이 말의 사용 분포는 남북이 다르다. 남쪽에서는 '가마솥'의 준말로 쓰이는 외에 '겉가마, 돌가마, 속가마, 용가마'와 같이 몇 가지에만 쓰인다. 이에 대해 북쪽에서는 이를 광범하게 사용한다. '국가마, 늪가마, 딴가마, 무쇠가마, 밥가마, 알가마, 여물가마, 원가마, 죽가마'와 같은 말도 문화어(文化語)로 사용한다. 그리고 여기 덧붙일 것은 '가마'는 숯·기와·벽돌·질그릇 따위를 구워 만드는 굴, 요(窯)를 의미하기도 한다는 것이다. 그래서 '고려의 청자 가마', '이천(利川)의 도자기 가마'와 같이 쓴다. 일본어 'かま(釜)'는 우리말이 일본으로 건너간 것으로 본다.

● ● ●

쇠를 울리고 흥에 겨워 어깨춤을 덩실

쇠1

인류 문명은 석기시대를 거쳐 청동기시대, 철기시대로 발전해
왔다. 청동기시대는 기원전 3,000년경에 비롯되었다. 중국에서는
B.C. 12세기경에 은허문화기(殷墟文化期)를 형성하여 청동기(靑銅器) 문
화의 최성기(最盛期)를 이루었다. 우리나라에는 춘추전국시대(B.C.
4~3세기) 말기에 금속문화가 들어왔다. 중국은 전국시대 말기에 이
미 철기문물이 성행하였다. 따라서 우리나라에는 청동기의 문물
과 철기(鐵器)의 문물이 섞여 들어왔다. 우리는 이러한 광의의 철
기시대를 부여(夫餘)와 삼한시대에 맞았다.

'쇠'라는 우리말은 일찍부터 사용되었다. 『삼국사기』 권47의
"金川 或云 素那"에서 '素那'는 '金川'의 우리 고유어 표기로 '金'
은 '소(素)', '川'은 '나(那)'와 가까운 소리로 발음된 지명이다. '쇠'
에 대한 기록은 송나라 손목(孫穆)의 『계림유사(鷄林類事)』에도 보인
다. "金曰 那論歲", "銀曰 漢歲"라고 금은을 각각 '노른 쇠, 흰

72

쇠'라 한 것이 그것이다.

우리의 '쇠'는 쇠붙이에 대한 통칭이었다. 금속성의 광물을 다 '쇠'라 한 것이다. 『계림유사』의 기록도 이런 것이다. 금·은·동 등을 구별하게 된 것은 뒷날의 일이다.

우리말에는 '쇠'가 어두나 어말에 오는 합성어가 많다. 어두에 오는 말은 '쇠돈, 쇠사슬, 쇠칼, 쇠톱'과 같이 '쇠(鐵)'가 재료가 된 사물을 가리킨다. 이에 대해 '쇠'가 어말에 오는 것은 쇠의 성상 (性狀)이나, 기능 등을 나타내는 말이 앞에 꾸밈말로 쓰여 그러한 기구를 나타낸다. '가늠쇠, 굴렁쇠, 방아쇠, 시우쇠, 열쇠, 자물쇠' 같은 말이 그것이다.

'쇠'는 단일어로 쓰이며 비유적 의미를 나타내기도 한다. '쇠' 가 열쇠, 자물쇠, 돈, 자석, 금속 타악기 등을 나타내는 것이 그것 이다. '돈이 떨어졌다'를 '쇠가 떨어졌다'고 하듯, '쇠'가 돈을 나 타내는 것은 많은 언어에 공통된 현상이다. 영어의 gold나 silver, 일본어의 kane(金), 중국어의 jin(金)이 이런 것이다.

우리말에는 돈을 나타내는 '쇠'가 합성어를 이루기도 한다. '쇠 푼, 쇳냥, 쇳닢'이 그것이다. '쇠푼'은 얼마 안 되는 돈을, '쇳냥' 은 돈냥을, '쇳닢'은 방언으로 쇠푼을 의미한다. 이 밖에 '쇠천'이 란 말도 쓰인다. 채만식의 『태평천하』에 보이는 "옛네! 도통 25전 이네. 이제는 자네가 내 허리띠에다가 목을 매달어두, 쇠천 한 푼 막무가낼세!"의 '쇠천'이 그것이다. 이는 '쇠푼'과 마찬가지로 적은 돈을 가리킨다. '천'은 '전(錢)'의 옛 발음으로, '錢糧'을 지난날 '천량'이라 하던 것과 같다.

우리는 또 '쇠를 잠그다', '쇠로 열다'라고 '쇠'로 자물쇠와 열쇠를 나타내기도 한다. '쇳대'도 방언이긴 하나 '쇠'가 열쇠를 나타내는 경우이다. 지난날의 열쇠는 숟갈처럼 기다란 막대로 되어 있었기 때문이다. '걸쇠'도 마찬가지다. '걸쇠'는 문을 잠글 때 빗장으로 쓰는 기역자 모양의 쇠를 말한다. 다른 말에서는 '쇠'가 이렇게 일반적으로 열쇠나 자물쇠를 가리키지 않는다. 중국어에는 우리의 열쇠와 자물쇠에 대응되는 '開金, 鎖金'이란 단어가 보인다.

우리말 '쇠'는 금속 타악기(打樂器)도 의미한다. 한무숙(韓戊淑)의 「만남」에서 "장구, 북, 피리, 젓대, 소고, 쇠 등이 더러는 흰 보에 싸이기도 하고 더러는 노출된 채 머리맡에 쌓였다."의 '쇠'가 그것이다. '쇠'는 농악에서 쓰는 꽹과리나 징을 말한다. 추수를 끝낸 농촌에서는 이제 '농자천하지대본(農者天下之大本)'이란 기치 아래 '쇠'를 울리고 흥에 겨워 어깨춤을 덩실 추리라.

'쇠'가 금속 타악기를 의미하는 것은 '쇠잡이, 쇠춤' 같은 말에서도 볼 수 있다. '쇠잡이'는 농악에서 꽹과리나 징 따위를 맡아치는 일, 또는 그런 일을 하는 사람을 가리킨다. 이런 사람은 따로 '쇠꾼, 쇠잡이꾼'이라고도 한다. '쇠춤'은 '쇠발림, 쇠채춤'이라고도 하는 것으로 농악에서 쇠잡이가 꽹과리를 어깨 높이로 올려

들고, 쇠로 된 채를 거꾸로 쥐고 그 끝에 달린 드림을 펄럭이며 추는 춤이다.

'경쇠'도 '쇠'의 의미를 지닌다. 이는 첫째, 경(磬)이라고 하는 것으로, 옥돌을 매달아 놓고 치는 아악기(雅樂器)를 의미한다. 따라서 이는 옥(玉)을 금속악기의 '쇠'에까지 의미를 확대한 것이다. 둘째, 민속에 판수가 경을 읽을 때에 흔드는 작은 방울을, 셋째 불교에서 부처 앞에 절할 때 흔드는 작은 종을 가리키기도 한다.

이 밖에 '쇳송(頌)'과, 어말에 '쇠'가 붙는 '광쇠, 마지쇠, 밥쇠, 석쇠'도 불교와 관련된 타악기로서의 '쇠'다. '쇳송(頌)'은 불교에서 아침저녁 예불 준비로 종 따위를 치며 진언(眞言)이나 법계(法戒)를 외는 일이다. 따라서 여기 '쇠'는 종 따위 타악기를 말한다. '광쇠'는 염불할 때 치는 징 모양의 쇠이며, '마지쇠'는 부처에게 받치는 밥, 마지(摩旨)를 올릴 때 치는 종이다. '밥쇠'는 절에서는 밥 먹는 때를 알리기 위해 다섯 번 치는 종을 가리킨다. '목탁귀가 밝아야 한다'는 속담이 있다. 절에서 밥 먹으러 오라는 신호를 잘 들어야 한다는 말이다. 이로 보면 '밥쇠'로는 '쇠' 아닌 목탁(木鐸)도 쳤음을 알 수 있다. '석쇠(釋-)'는 절에서 새벽에 사람들을 깨울 때, 또는 아침저녁 예불할 때 치는 종이다. 이렇게 불교와 관련된 '쇠'는 주로 종과 관련된 것이다.

이 밖에 금속 타악기를 살피면서 빼어놓을 수 없는 말에 '상쇠놀음'이 있다. 이는 농악을 연주할 때 상쇠가 꽹과리를 치며, 상모를 돌리고 재주를 부리며 춤을 추는 놀이다. '상쇠'란 두레패, 굿중패, 걸립패, 농악대 따위에서 전체를 지휘하는, 꽹과리를 제일 잘 치는 사람이다. 우두머리 쇠잡이다. 따라서 '상쇠'의 어원은 '상(上)-쇠잡이'의 준말이라 할 것이다. 일부에서 그 어원을 '上手'로 보기도 하나 그것은 음운변화 과정으로 보아 타당성이 적다. '상쇠' 아래 쇠잡이가 '중쇠', 그 다음이 '삼쇠'다. '쇠'가 금속 타악기를 의미하는 것은 우리말만이 아닌, 중국어에도 보이는 현상이다. '금고(金鼓)'가 징과 북을 의미하는 것이 그것이다. 우리말에서는 또 자석, 곧 지남철(指南鐵)도 '쇠'라 한다. 이러한 의미의 말로는 '쇠를 보다'란 관용어가 쓰인다. 이는 풍수가 방위를 정하는 것이다.

끝으로 '쇠'를 의미하는 영어 'iron'을 보면, 이는 우리와는 상당한 차이를 보인다. 문화의 차이를 실감하게 한다. iron은 쇠를 의미하는 외에 ① 철제기구, 쇠그릇, ② 다리미·인두, ③ 쇠머리 골프채, ④ 등자(鐙子)·족쇄·수갑, ⑤ 다리 교정용 철제기구, ⑥ [약] 철제(鐵劑), ⑦ [속] 권총 등을 의미한다.(The World Comprehensive English-Korean Dictionary, 시사영어사, 1978)

원사(遠寺)의 쇠북 소리
쇠2

앞에서는 '쇠', 그 가운데도 단일어를 중심으로 우리 언어문화를 살펴보았다. 이번에는 '쇠'와 합성된 말에 대해 살펴보기로 한다.

먼저 '쇠'가 어두에 오는 말을 몇 개 보기로 한다. '쇠고랑, 쇠두겁, 쇠북, 쇠술, 쇠청, 쇳녹'이 그것이다. 이들은 다소간에 비유의 성격을 지니는 말들이다. '쇠고랑'은 물론 수갑(手匣)을 가리킨다. '쇠'가 수갑, 족쇄를 가리키는 것은 앞에서 본 바와 같이 영어에도 보인다. 영어에서는 보통 'irons'라고 복수로 일러진다. '쇠두겁'은 쇠로 만든 두겁, 곧 뚜껑이란 말이다. 붓뚜껑을 붓두겁(<붓-두겁)이라 하는 것이 이런 예다. 이는 '덮다'의 뜻을 나타내는 '둪다'의 어간에 접사 '겁'이 붙어 이루어진 말이다. 사람의 형상이나 탈을 의미하는 '인두겁'도 같은 경우로 인면수심(人面獸心)의 행동을 하는 사람을 '인두겁을 썼다'고 한다.

'쇠북'은 '원사(遠寺)의 쇠북 소리'와 같이 쓰이는 것으로 종을 가리킨다. 이는 종래의 북에 대해, 새로운 북, 그 재질이 가죽 이 아닌 쇠로 된 북이라 하여 붙여진 이름이다. '원사의 쇠북 소리'는 '원사만종(遠寺晚鐘)'이라 하여 시적 운치를 지녀 명승지의 팔경(八景)에 곧잘 등장하는 것을 볼 수 있다.

'쇠술'은 '쇠숟가락'을 가리키는 말로, '쇠숟가락' 문화는 비교적 우리의 독자적 문화라 할 수 있는 것이다. 다른 민족은 이러한 문화가 발달되지 않았다. '쇠청'은 생황(生篁)의 대롱 끝에 붙여 떨어 울리게 된, 얇고 갸름한 백동 조각이다. '쇠청'의 '청'은 '귀청, 목청'의 '청'으로 여기서는 진동판을 의미한다. '쇠청'은 '쇠서'라고도 한다. '서'는 목관악기의 부리에 끼워 소리를 내는 얇고 갸름한 조각을 가리킨다. '쇳녹'은 쇠붙이에 스는 녹으로, 이는 일찍이 우리가 청동문화를 지녔음을 알려 준다. 녹(綠)은 청동에 파랗게 스는 것이기 때문이다. 일본의 sabi(錆)는 철기문화를 반영하는 말이다. sabi는 붉은 색으로, 붉은 녹은 쇠에 스는 것이기 때문이다.

'쇠'가 어말에 오는 대표적인 것에는 연장을 나타내는 말이 많다. '그림쇠, 금쇠, 물림쇠, 쌍금쇠, 죔쇠' 같은 것이 그것이다. '그림쇠'는 지름이나 선의 거리를 재는 도구이고, '금쇠'나 '쌍금쇠'는 나무 같은 것에 금을 긋는 쇠다. '물림쇠'는 나무를 배접할 때, 양쪽에서 꼭 끼이게 물려 죄어지도록 두들기는 쇠다. 이에 대해 '죔쇠'는 나무오리를 물려 죌 수 있게 된 쇠 연장을 가리킨다.

이 밖에 '쇠'가 어말에 오는 말로, 좀 낯선 것들도 있다. '가막 쇠, 곁쇠, 고두쇠, 골쇠, 귓쇠, 금바둑쇠, 다리쇠, 대접쇠, 들쇠, 시 우쇠, 어루쇠, 찰쇠, 코쇠, 판쇠, 확쇠' 같은 것이 그것이다. 이 가 운데 '귓쇠, 금바둑쇠, 어루쇠'는 역사적 배경을 지닌 말이다. '귓 쇠'는 지난날의 화승총(火繩銃) 귓불 밑에 붙은 쇠, 이금(耳金)이요, '금바둑쇠'는 조선조 효종(孝宗) 때 북벌(北伐)의 군비로 쓰기 위해 금과 은을 바둑돌처럼 만들어 두었던 것이다. '어루쇠'는 갈고 닦 아서 만든 쇠거울이고, '골쇠, 코쇠, 판두쇠'는 사금층(砂金層)과 관 련 된 말이다. '골쇠'는 사금층이 골 밑에 있는 것이고, '판쇠'는 널리 퍼져 있는 것이며, '코쇠'는 산기슭 끝에 있는 것이다.

'가막쇠'는 흔히 문짝을 움직이지 못하게 걸어 끼는 갈고리 모 양의 쇠를 가리킨다. '가막'은 고리못을 감았다고 하여 '감다(卷)' 의 어간에 접미사 '-악'이 붙은 것이다. '곁쇠'는 열쇠의 하나로, 제짝이 아니면서 자물쇠에 맞는 대용 열쇠다. 요샛말로 마스터키 에 해당한 것이다. '고두쇠'는 작두 머리에 꽂는 굽은 쇠와 같이 두 쪽을 맞추어 끼우는 쇠다. '대접쇠'는 마제철(馬蹄鐵)로, 문의 장 부가 들어가는 문둔테의 구멍 가에 박는 쇠다. 이에 대해 문지도 리의 장부가 들어가는 데 끼우는 쇠는 '확쇠'라 한다. 이들은 말 하자면 '암쇠'에 해당한다. '찰쇠'는 패철(佩鐵)로 대접쇠와 맞비비 게 된 쇳조각이다.

'들쇠'는 겉창이나 분합(分閤) 등을 들어 올려 거는 쇠갈고리다.

대청을 시원하게 쓰고자 할 때 이 분합문을 번쩍 들어 올려 이 갈고리에 건다. '들쇠'는 갈고리 모양으로 된 것과 그네 모양의 것이 있다. '들쇠'를 활용한 문의 여닫이는 확실히 기발한 발상이 었다. 이는 한자어로 조철(銚鐵)이라 한다.

'시우쇠'는 무쇠를 불려서 만든 쇠붙이다. 한자어로는 숙철(熟鐵), 또는 정철(正鐵)이라 한다. 그래서 선조 때 기생 진옥(眞玉)은 송강 정철(鄭澈)을 정철(正鐵)에 빗대어 시조를 지었다. 이는 송강이 진옥 에게 건넨 시조에 대한 다소 외설적인 답가다.

> 鐵이라 鐵이라 하기에 섭鐵인 줄 알았더니
> 이제 알고 보니 正鐵이 분명하도다
> 나에게 골풀무 있으니 녹여 볼까 하노라.

'쇠'와 관련된 또 하나의 대표적 조어 유형은 '쇠'가 접두사처 럼 쓰이는 것이다. 이는 '개(犬)'가 접두사로 쓰여 질이 떨어지거 나(개살구), 헛되거나(개꿈), 정도가 심한(개망신) 것을 나타내듯, 검푸른 빛깔을 나타내거나, 작거나, 단단하거나, 질이 떨어지는 것 등을 나타낸다. 우리말에는 이러한 말이 참으로 많다. 특히 소위 '쇳빛 (鐵色)'을 나타내는 동식물명이 많다.

'쇳빛'의 사전적 의미는 '검푸르죽죽한 빛'이라 되어 있으나, 합성어 '쇠'의 의미영역은 이보다 훨씬 넓어 검붉거나, 구릿빛,

황갈색, 갈색, 회색 나아가서는 검은 빛깔까지 포용하고 있다. '쇠'
의 의미영역은 넘나듦이 있으나, 이를 조금 분류해 보면 다음과
같다.

- 鐵色 : 쇠개개비, 쇠딱따구리, 쇠뜸부기, 쇠물돼지, 쇠부엉이,
  쇠붉은뺨멧새, 쇠찌르레기
- 小形 : 쇠기러기, 쇠버마재비, 쇠솔새, 쇠제비갈매기, 쇠청다리
  도요, 쇠파랑벌, 쇠황조롱이
- 低劣 : 쇠고비, 쇠고사리, 쇠돌피, 쇠미역, 쇠비름
- 强固 : 쇠팥, 쇠호두

끝으로 덧붙일 것은 중국어나 일본어의 경우는 '쇠(鐵)'가 무기
(寸鐵) 등을 의미하기도 한다는 것이다.

삶은 돼지 머리와 맑은 술이 있는가?

술(酒)

서거정의 『태평한화골계전(太平閑話滑稽傳)』에는 다음과 같은 재미있는 이야기가 전한다.

어떤 호탕한 장군 하나가 병이 들어 그 증세가 위독하였다. 의원은 여인과 악기를 물리치고 술과 고기를 끊으라고 했다. 그랬더니 이 장군은 이렇게 말했다.

"내가 잠시라도 생명을 이으려는 것은 바로 이들을 가까이 하고자 함이거늘 이들을 버린다면 비록 백세를 넘긴대도 무슨 재미로 살겠는가?"

또 한 사람이 문병을 와서는 "마땅히 주육(酒肉)을 끊고 염불을 하여야 합니다."라 했다. 그러자 장군은 "그럼 어떻게 되는가?" 하고 물었다.

"서천 극락세계(西天 極樂世界)에 태어나실 것입니다."

그러자 장군은 "그럼 그곳에는 삶은 돼지 머리와 맑은 술이 있는가?” 했다.

"그건 잘 모르겠습니다.” 하고 대답했다. 그러자 그는 다음과
같이 말했다.

"만일에 그것들이 없다면 비록 그곳이 극락일지라도 나는 가고
싶지 않네. 그러니 그런 말은 다시 말게.”

확실히 술이란 좋은 것인가 보다. 생명과도, 극락세계와도 바꾸
지 않으니……. 그러기에 술을 광약(狂藥)이니, 화천(禍泉)이니 하기
도 한다.

'술'은 술술 넘어간다고 하여 술이라 한다는 말이 있다. 그러나
이는 호사가가 지어낸 말장난이고, 본래는 '수블'이라 하던 말이
'수블>수울'을 거쳐 오늘의 '술'로 발전한 말이다.

'술'과 합성된 단어는 상당히 많다. 먼저 '술'을 후부(後部) 구성
요소로 한 것부터 보기로 한다.

이러한 말에는 우선 '사과술, 송이술, 약술, 오갈피술'과 같은
재료에 따른 술의 종류를 이르는 말이 있다. 그런데 이러한 것에
속할 것에 '쓴술'이란 말이 또 하나 있다. 이는 맛이 쓴 술이란
것이 아니고, 찹쌀술에 상대하여 멥쌀술을 가리키는 말이다. 재료
에 따른 술의 이름은 흔히 '술' 아닌, 한자어 '酒'자에 의해 나타
내진다. '국화주, 매실주, 송엽주, 약주, 죽엽주'가 그 예이다. 이
것은 바로 우리 문화의 특성을 반영하는 것이다.

이 밖에 '맑은술, 밑술, 전술, 찌끼술'도 술의 종류를 나타내는 말이다. '맑은술'은 '막걸리'에 대가 되는 것으로, 막 거르지 않고 술독에 용수를 박고 떠낸 술을 이른다. 한자어로 약주(藥酒), 청주(淸酒), 징주(澄酒)라 하는 것이다. 자칭 국보, 무애 양주동(梁柱東)은 그의 『문주반생기』에 그가 열 살 때 어머니가 담가 놓은, 이 용수 안에 괸 '맑은술'을 퍼먹고 죽을 뻔했다는 일화를 소개하고 있다. '밑술'은 약주를 뜨고 난 찌끼술, 모주를 가리키는 말이고, '전술'은 물을 조금도 타지 아니한 술 '전내기'를 가리키는 말이다. 술은 용기(容器)에 따라 '병술, 통술, 대폿술, 말술, 잔술'과 같이 구별하기도 한다. 여기 '말술'은 한 말 정도의 술을 의미하는 동시에 많이 마시는 술을 의미하기도 한다. '두주불사(斗酒不辭)'의 '斗酒'가 그것이다.

음주와 관련된 말로, '강술, 귀밝이술, 볏술, 부줏술, 소나기술, 해장술, 횟술, 화햇술' 같은 것이 있다. '강술'은 안주 없이 마시는 술을 말한다. 속설에 술을 마시고 안주를 먹지 않으면 손자가 늦어진다고 꺼리는 술이다.

'귀밝이술'은 전통 민속과 관련이 있는 것으로, 음력 정월 대보름 아침에, 귀가 밝아지라고 마시는 술을 가리킨다. 이를 한자말로 이명주(耳明酒), 총이주(聰耳酒)라 한다.

'볏술'은 재미있는 말이다. 이는 가을에 벼로 갚기로 하고 외상으로 마시는 술을 의미한다. 농가에서 돈을 만져 볼 수 있는 것은 가을이기 때문에 돈 거래는 이렇게 가을로 미루었던 것이다. 전통적으로 딸을 가을에 여의던 것도 이런 사정에서 비롯된 것임은 말할 것도 없다.

'부줏술'은 '부조(父祖)-술'로 조상내림으로 잘 마시는 술이다. 이는 부조(扶助)로 보내는 술 '부줏술'과는 구별된다. 술을 잘 마시고, 못 마시는 것도 유전자가 있는 모양이다.

'소나기술'은 평소에 마시지 않다가 입만 대면 한정 없이 마시는 술을 가리킨다. 애주가가 술을 달고 사는 것과 대조되는 것이다. 이렇게 되면 폭음을 하게 된다. '홧술'은 화가 나서, '화햇술'은 감정이나 오해를 풀기 위해 마시는 술을 이름은 말할 것도 없다.

이 밖에 민속(民俗)과 관련된 술로, '조라술'이란 것이 있다. 이는 산신제나 용왕제에 쓰는 술을 가리킨다. 이 술은 빚어서 제단 옆에 묻었다가 제를 지낼 때 꺼내 쓰게 된다. 이러한 우리의 술 문화는 일본과 대조되는 것으로 보게 한다. 일본어에는 '사케(酒)'가 후부 구성요소로 된 말에 '花見酒, 月見酒, 雪見酒, 祝酒, 寢酒, 迎酒, 梯子酒'에서 보듯 시적 정취를 나타내는 말이 많이 보이기 때문이다. 앞에 예를 든 술들은 모두 훈독(訓讀)하는 일본어다.

'술'을 전부(前部) 구성요소소로 한 말은 후부 구성요소로 한 말보다 훨씬 많다. 이들은 '술값, 술내, 술병'과 같이 대체로 우리와 친근한 말들이다. 술을 좋아하여 많이 마시는 사람 '술꾼'은 '술고래, 술도깨비, 술독'이라 재미있는 비유로 표현하고 있고, 술 주정이 개차반인 사람은 '술망나니, 술주정뱅이, 술먹은개'라 하는 것을 보여 준다.

이 밖에 재미있는 말로는 '술등, 술아비, 술어미, 술잔거리, 술추렴, 술화주' 같은 말이 있다. '술등(燈)'은 술집임을 알리기 위해 장대에 달아 놓은 초롱을 가리킨다. 주막의 상징으로 세워 놓는 것이다. '술아비, 술어미'는 술집에서 술을 파는 남녀를 가리킨다. '술어미'란 주모이다. '술잔거리'는 술잔이나 사먹을 만한 적은 돈을 이른다. 한자어로는 주자(酒資)라 한다. 춘향이도 자기를 잡으러 온 아전들에게 이 '술잔거리'를 주는 것을 볼 수 있다.

'술추렴(<出斂)'은 술값을 분담하여 마시거나, 차례로 돌아가며 술을 내어 마시는 일을 가리킨다. 이문열의 「그해 겨울」의 "그들은 자기들의 술추렴에 나를 끼워 주었고, 따뜻한 아랫목을 기꺼이 내게 양보했다."가 그 예이다. '술화주(火主)'는 민속과 관련된 말이다. 이는 동제(洞祭)에서 술을 빚는 일을 맡아하는 사람을 가리킨다. 집이나 마을에 행사가 있을 때 가양주(家釀酒)를 빚던 문화를 반영하는 말이다.

고무신을 거꾸로 신는다
신발

오래 그리던 사람이 뜻밖에 대문간에 들어서면 어떻게 할까? 허둥지둥 정신없이 뛰어나가 맞을 것이다. 신발 신을 경황이 어디 있으랴? 버선발로 뛰어나가거나, 신발을 제대로 신지도 못하고 달려나갈 것이다.

이런 정황을 우리말로는 "신발을 거꾸로 신고 나간다"고 한다. 반가운 사람을 맞으러 정신없이 허둥지둥 뛰어나간다는 말이다. 이렇게 반가워 허둥대는 것은 동서고금이 마찬가지인 모양이다. 그래서 한어에서도 이런 상황을 '도시(倒屣)' 또는 '도극(倒屐)'이라고, 신발을 거꾸로 신는다고 한다. 시(屣)와 극(屐)은 신발, 그 가운데도 각각 짚신과 나막신을 가리키는 말이다.

그런데 "고무신을 거꾸로 신는다"는 말은 뜻이 좀 다르다. 이말은 여자가 팔자를 고친다는 말이다. 어떤 사전에는 이를 '여자가 이혼을 하고 살던 집을 떠나다'라 풀이하고 있으나, 오히려 이는 '개가(改嫁)하다'란 의미의 말이라 할 것이다. "고무신을 거꾸로 신다"가 이렇게 '개가'를 의미하는 것도 사실은 그 이면에 반기는 심정이 반영되어 있을 것이다. 이 말은 우리만의 언어문화다. 피동의 약탈결혼(掠奪結婚)이 아니요, 자기 선택의 결혼이라 하겠다.

'신'은 발에 신고 걷는 데 쓰이는 물건이다. 그런데 이는 남녀의 결연과 밀접한 관련을 갖는다. 중국에서는 옛날부터 여자가 의중(意中)의 남자에게 신(鞋)을 보내 결혼을 맹서하였고, 오늘날도 신부가 손으로 만든 포혜(布鞋)를 신랑에게 보내는 습관이 널리 남아 있다 한다. 서양의 경우는 신데렐라의 유리구두가 결연(結緣)의 대표적인 예다.

신은 나만의 것을 상징한다. 이는 누구에게나 맞는 것이 아니다(Every shoe hits not every foot). 그래서 서양에서는 신혼여행을 떠날 때 신부 뒤에서 신부의 옛날 신발을 버리는 습관이 있다. 이러한 습관은 신이 특히 처녀의 사유물과 애지중지하는 자식(子息)을 상징해, 옛 신을 버리고 새신을 신고, 아들 낳기를 바라는 소원을 나타내는 것이라 본다. 우리의 경우는 시조에 보이는 '예리성(曳履聲)'이 모두 사랑하는 임을 상징하고 있다.

'신'은 시대에 따라 변하고, 용도 및 소재(素材)에 따라 여러 가지로 달리 만들어진다. 전통적으로 우리의 대표적인 신은 '짚신, 갖신(가죽신), 헝겊신, 나막신, 고무신'이라 할 수 있다. 이 밖에 삼으로 만든 삼신(麻鞋)·미투리, 삼 껍질로 만든 조락신이 있다. 이 들 이름은 소재에 따라 붙여진 것이다.

'진신'은 '마른신'의 대가 되는 것이다. 이는 들기름에 걸어 진 땅에서 신게 되어 있다. 한자어로는 이혜(泥鞋), 또는 유혜(油鞋)라 한다. '마른신'은 마른 땅에서 신는 신으로 건혜(乾鞋)다. 이 밖에 용도와 관계 있는 것으로, '베틀신, 쇠짚신, 습신, 사잣짚신, 걸립 짚신, 엄신'이 있다. '베틀신'은 베틀의 용두머리를 돌리기 위해 신대 끝에 줄을 달고 그 끝에 동여 맨 외짝신이다. 베를 짜는 여 인이 한쪽 발에 신고 당기게 되어 있는 것이다. '쇠짚신'은 소에 게 신기는 짚신이고, '습신(襲-)'은 염습할 때 시신에게 신기는 신 이다. '사잣짚신'은 초상난 집에서 사잣밥과 함께 놓는 저승 사자 를 위한 신이다. '걸립짚신'도 같은 성격의 것으로 무당이 굿할 때 걸립(乞粒)의 신(神)을 위해 내어 놓는 신이다. '엄신'은 '엄짚신' 의 준말로, 상제가 초상 때부터 졸곡(卒哭) 때까지 신는 짚신이다. 이는 관리(菅履), 관구(菅屨)라고도 한다.

'걸은신, 사짜신, 세코짚신, 석새짚신, 외코신, 태사신'과 같은 것은 신의 제작과 관련이 있는 말이다. '걸은신'은 앞에 보이듯 물이 새지 않게 기름으로 걸은 신이다. 진신은 걸은신이고, 마른 신은 걸지 않은 신이다. '사짜신'은 울이 낮고 코가 크며, 울과 코 사이를 직각으로 모나게 파낸 남자의 가죽신이다. '세코짚신' 은 발을 편하게 하기 위해 신발 앞쪽 양쪽에 약간씩 총을 터서

코를 낸 신이다. '석새짚신'은 총이 매우 성글고 굵은 짚신을 가리킨다. 그래서 '석새짚신에 구슬감기'란 속담은 차림이 어울리지 않음을 비웃는 말이다.

'외코신'은 하층계급에서 신던 신으로, 코가 짧고 눈을 놓지 않은 가죽신이다. 이의 대가 되는 것이 '쌍코줄변자'다. 이는 신코 위에 좁은 가죽 조각 둘을 오려 대어 두드러지게 하고, 도리 밑에 다른 빛깔의 가죽으로 한 줄의 변자(邊子)를 돌려 댄 남자용 가죽신이다. '태사(太史)신'은 남자의 마른신의 하나로, 울을 헝겊이나 가죽으로 하고 코와 뒤에 선문(線紋)을 새긴 것이다.

이 밖에 '죽신, 짝신, 쭉신' 같은 말도 있다. '죽신'은 한 죽의 미투리나 짚신, 또는 날림으로 만들어 여러 죽씩 헐값으로 파는 신을 가리킨다. 흥부도 처자식들과 호구(糊口)를 하겠다고 짚을 얻어다가 '죽신'을 만들어 판 적이 있다. '짝신'은 제짝이 아닌, 짝짝의 신을 가리킨다. '쭉신'은 해어지고 찌그러진 신이다. 요사이는 세월이 좋아져서 '쭉신'을 보기 어렵게 되었다. 지난날에는 기워서도 신었는데…….

이 밖에 신발과 관계되는 말에 '신기료장수, 신발차, 신불림, 신틀아비, 짚신할아범'과 같은 재미있는 말들도 있다. 헌 구두나 신을 깁는 것을 업으로 하는 사람을 '신기료장수'라 한다. 이는 줄여서 '신기료'라고도 한다. 고은의 시 「최만식이」에 "신기료 아비의 자식 만식이/ 하도 고기 못 먹어/ 아비가 쥐 잡아/ 구워 줘"

가 그것이다.

여기 '신기료'는 신 기우라는 외침 소리 "신 기우리오?"가 변한 말이다. 신장수가 신을 팔기 위해 외치는 소리는 '신불림'이라 했다. '신발차'는 심부름하는 값으로 주는 돈이다. 이는 '신발값'이라고도 했다. 『춘향전』에도 춘향의 편지를 가지고 서울 가던 아이의 '신발차' 이야기가 나온다. 그러나 여기서는 '삯'이라 했다.

'신틀아비'는 견우성을 달리 이르는 말이다. 견우성(牽牛星)의 별자리가 신틀처럼 생겼기에 비유적으로 이렇게 이르게 된 것이다. '신틀'은 신을 삼을 때 신날을 걸어놓는 틀이다. 견우성은 또 '짚신할아비'라고도 한다. '짚신할아범'은 견우성 아닌, 짚신을 삼는 노인으로 구별되는 말이다. 짚신을 삼는 일을 업으로 하는 사람은 '짚신장이'라 한다. 끝으로 덧붙일 것은 중국에서는 신을 우리와는 달리 일반적으로 '화(靴)' 아닌, '혜(鞋)'라 한다는 것이다. '靴'는 Boots에 해당한 말이다. 구혜(逑鞋), 초혜(草鞋), 수혜(繡鞋) 등이 그 예다.

바늘 가는 데 실 간다

실(絲)

　　우리 속담에 "바늘 가는 데 실 간다"는 말이 있다. "실 가는 데 바늘 간다"고도 한다. 둘이 떨어지지 아니하고 같이 감을 뜻한다. "범 가는 데 바람 간다, 용 가는 데 구름 간다, 봉 가는 데 황이 간다"고도 한다. 세상살이가 이렇게 조화롭게 운영되면 살맛이 날 성싶다.

　　'실(絲)'이란 섬유질의 가늘고 긴 끈이다. 이는 실같이 가늘고 길게 생긴 것을 비유적으로 의미하기도 한다. 뜨거나 좋아서 끈끈하게 늘어지는 것도 '실'의 하나다.

　　'실'은 말머리에 여러 가지 꾸밈말을 얹어 다양한 실을 나타낸다. 이로 인해 '실'은 자료·성상·용도·구조·색상 등을 달리한다. 예를 들면 다음과 같다.

　　① 자료 : 명주실, 무명실(綿絲), 베실(麻絲·布絲), 비단실, 털실

② 성상(性狀) : 깜찌기실, 주란사(紗)실, 푼사(絲)실, 세(細)실, 테실, 토리실

③ 용도 : 연실, 책실, 수(繡)실, 명(命)실, 청실홍실

④ 구조 : 외겹실(單絲), 외올실(單絲), 이겹실(二合絲), 삼겹실(三合絲), 홑실

⑤ 색상 : 금실(金絲), 먹실(墨絲), 색실, 은실(銀絲), 청실, 홍실

⑥ 줄(線) : 녹실(綠絲), 황실(黃絲)

⑦ 기타 : 살올실(筋纖維), 신경실(神經纖維), 양실(洋絲), 팡이실(菌絲), 톳실

둘째의 '성상'의 보기 가운데 '깜찌기실'은 아주 가늘고 질긴 실이다. 이는 줄여 '깜찌기'라고도 한다. '주란사실'은 가스사(絲), 곧 개스트 얀(gassed yarn)이다. 이는 방적사(紡績絲)의 표면에 난 솜털 같은 섬유를 가스의 불꽃 속을 고속으로 통과시켜서 광택을 낸 것이다. '푼사실'은 고치를 켠 그대로 꼬지 아니한 것으로, 물을 들여 수를 놓는데 사용한다. '테실'은 테를 지은 실, '토리실'은 테를 짓지 아니하고 그냥 둥글게 감은 실이다.

셋째의 '용도'의 예 '연실'은 연사(鳶絲)이고, '책실'은 책사(册絲)로 책을 매는 데 쓰는 실이다. '명실'은 무명실이 아니다. 우리 민속에 장수를 발원하는 사람이 밥그릇에 쌀을 담고, 그 가운데에 실을 잡아맨 숟가락을 꽂는데 이 실을 '명(命)실'이라 한다. 돌떡이나 백일 떡을 받고 그릇을 돌려 줄 때 답례로 담아 보내는

실도 '명실'이라 한다. 실이 장수를 상징해 이런 민속이 생겨난 것이다. '청실홍실'은 전통적인 우리 혼례에 쓰이는 청사홍사(靑絲 紅絲)를 가리킨다. 청(靑)은 음(陰)으로 여자를, 홍(紅)은 양(陽)으로 남자를 상징한다. 납채(納采) 때 사주 단자는 청실홍실로 감은 뒤 붉은 보자기에 싸서 보낸다. 납폐(納幣) 때 푸른 비단은 홍실로, 붉은 비단은 청실로 묶는다.

다섯째 '색상'의 보기 가운데 '먹실'은 먹물을 묻히거나 칠한 실이다. 그런데 이 말이 '먹실(을) 넣다'와 같이 관용어로 쓰이게 되면 먹실을 꿴 바늘로 살갗을 떠서 먹을 살 속에 넣는 입묵(入墨)을 의미한다.

여섯째 '줄'의 예 '녹실'과 '황실'은 단청(丹靑)할 때의 녹색 줄과 황색 줄을 의미한다. 따라서 영어의 thread, 일어의 つりいと(釣絲)의 いと(絲)가 '줄'을 의미하는 것과는 다르다.

일곱째 '기타'의 보기 가운데 '살올실, 신경실, 팡이실'은 비유적 명명으로, 각각 생물학에서의 근섬유(筋纖維), 신경섬유(神經纖維), 균사(菌絲)를 말한다. '양(洋)실'은 서양식으로 만든 실, 양사(洋絲)다. '톳실'은 민속에 음력 정월 첫 묘일(卯日)에 만든 실로, 이를 주머니 끈 같은 데 차면 그 해의 재액이 물러나고, 경사가 생긴다고 한다. 한자말로는 命絲, 兎絲라 한다.

'실'이 어두에 오는 경우에는 이것이 실사와, 접두사로 쓰이는 두 가지가 있다. '실'이 실사(實辭)로 쓰이는 경우는 다음과 같은 두 가지다.

① 관형어-체언 : 실고치, 실궤(絲櫃), 실그물, 실꼴(線形), 실꾸
리, 실낚시, 실띠, 실매듭, 실반대, 실밥, 실북, 실샘, 실오리,
실첩, 실코, 실타래, 실테, 실톳, 실패.
② 객술구조 : (실감개), 실낳이, 실뜨기, (실뜯개), 실붙이기, 실
뽑기, 실잣기, 실풀이.

'실고치'는 실을 뽑기 위해 생산하는 고치이고, '실낚시'는 줄
낚시와 같이 낚싯대와 찌가 없이 하는 낚시다. '실낱'은 실의 올
이고, '실낱같다'는 미미해 목숨이나 희망 따위가 끊어지고 사라
질듯하다는 뜻을 나타낸다. '실북'은 직조(織造)를 할 때 실꾸리를
넣는 북이고, '실샘'은 실 분비기관인 토사선(吐絲腺)이다. '실톳'은
방추형으로 감은 실몽당이다. '실감개'와 '실뜯개'는 실을 감는 기
구, 실을 뜯는 기구다. 따라서 이는 조어상 '실'이 관형어로 쓰인
것이나, 내용상은 객술구조로 된 말이다. '실풀기'는 민속에 망인
(亡人)의 영혼을 저승으로 보내면서 이승에 맺힌 한이 없도록 굿을
하는 것이다. 이때 망인의 수저에 실타래를 매고, 이를 시루 구멍에
꿰어 빼낸다.

'실'이 접두사로 쓰이는 경우는 '가느다란', '엷은'의 뜻을 나타
낸다. 이러한 어휘는 그 수가 참으로 많다. '실가락지, 실고추, 실

국수, 실금, 실눈, 실바람, 실뱀, 실뱅어, 실버들, 실비, 실뿌리, 실
소금쟁이. 실잠자리, 실주름, 실톱, 실틈, 실파, 실핏줄' 등은 '실'
이 가느다랗다는 의미를 나타내는 어휘다. 이에 대해 '실안개, 실
연기'는 '실'이 엷다는 것을 나타낸다. '실뒤, 실벽, 실터'는 가느
다란 것을 나타내나, 자못 넓은 공간을 의미한다. '실뒤'는 집을
짓고 남은 좁은 뒷마당을, '실터'는 집과 집 사이이의 좁고 긴 빈
터를, '실벽'은 창문 위와 옆의 좁고 길게 된 벽을 가리킨다.

여기 덧붙일 것은 일본어와 한어에서는 '실(いと·絲)'이 현악기를
의미한다는 것이다. 한어 '사죽(絲竹)'은 竹이 관악기를 의미해, 현
악기와 관악기를 아울러 이른다. 또한 한어 '絲'는 극소(極少), 또
는 소량(小量)을 나타내어 우리의 '실'과는 차이를 보인다. 우리의
경우는 이런 뜻을 나타내고자 할 때 '실낱같다'는 관용어를 쓰거
나, '실낱만큼'과 같이 비교의 표현을 쓴다.

앞에서 예를 든 "실 가는 데 바늘 간다"는 조화는 언제나 이루
어지는 것이 아니다. '실이 와야 바늘이 가지'라고 조건이 성숙되
어야 한다. 새 해에는 국정에 이런 조건이 성숙되어 조화가 이루
어지길 빈다.

● ● ●

쌀독에서 인심 난다
쌀

쌀은 보리, 콩, 조, 기장과 더불어 오곡(五穀) 가운데 하나다. 그러나 이 가운데 한국인의 주식은 뭐니뭐니 해도 쌀이라 하겠다. 그러기에 우리는 먹을 것의 대표적인 것으로 '쌀'을 든다. "쌀독에서 인심 난다"는 속담이 그것이다. 이는 먹을 것이 넉넉하여야 인심을 쓸 수도 있다는 말이다. 요사이 '퍼 주기'로 문제가 되고 있는 대북(對北) 지원도 우리의 쌀독에 쌀이 차 있을 때에만 가능한 일이다. 독이 비어 있다면 하려 하여도 할 수 없지 않겠는가?

쌀과 관계된 말은 분화되어 있다. '쌀'이 찧어지기 이전의 볏과의 열매는 '벼'라 하고, 벼를 찧은 것을 '쌀'이라 한다. 그리고 이 것으로 밥을 지으면 '밥'이라 한다. 이는 영어 Rice가 '벼', '쌀', '밥'을 함께 이르는 것과 사뭇 다른 문화다. 이러한 우리의 문화는 우리가 '쌀'을 주식으로 하기 때문에 이 말이 분화(分化)된 것이다.

'쌀'은 또 '사다', '팔다'와 같은 말과 합성되어 오늘날과 다른 상거래(商去來)의 모습을 보여 준다. '쌀사다', '쌀팔다'가 그것이다. '쌀사다'는 오늘날의 상행위처럼 돈을 주고 쌀을 바꾸어 오는 것을 의미하지 않는다. 오히려 쌀을 처분하고 돈으로 바꾸어 오는 것을 뜻한다. '사다'는 이렇게 '가진 것을 팔아 돈으로 바꾸는 것'을 의미하기도 한다. '곡식을 팔아 돈을 산다'는 표현도 이러한 것이다. '쌀팔다'는 이와 반대로 돈을 주고 쌀을 사 오는 것을 의미한다. 흔히 쓰이는 현대적 용례와 정반대이다. '팔다'는 '메주를 쑤려고 콩을 팔아오다'와 같이 '돈을 주고 곡식을 사다'란 의미도 나타내는 말이기 때문이다. 문화를 반영하는 언어는 이렇게 변하는 것이다. 이는 물물교환(物物交換)하던 시대를 반영하는 말이다.

'쌀'과 합성된 말은 여러 가지가 있다. 이 가운데 우리 언중들에게 좀 생소할 말로, '쌀'이 앞에 오는 것을 보면 '쌀고치, 쌀곡자, 쌀골집, 쌀목탁, 쌀무거리, 쌀무리, 쌀미살창, 쌀보리, 쌀뉵, 쌀새우, 쌀수수' 같은 말이 있다.

이 가운데 '쌀보리, 쌀수수'는 곡물을 이르는 말이다. '쌀보리'는 보리의 한 품종으로, '겉보리'와 구별하여 부르는 이름이다. 한자어로는 나맥(稞麥)이라 한다. 이에 대해 '쌀수수'는 수수의 일종으로, 알의 색깔이 희부옇고 까끄라기가 없는 수수다.

'쌀고치'는 희고 굵으며 야무지어 질이 좋은 고치(繭)를 가리킨다. 이에 대해 군물이 들어 깨끗하지 못한 고치는 '무리고치'라 한다. '쌀고치'는 '쌀수수'와 함께 '쌀'의 흰빛과 연합된 말이다. '쌀새우'도 마르면 흰색이 나 이런 이름이 붙은 경우다. 한자어도 미하(米蝦), 백하(白蝦)라 하여 발상을 같이 한다. '쌀곡자, 쌀골집, 쌀무거리, 쌀무리'는 그 자료가 쌀로 되어 합성된 말이다. '곡자(曲子)'는 누룩, '골집'은 순대, '무거리'는 곡식 따위를 찧어 가루를 내고 남은 찌끼를 뜻한다. '무리'는 '수미분(水米粉)'을 이르는 말이다. '무리송편'이 그 예이다. '쌀미살창(-米-窓)'과 '쌀목탁', '쌀북'은 조어의 차원을 달리하는 말이다. '쌀미살창'은 창살이 쌀 미(米) 자 모양으로 짜인 창을 말한다. '쌀목탁'과 '쌀북'은 절에서 밥을 지을 때 여러 사람의 밥쌀을 모으기 위해 치는 목탁이나, 북을 이르는 말이다. 이는 불교 문화를 반영하는 말이다.

'쌀'이 뒤에 합성된 말은 쌀의 종류를 나타낸다. 이러한 말에는 '매조미쌀, 맵쌀, 볍쌀, 상수리쌀, 오례쌀, 율무쌀, 입쌀, 핍쌀, 햅쌀'과 같은 것이 있다. '매조미쌀'은 왕겨만 벗긴 현미(玄米)를, '맵쌀'은 '찐 메밀을 약간 말린 다음 찧어서 껍질을 벗긴 쌀'을 이른다. '핍쌀'은 겉피를 찧어 겉겨를 벗긴 쌀이다. 이들은 모두 도정과 관련이 있는 말이다. '볍쌀'은 입쌀과 찹쌀을 잡곡에 상대하여 이르는 말이다. '상수리쌀'은 상수리의 알맹이를 빻은 가루를 이르는 말이고, '오례쌀'은 올벼(早稻)의 쌀을 이르는 말이다. 올벼로 빚은 송편은 '오례송편'이라 한다. '율무쌀'은 율무의 껍질을 벗긴 알맹이를, '입쌀'은 멥쌀을 보리쌀 따위의 잡곡이나 찹쌀에 상대하여 이르는 말이다. "장손네가 부뚜막에 꾸부리고 서서 밥을 푼다. 입쌀과 좁쌀이 반반이요, 깜정 굵은콩이 다문다문 섞인 밥이다"(채만식, 「암소를 팔아서」)가 그 예이다. 입쌀로 지은 밥이 '이밥'이다. 보릿고개를 겪던 시절에는 이밥에 고깃국 먹기가 소원이었다. '입쌀'은 본래 '니뿔'이 '이뿔'을 거쳐 변한 말이다. 쌀은 이렇게 어두에 'ㅂ' 소리를 지닌 말이었다. 그리하여 오늘날 '멥살, 입쌀, 좁쌀'과 같이 '쌀'과 결합된 받침 없는 말에는 'ㅂ'이 붙게 되었다. '햅쌀'은 그 해에 새로 난 신미(新米)를 이른다.

'마지쌀, 심쌀, 웁쌀, 젯메쌀, 해산쌀'은 용도(用途)와 관련된 말이다. '마지쌀'은 부처에게 올리는 마짓밥의 쌀을, '심쌀(心~)'은 죽을 끓일 때 넣는 쌀을 가리킨다. '웁쌀'은 솥 밑에 잡곡을 깔고 그 위에 조금 얹어 앉히는 쌀을 의미한다. 쌀이 귀하던 때의 식생활을 반영해 주는 말이다. '웁쌀'은 '웃(上)-뿔(米)'이 변한 말이다. 문순태의 『타오르는 강』에는 다음과 같은 용례가 보인다.

배를 탈 때 쌀분이가 건네준 도시락 보자기를 풀고 아버지를 위해 특별히 웁쌀을 얹어서 지은 쌀밥 덩이에 깨소금을 발라 권했다.

'젯메쌀'은 제반미(祭飯米)로 젯메를 지을 쌀을, '해산쌀'은 산미(産米)로, 해산어미의 밥을 지을 쌀을 의미하는 말이다.

이 밖에 '쌀'과 합성된 말로는 '좁쌀'과 합성된 말에 재미있는 것이 여럿 있다. '좁쌀과녁, 좁쌀눈, 좁쌀뱅이, 좁쌀여우, 좁쌀영감' 같은 것이 그것이다. '좁쌀과녁'은 좁쌀을 던져도 잘 맞는다는 뜻으로, 얼굴이 매우 큰 사람을 뜻하는 말이다. '좁쌀눈' 이하는 모두 '좁쌀'이 작거나 좀스러운 것을 나타내기 위해 비유적으로 쓰인 경우이다. '좁쌀여우'는 작은 여우가 아니라, 아주 좀스럽고 요변을 잘 부리는 사람을 비유적으로 이르는 말이다. 우리말에서 '좁쌀'은 작은 것을 상징한다.

끝으로 여기 덧붙일 것은 '쌀'의 본래의 의미는 '벼 열매의 껍질을 벗긴 알맹이'가 아니라는 것이다. 이는 널리 탈곡한 낟알을 의미했다. 그래서 '기장쌀, 보리쌀, 좁쌀'이라 하는 것이다. 벼의 알맹이는 '입쌀'이다. '니>이'가 벼(稻)를 나타내는 말이다.

상추쌈에 고추장이 빠질까

쌈(包)

상추쌈은 여름날의 우리의 대표적 음식이다. 이는 우리의 고유한 음식으로, 일찍이 중국에까지 진출한 음식이기도 하다. 생채포(生菜包), 고려포(高麗包)가 그것인데, 원나라 때 고려인들에 의해 전해진 것으로 보인다. '상추'가 중국어 셩차이(生菜)가 변한 말이요, '생채'가 '상추쌈'을 통해 중국에서 역수입해 간 것이고 보면 문화란 묘한 것이다.

'쌈'이란 말은 '싸다(包)'에서 파생된 말로, 두어 가지 뜻을 지닌다. 그 하나는 '상추쌈, 고추쌈'과 같이 음식과 관련된 말이요, 다른 하나는 '보쌈, 배쌈'과 같이 음식 아닌, 사물과 관련된 것이고 다른 하나는 의존명사로 쓰이는 것이다.

먼저 음식과 관련된 '쌈'부터 보기로 한다. 성호 이익(李瀷)은 『성호사설(星湖僿說)』에서 조선 사람은 커다란 잎만 보면 무엇이든지 쌈으로 싸 먹는다고 하였듯, 우리나라에는 참으로 쌈의 종류가 많다.

'쌈'은 다시 두 가지 의미로 나눌 수 있다. 그 하나는 쌈의 재료와 먹는 동작에 초점을 두는 것이고, 다른 하나는 요리나 음식 이름을 나타내는 것이다. 우선 재료와 음식을 먹는 동작과 관련된 말을 보면 '고기쌈, 김쌈, 깻잎쌈, 다시마쌈(昆布쌈), 머윗잎쌈, 미나리잎쌈, 미역쌈, 배추속대쌈(속대쌈), 배추쌈, 복쌈(福包), 상추쌈(萵苣包), 쑥갓쌈, 아욱쌈, 연잎쌈(蓮葉包), 질경이잎쌈(車前草葉包), 참죽잎쌈(椿葉包), 취쌈, 통김치쌈, 호박잎쌈' 같은 것이 있다.

'고기쌈'은 얇게 저며 편 쇠고기에 밥과 처녑을 곁들여 먹는 것이다. 곧 육포(肉包)다. '복쌈(福包)'은 전통 민속과 관련된 절식(節食)으로, 정월 보름 날 김이나 마른 취에 밥을 싸 먹거나, 복날 들깻잎으로 밥을 싸 먹는 것이다. 이 밖의 '김쌈, 깻잎쌈' 등은 쌈의 재료가 되는 '김, 깻잎, 다시마, 머윗잎, 미나리 잎, 미역……' 등으로 밥을 싸 먹는 것이다. 이들은 날것으로 싸 먹기도 하고, 데치거나 삶아서 싸 먹기도 한다.

이에 대해 '고추쌈, 뮈쌈, 밀쌈, 석이쌈, 알쌈, 얼간쌈, 전복쌈'과 '보쌈김치, 쌈김치' 등은 쌈을 먹는 동작이라기보다 음식이나 요리를 의미한다. '고추쌈'은 다져서 양념을 한 고기소를 풋고추에 넣고 밀가루나 달걀을 씌워 지진 음식이다. 흔히는 술안주로 한다. '뮈쌈'은 복합어로, '뮈'는 해삼 또는 해조(海藻)를 뜻하는 고유어다. '뮈쌈'은 해삼을 물에 불려서 쇠고기와 두부를 이겨 붙이고, 달걀을 씌워 지진 음식이다. 해삼전(海蔘煎)이라고도 한다.

'밀쌈'은 밀전병(煎餅)에 나물과 고기소를 싸거나, 설탕과 깨소금 소를 싸서 말아 놓은 음식이다. '석이쌈'은 석이(石栮)를 삶아서 고기·장·파·기름·깨소금 따위를 쳐서 주무른 뒤에 끓여서 밥 위에 얹어 먹는 음식이다. 따라서 이는 진정한 의미의 쌈과는 거리가 있다. '알쌈'은 갠 달걀을 얇게 펴 익힌 다음, 난도질 한 고기를 넣고 싸서 반달처럼 만든 음식이다. 계란포(鷄卵胞)라고도 하는 것이다.

'얼간쌈'은 가을에 배추속대만을 골라서 얼간을 하여 두었다가 겨울에 먹는 쌈이다. '전복쌈'은 말린 전복을 물에 불려 잣으로 소를 박아 반달 모양으로 만든 반찬이다. 전복포(全鰒包)라고도 한다. '보쌈김치'는 무나 배추를 일정한 크기로 썰어서 갖은 양념을 한 다음 넓은 배춧잎으로 싸서 담근 김치다. '보쌈김치'는 개성 보쌈김치가 유명하다. '쌈김치'는 이의 준말이다.

음식이 아닌, 사물과 관련된 '쌈'에도 여러 가지가 있다. 이러한 예로는 '박쌈, 배쌈, 보쌈, 보쌈질'과 '쌈노, 쌈지, 쌈짓돈' 같은 말이 있다. '박쌈'의 '박'은 흥부 내외가 그 속을 삶아먹던, 한해살이 덩굴풀의 열매 포로(匏蘆)가 아니다. 이는 '함지박'의 '박'이다. '함지박'은 통나무 속을 파서 큰 바가지처럼 만든 나무그릇이다. '박쌈'은 이러한 함지박을 싼 것이란 말로, 이는 남의 집에 보내려고 함지박에 음식을 담고 보자기로 싼 것을 말한다. 그러니 이는 일종의 봉송(封送)이다.

'배쌈'은 뱃전의 언저리를 쌌다는 말이다. 배가 부딪쳐 상하는 것을 막기 위해 뱃전의 언저리를 돌아가며 나무나 고무 타이어 등을 일정한 두께로 덧붙여 둘러싸는 것, 또는 둘러싼 것을 의미한다. '보쌈'은 보자기, 곧 보(褓)로 싸거나, 싼 대상을 가리킨다. 이에는 세 가지가 있는데, 앞의 '보(褓)'를 설명하는 항(項)에서 이미 설명한 바 있다. 따라서 여기서는 간단히 언급하기로 한다.

'보쌈1'은 고기잡이 기구로, 구멍 뚫린 보로 양푼 같은 그릇을 싸고, 그 안에 된장 등 고기의 먹이를 넣어 물속에 담가 고기를 유인하여 잡는 것이다. '보쌈2'는 전통민속으로, 귀한 집 처녀의 재가(再嫁)할 팔자를 막기 위해 외간 남자를 납치해 딸과 하룻밤을 재운 뒤 죽이던 풍습이다. '과부 보쌈'은 뒤에 법으로 재가를 금함으로 나타난 현상이다. '보쌈3'은 음식과 관계된 말로, 삶아서 뼈를 추려낸 소·돼지 따위의 머리고기를 보에 싸서 무거운 돌 따위로 눌러 단단하게 만든 뒤 썰어 먹는 것이다. 이에 대해 '보쌈질'은 '보쌈'에 접미사 '-질'이 붙은 것이나, 위의 세 '보쌈'과는 관계가 없는 것이다. 이는 오히려 다림질할 옷을 물에 축인 보에 싸서 축축하게 유지하게 하는 일을 의미한다. 다림질이 잘 되게 하기 위해서다.

이 밖에 '쌈노'는 나뭇조각을 붙인 다음 굳을 때까지 단단히 붙어 있으라고 동여매는 데 쓰는 노끈이다. '쌈지'는 담배·부시·돈 등을 담는 주머니다. 이 주머니는 종이·헝겊·가죽 등으로 만들었으나, 그 어원은 '쌈(包)-지(紙)'와 같이 종이에 둔 것이다. '쌈짓돈'은 물론 쌈지에 들어 있는 돈이라는 뜻이나, 적은 돈을 이른다. '쌈짓돈이 주머닛돈'이란 속담이 그 예다.

이 밖의 또 하나의 '쌈' 의존명사는 바늘 24개를 이르는 말이며, 피륙을 다듬기 알맞은 분량으로 싸 놓는 덩이며, 금 백 냥쭝을 가리키는 말이다. '바늘쌈'은 바로 이 바늘 24개를 종이에 납작하게 싼 뭉치를 말한다.

"상추쌈에 고추장이 빠질까"란 속담이 있다. "가을 상추는 문 걸어 잠그고 먹는다"는 속담도 있다. 좋은 계절, 좋은 일들이 모두에게 조화롭게 이루어지길 바란다.

뒹굴 자리 보고 씨름에 나간다

씨름

오월 단오(端午)에는 그네를 뛰고, 씨름을 한다. 여자는 그네를 뛰고, 남자는 씨름을 하는 것이다. 그런데 『동국세시기(東國歲時記)』에 의하면 그네는 본래 북적(北狄)이나 중국에서 한식(寒食) 때 뛰던 것이 우리나라에 들어와 단오에 뛰게 된 것이라 한다. 이에 대해 씨름은 우리 고유의 것이라 보았다. 그리하여 "중국인이 이를 본받아 그것을 고려기(高麗伎)라 하기도 하고, 요교(撓跂)라고도 한다" 하였다. 역사적으로 볼 때 씨름은 삼국시대부터 있었던 민속 기예(民俗技藝)였다. 그것은 집안현(輯安縣)에 있는 4세기경의 고구려 고분[角抵塚] 벽화에 씨름하는 그림이 그려져 있는 것으로 확인된다.

우리나라에서는 지난날 단오를 전후하여 전국 각처에서 씨름판을 벌였다. '씨름'은 우리의 옛말에 "시름 비호자(學摔校)"〈杜詩〉, "씨롬하야"〈武藝〉, "삐름 角抵"〈物譜〉 등으로 나타난다. 어원은 분명치 않으나 '다투다'를 뜻하는 '힐후다'의 파생명사 '힐훔'일 가능성이 크다. '입힐훔>입씨름'이 하나의 증거다. 오늘날의 형태와 같은 '씨름'의 이른 용례는 조선조 말기의 가객 김민순(金敏享)의 시조에 보인다.

少年 十五 二十時에 ᄒ던 일이 어제론 듯
속곱질 쒸움질과 씨름 탁견 遊山ᄒ기, 小骨 장기 투전ᄒ기, 져기 츠고 鳶날니기, 주사청루 출입다가 ᄉ람 치기 ᄒ기로다
萬一에 八字ㅣ가 죠하만정 身數가 험ᄒ던들 큰일 날 번 ᄒ괘라.

여기 '씨름'은 청소년 시절 주색잡기에 탐닉했던 때 '씨름' 하던 것을 노래한 것이다.

'씨름'은 다 아는 대로, 두 사람이 마주 잡고 재주를 부려 상대방을 넘어뜨리는 기예로, 한자말로는 각력(角力), 각저(角抵), 각희(角戲), 각희(脚戲), 상박(相撲) 등 여러 가지로 일러진다. 씨름의 방법에 대해서는 『동국세시기』에 다음과 같은 설명이 보인다.

"두 사람이 서로 상대하여 구부리고, 각기 오른 손으로 상대방의 허리를 잡고 왼손으로는 상대방의 오른 발을 잡고 일시에 일어나며 상대를 번쩍 들어 팽개친다. 그리하여 밑에 깔리는 자가 지게 된다. 內句(안걸이), 外句(밭걸이), 輪起(둘러치기) 등 여러 자세가 있고, 그 중 힘이 세고 손이 민첩하여 내기에 자주 이기는 사람을 도결국(都結局)이라 한다."

이는 씨름할 때 띠나 샅바를 사용하기 이전의 씨름 방법을 보인 것이다.

씨름은 '띠씨름'과 '샅바씨름'의 두 가지로 크게 나눌 수 있다. '띠씨름'은 허리에 띠를 하나 띠고 그것을 잡고 하는 씨름이다. 이에 대해 '샅바씨름'은 무명으로 만든 샅바를 사타구니, 곧 넓적 다리에 끼고 하는 것이다. 샅바씨름은 다시 '오른씨름'과 '왼씨름'으로 나뉜다. '오른씨름'은 샅바를 왼쪽 다리에 끼고 고개와 어깨를 오른쪽으로 돌려 대고 하는 씨름이다. 이는 '바른씨름'이라고도 한다. '왼씨름'은 이와 반대로 샅바를 바른쪽 다리에 끼고, 고개와 어깨를 왼쪽으로 돌려서 하는 씨름이다. '띠씨름'은 주로 충청도에서 행해졌고, '오른씨름'은 주로 경기도와 전라도에서, '왼씨름'은 전국 각지에서 행해졌다. 이들 씨름은 1962년에 왼씨름 하나로 통일하여 오늘날 경기를 운영하고 있다.

이 밖에 씨름의 방법과 관련이 있는, '씨름'과 합성된 말에는 '단판씨름, 맞씨름, 상씨름, 애기씨름, 허리씨름' 따위가 있다. 경기에서 승부를 낼 때에는 한판에 승부를 내는 수도 있고, 여러 판을 한 다음에 승부를 내는 수도 있다. '단판씨름'은 한 판에 승부를 내는 씨름을 말한다. 흔히 경기를 세 판 하고 승부를 내는 경우에는 삼판양승(兩勝)이라 하고, '세판씨름'이란 복합어는 따로 사용하지 않는다. '맞씨름'은 단둘이서 맞붙어 하는 씨름이다.

'上씨름'은 씨름판에서 결승을 다투는 씨름을 말한다. 이는 '소걸이'라고도 한다. 장사 씨름에는 흔히 황소를 걸고 씨름을 하였기에 이러한 이름이 붙게 되었다. 그리하여 종래의 씨름 장사는 전국적으로 씨름판을 누벼 여러 마리의 황소를 거두어들이기도 하였다. '애기씨름'은 씨름판에서 기술이 서투른 선수끼리 하는 씨름이다. '허리씨름'은 상대의 허리에 띠를 매고 이를 잡고 하는 씨름이다. '씨름'의 재간에는 들재간(허리재간), 팔재간(손재간), 다리재간, 되치기재간 등이 있다. 그리고 이들 재간은 또 거기에 쓰이는 수법에 따라 무수한 기법으로 나뉜다. 이들을 나타내는 말은 '배지기, 젖히기, 다리후리기, 낚시걸이, 들어치기' 등과 같이 '씨름'이라는 말과는 직접 관계가 없는 고유어로 이루어져 있다.

'씨름'에는 구체적으로 이러한 씨름 자체를 말하는 것 외에 비유적인 뜻으로 많이 쓰인다. '다리씨름, 두꺼비씨름, 멱씨름, 발씨름, 입씨름' 같은 것이 그것이다. '다리씨름'은 '발씨름'이라고도 하는 것으로, 요사이는 거의 볼 수 없게 된, 어린이들의 놀이다. 이는 두 사람이 마주 앉아서 같은 쪽 다리의 정강이 안쪽을 서로 걸어서 옆으로 넘어뜨리는 것이다. '두꺼비씨름'은 끝내 승부가 나지 않는 다툼이나 겨룸을 비유하는 말이다. '두꺼비씨름 같다'거나, '두꺼비씨름 누가 질지 누가 이길지'와 같은 속담의 용례가 그것이다. '멱씨름'은 서로 멱살을 잡고 싸우는 일을, '입씨름'은 말다툼, 또는 말로 애를 써서 하는 일을 의미한다.

이 밖에 '씨름'과 관계가 있는 색다른 말로 '씨름굿, 씨름잠방이' 같은 것이 있다. '씨름굿'은 씨름판에서 벌어진 씨름을 구경거리로 이르는 말이다. "봉사 씨름굿 보기"가 그 예다. 이 속담은 '봉사 단청 구경'과 같이 아무리 보아도 알지 못할 것을 본다는 뜻을 나타낸다. '씨름잠방이'는 씨름할 때 입는 짧은 고의다. 요샛말로 하면 '핫팬티'쯤이 될 것이다.

"뒹굴 자리 보고 씨름에 나간다"는 속담이 있다. 무모한 도전을 하지 말라는 말이다. 자기의 역량과 일의 형편을 따져보고 일을 시작해야 실패를 미연에 방지할 수 있다.

천자문 떼고 책씻이 하던 날
씻이

교육은 백년지대계(百年之大計)라고 하는데 교실이 무너진다고 야단이다. 사교육이 극성을 부리는가 하면, 교권이 서지 않아 학교 교육이 제대로 이루어지지 않는다고 한다. 새 천년을 맞아 우리 민족의 장래를 위하여 교육계에 일대 변혁(變革)이 일어나야 하겠다.

한때 교육계의 촌지(寸志)가 크게 문제 된 적이 있다. 문자 그대로의 촌지라면 그것이 그리 문제될 것은 없을 것이다. '촌지'란 '마디 촌(寸)'에 '뜻 지(志)'자를 써 '조그만 뜻을 나타내는 적은 선물'을 의미하기 때문이다. 예로부터 우리에게는 훈장(訓長)에게 감사의 뜻으로 세모(歲暮)나 추석 같은 때에 술이나 고기를 선물하는 미풍(美風)이 있었다. 이는 인지상정의 예의다. 문제는 그것이 '촌지'가 아닌, '뇌물(賂物)'의 성격이나 강제성을 띠는 데 있다.

우리말에는 '촌지'와 비슷한 뜻의 말로 '손씻이'라는 고유어가 있다. 이는 '남의 수고에 보답하는 마음으로 작은 물건을 주는 일, 또는 그 물건'을 뜻한다. 수고한 손을 씻을, 곧 노고(勞苦)를 다소나마 위로할, 조그마한 예물이라는 말이다. 이러한 예물을 사회가 문제를 삼고 비난한다면, 오히려 사회에 심각한 문제가 있는 것이라 하겠다.

'손씻이'와 같이 우리말에는 '씻는 것'을 의미하는 '씻이'라는 말이 붙는 재미있는 말이 여럿 있다. '입씻이, 책씻이, 호미씻이' 같은 말이 그것이다. '입씻이'는 두 가지 의미를 지닌다. 하나는 입막음으로 주는 금품(金品)을 의미한다. 금품을 주어 자기에게 불리한 말을 못하게 하는 행동이다. 부정한 짓을 한 사람이나, 단체가 '입씻이'를 주어 입을 씻게 하는 경우를 우리는 종종 보고 듣게 된다. 큼직한 사건은 신문이나 방송에까지 오르내린다. '입씻이'의 다른 뜻은 '입안을 가셔서 개운하게 하는 일', 곧 '입가심'을 의미한다. 따라서 '입이 텁텁해 입씻이를 하였다'는 말은 '입이 텁텁해서 입가심을 하였다'라 하여도 그 뜻이 바뀌지 않는 말이다.

'책씻이'는 글방에서 학동(學童)이 책 한권을 다 읽고 떼거나, 베껴 쓰는 일이 끝났을 때에 훈장 선생과 동료에게 한턱내는 일이다. 이는 '책거리', '세책례(洗冊禮)' 또는 줄여 '책례(冊禮)'라고도 하는 것이다. 오늘날 같으면 학년말에, 대학 같으면 종강 때 선생님과 동료들과 함께 '책씻이'를 할 수 있을 것이다. '책씻이'의 용례는 황석영의 『장길산(張吉山)』에 다음과 같이 보인다.

고달근이가 찾아간 날은 마침 여문이가 천자문을 떼고 책씻이
　를 하던 날이라, 묘옥이는 떡을 해서 장쇠와 함께 대산, 곧 훈장
　댁에 다녀오던 참이었다.

　'호미씻이'는 호미를 씻는다는 말이니, 음력 7월 농가에서 농사
일, 특히 논매기를 끝내고 잠시 휴식을 취하며 즐겨 노는 일을
뜻한다. 이는 세서연(洗鋤宴)이라고도 한다. 호미를 씻는 잔치라는
말이다.

　'입씻이'를 '입가심'이라 하듯, '가심'이란 말이 붙는 말에도 재
미있는 것이 몇 개 있다. '약가심, 볼가심, 집가심, 진부정가심'이
란 말이 그것이다. '약가심'은 '입가심'처럼 '약을 먹은 뒤에 입을
가시는 일, 또는 그 음식'을 뜻한다. 따라서 이때의 가심은 '깨끗
이 씻다, 부시다'의 뜻이다. '한약을 먹고 사탕으로 입가심 한다'
와 같이 쓴다. 이에 대해 '볼가심'은 사정이 좀 다르다. 이때의
'가심'은 부시거나 씻는다는 의미와는 거리가 있다. 이는 아주 적
은 음식으로 시장기를 면하는 일을 뜻하기 때문이다. 이는 '가심'
의 기능(機能) 아닌, 결과적 상태에 초점을 맞춘 명명(命名)이라 할
것이다. 배가 부를 정도로 음식을 먹는 것이 아니라, 볼을 겨우
가실 정도로 음식을 조금 먹는 것이다. 그러니 '볼가심'을 하고
나면 시장기나 겨우 면할 정도이어서, 오히려 감질만 나게 할는
지도 모른다. '코끼리에 비스킷'은 이 '볼가심'도 안 되겠지만……

'볼가심'의 용례는 그것도 '새앙쥐 볼가심'이 박경리의 『토지』와, 이인직의 『치악산(雉岳山)』에 보인다.

　"그만 두시오, 형님. 생쥐 볼가심 할 것도 없는 사람보고 풍악 잡힐 겁니까?" 『토지』

　"고래 등같이 큰 기와집도 있고, 달팽이집같이 작은 초가집도 있고, 생쥐 볼가심 할 쌀 한 톨 없는 가난뱅이 집도 있는데 대체 한 돌구멍 속에도 그렇게 고르지 못한 세상이라." 『치악산』

　'집가심'과 '진부정가심'은 우리의 민속과 관련된 말이다. '집가시다'는 '상여가 떠난 뒤에 집안을 깨끗이 하기 위해 무당을 시켜서 악한 기운, 악기(惡氣)를 물리치다'를 뜻한다. 따라서 '집가심'은 이러한 악기를 물리치는 것을 뜻한다. '진부정가심'은 초상난 집에 무당을 불러 부정한 기운을 없애는 일을 뜻한다. '진부정(-不淨)'은 '부정을 꺼리고 있을 때에 초상이 드는 일'이다. 따라서 '진부정가심'은 더 이상 죽음의 공포에 시달리지 않기 위한 간절한 기원을 담은 행동이다.

　인생은 '입씻김' 당하지 않고, '손씻이'하고 '책씻이' 하는 감사의 마음과, '집가심'하고, '진부정가심'하는 정성에서 풍요해질 것이다.

알에서 태어나는 남방 민족
알

　우리 민족은 흔히 말하듯 단일민족(單一民族)일까? 천만의 말씀이다. 적어도 하늘에서 수직 강하(降下)하는 북방민족이 있었고, 난생설화(卵生說話)를 지니는 남방민족이 있었다. 그리고 이들 북방민족과 남방민족이라 하여도 하나의 민족만이 아니었다.

　'알'은 조류나 파충류, 어류, 곤충 따위의 암컷이 낳는, 둥근 물질로, 생명(生命)을 상징한다. 그러나 이 생명을 상징하는 '알'은 기본적 의미만이 아니라, 여러 가지 비유적 의미를 지닌다. ① 작고 둥근 열매나 곡식, ② 작고 둥근 물체, ③ 껍데기 속의 알맹이, ④ 근육이 딴딴하고 둥글게 된 것 등을 나타내는 것이 그것이다. 그리고 이는 접두사로 쓰여 또한 여러 가지 뜻을 나타낸다. 이러한 '알'의 의미는 외국어와 비교할 때 상당한 차이를 보인다. 이는 민족 간의 사고방식에 차이가 나기 때문이다.

　다음에 '알'이 드러내는 우리말의 특성을 보이는 대표적인 예들을 보기로 한다.

'알'의 기본적 의미인 생물의 알과 관련 된 말에는 '돌알, 밑알, 쌍알, 홑알, 알곁다, 알고기씨, 알내기, 알넣기, 알닭, 알슬기(배란), 알쌈(鷄卵包), 알지단, 알치(알밴 뱅어)' 따위가 있다. 이들 알은 일본어로는 'たまご(卵)'라 한다. 한어는 '蛋(단)', 또는 '卵(난)'이라 한다. 이에 대해 영어에서는 egg라 하나, 어류의 알은 'spawn, roe, spat'로 구별한다. '돌알'은 삶은 달걀(熟卵)을, '밑알'은 닭이 거기서 알을 낳으라고, 닭의 둥지에 넣어 두는 달걀이다. '쌍알'은 노른자가 두 개 들어 있는 알을, '홑알'은 노른자가 하나 들어 있는 알이 아니라, 무정란이다. '알곁다'는 암탉이 발정한 때 알을 배기 위하여 수탉을 부르느라고 골골 소리를 내다를 뜻하는 말이다. 참으로 자연의 이치란 묘한 것이다. '알고기씨'는 알을 많이 낳고, 고기도 맛이 좋은 닭의 종자, 또는 그런 닭이다. '알내기'는 알을 얻기 위해 닭과 오리를 기르는 일이다. '알닭'은 알을 얻기 위해 기르는 닭이고, '알자리'는 어미닭이 알을 낳거나 품은 자리다. '알지단'은 사실은 동의어가 반복된 말이다. 이는 달걀을 부친 지단(鷄蛋)을 구체적으로 이르는 말이다.

'알'이 작고 둥근 열매나 곡식의 입자(粒子)를 나타내는 말에는 '물알, 낟알, 쌀알, 알새' 등이 있다. '물알'은 아직 여물지 아니하여 물기가 많은 낟알을, '알새'는 열매나 과실 따위 알의 크기를 이르는 말이다.

생물체의 작고 둥근 물체를 나타내는 '알'은 '눈알, 불알, 알통, 토산불알' 따위가 있다. '알통'은 물론 근육이 붉어져 나온 부분이다. 보디빌딩 하는 사람의 알통을 보면 신기하기만 하다. '토산불알'은 산증(疝症)으로 인하여 한쪽이 특히 커진 불알(睾丸)을 의미한다. '불알'은 이렇게 한자어에도 '고환(睾丸)'이라고 '알 환(丸)'자가 쓰이고, 일본어에는 'きんたま(金玉)', 금구슬이라 한다. '구슬'은 물론 둥근 것을 의미한다.

'알'은 무생물의 갸름하거나, 둥근 물체를 뜻하기도 한다. '승경도알, 알송편'은 난형(卵形)의, '연알, 알사탕, 알약(錠劑·丸藥), 계(契)알, 돌알, 안경알, 전등알, 주판알, 총알(彈丸)' 등은 원형의 '알'이다. '승경도(陞卿圖)알'은 놀이의 하나인 승경도 기구다. 이는 다섯 모로 된 약 16cm 크기의 나무로, 배가 부르고 양쪽 끝이 빨며, 모마다 파서 끝수를 표시한 것이다. 이를 던져 구르게 하여 끝수에 따라 벼슬길에 나아가게 하는 것이다. 이는 관직명(官職名) 교육에도 좋은 놀이기구다. '알송편'은 알 하나를 부쳐 반으로 접어 반달처럼 만들어 먹는 음식이다. 계란송병(鷄卵松餠)이라고도 한다. '연알'은 약연(藥碾)에서 약재를 갈 때 굴리는, 바퀴 모양의 쇠붙이다. '계알'은 계(契)에서 사용하는 둥글게 구슬처럼 깎은 나무로, 그 위에 번호와 계원의 이름을 쓴 것이다. '돌알'은 수정으로 만든 안경알을 말한다.

'알'은 '밤알, 잣알, 호두알'과 같이 '알맹이'를 의미한다. 그리고 알갱이(粒子)나, 작은 사물을 뜻한다. '깨알, 새알, 콩알'은 극소형을, '알구기, 알나리, 알도요, 알뚝배기, 알바가지, 알요강, 알합, 알항아리'는 작은 것을 뜻한다. '알구기'는 술·기름·죽 따위를 풀 때 사용하는 작은 구기이고, '알나리'는 작은 벼슬아치를 놀림조로 이르는 말이다.

싸거나 딸린 것을 제거한 것도 '알'이라 한다. '알대가리, 알돈, 알땅(裸地), 알머리, 알바늘, 알밤, 알보지, 알불(火), 알살(맨살), 알섬(無人島), 알자리, 알전구(알전등), 알토란'이 그 예다. '알밤'을 흔히 잘 익은 밤쯤으로 안다. 그러나 원뜻은 그렇지 않다. 밤송이에서 빠지거나, 떨어진 밤톨이 '알밤'이다. '밤송이'를 벗어버린 밤이 '알밤'이다. '알불'은 무엇에 싸이거나 담기지 않은 불등걸이고, '알자리'는 아무것도 깔지 않은 바닥자리다. '알토란 같다'는 '알토란'은 너저분한 털을 다듬어 깨끗하게 만든 토란이다. 이기영의 「수석」에는 "나보다 먼저 나온 박 군은 금융회사 취직을 해서 알토란같이 오붓하게 잘 산다고."라는 용례가 보인다.

'알'은 핵, 또는 핵심이 되는 것을 의미하기도 한다. '공알, 알천'과 같은 것이 그것이다. '공알'은 음핵(陰核), '알천'은 재산 가운데 가장 값진 물건이나, 음식 가운데 가장 맛있는 것이다.

'알'은 진짜·매우의 의미를 나타낸다. '알가난(진짜 가난), 알거지, 알건달, 알과녁, 알깍쟁이, 알부랑자(아주 못된 부랑자), 알불량자'가 그것이다.

'알'은 겉이 아닌 속이나 실속도 나타낸다. '알부자, 알부피, 알속, 알심, 알심장사(壯士), 알짜'가 그것이다. '알심'은 보기보다 야무진 힘이고, '알심장사'는 뚝심장사다.

'알'은 이렇게 '새알 단(蛋)'이나 '알 난(卵)'을 주의(主意)로 한다. 그리고 '입(粒), 구(球), 환(丸), 옥(玉), 실(實), 핵(核), 소(小), 탈(脫)' 등의 다양한 비유적 의미를 지닌다. 이러한 의미를 제대로 알지 않고는 우리말을 제대로 이해하고, 올바로 사용할 수 없다.

널랑 죽어 암톨쩌귀 되고……

암수(雌雄)1

『춘향전』에서 이 도령이 춘향이와 이별할 제 이렇게 읊는 대목이 있다.

그렇지 못하거든 널랑 죽어 방아 확이 되고, 날랑 죽어 방아
공이 되어 경신년 경신월 경신일 경신시에 강태공의 조작처럼 사
시장천 불계하고 떨거덩 찧어 있고자. 그렇지 못하거든 널랑 죽어
암톨쩌귀 되고, 날랑 죽어 수톨쩌귀 되어 분벽 사창(粉壁紗窓) 열
제마다 제 구멍에 제 쇠가 박혀 춘하추동 사시 없이 빠드득 빠드
득 하여 있고자.

여기에는 방아의 공이와 확, 수톨쩌귀와 암톨쩌귀가 노래 불리
고 있다. '방앗공이'는 방아확에 든 물건을 찧는 데 쓰도록 만든,
방아의 머리에 붙은 길쭉한 몽둥이이다. 방아확은 방앗공이로 찧

을 수 있게 돌절구 모양으로 우묵하게 판 돌을 말한다. '수톨쩌 귀'는 문짝에 박아서 문설주에 있는 암톨쩌귀에 꽂게 되어 있는, 뾰족한 촉이 달린 돌쩌귀이고, '암톨쩌귀'는 수톨쩌귀의 뾰족한 부분을 끼우도록 구멍이 뚫린 돌쩌귀이다. 이들은 서로 짝을 이 루는 것으로, 불가분의 관계를 지닌다. 따라서 이 이별가(離別歌)는 이 도령이 춘향과 작별하고 싶지 않은 심정을 노래한 것이다. 그 러나 이는 표면적인 뜻이고, 이면에는 다른 뜻이 숨어 있다. 방아 공이와 확, 수톨쩌귀와 암톨쩌귀의 요철(凹凸) 형상은 남녀의 성기 에 비유되고, 이들의 작용은 성관계를 비유한다. 이렇듯 이는 표 면과는 달리 내면은 외설적 표현을 하고 있는 노래다.

생물은 종족 번식을 위하여 암수 이체(異體)로 나뉘어 있거나, 암수 동체에 생식 기관을 갖추고 있다. '암수'는 이런 자웅을 나 타내는 우리의 고유어이다. 암컷 암놈, 수컷 수놈을 나타내는 말 이다. '암(雌)'은 생물에서 새끼를 배거나 열매를 맺는 쪽의 성을 이른다. 이는 본래 '암ㅎ'과 같은 형태의 말이어 '개, 닭, 돼지' 같은 말과 결합하게 되면 '암캐, 암탉, 암퇘지'가 된다. 이 '암'은 요사이 주로 동물의 암컷을 이르나, 고어에서는 사람에게도 쓰이 던 말이다. 『월인석보』의 "제 겨지비 죽거늘 다룬 암홀 어른디(자 기 아내가 죽거늘 다른 여인과 결혼하니)"가 그것이다.

'암'은 우선 '엄'으로 모음을 교체함으로 의미가 분화되었다. 자성(雌性)에서 모성(母性)으로 바뀐 것이다. '어미, 어머니'를 이르는 말의 어근 '엄'이 이러한 것이다. 이 밖의 '엄(엄니 牙), 엄(움 芽), 엄(엄지 拇)'과 '움(茁)'도 모음교체(母音交替)에 의해 그 의미가 분화된 말이다. 이들은 새 생명의 탄생이거나 모성(母性) 내지, 주종(主從)의 의미를 나타낸다. 생명의 모체인 자성(雌性)이 모성의 의미로 발전함은 자연스런 변화라 하겠다. '수(雄)'는 생물에서 새끼를 배지 않거나 열매를 맺지 않는 쪽의 성을 가리킨다. 이 말도 본래는 '숳'의 형태를 지닌 말이어 '개, 닭, 돼지'와 같은 말과 결합할 때 '수캐, 수탉, 수퇘지'가 되었다. 우리말에는 이 '암', '수'가 어두에 붙어 각기 식물이나 동물의 자웅(雌雄)을 나타내는 말을 많이 이루고 있다.

'수거미, 수게, 수고양이, 수곰, 수구렁이, 수꿩, 수나방, 수나비, 수노루, 수말, 수벌, 수범, 수비둘기, 수사슴, 수소, 수캐, 수탉, 수탕나귀, 수토끼, 수퇘지, 수피라미, 숫양, 숫염소, 숫쥐' 등은 동물의 수컷을 나타내는 말이다. '수동모, 암사내, 숫사돈'은 남성과 관련된 것이다. '수동모'는 남사당패나 솟대쟁이패들의 남색(男色) 조직에서 암동모를 거느리고 서방노릇을 하는 광대를 이른다. 쉽게 말해 남성 동성연애자들 사이에 남자 역할을 하는 사람이다. '암동모'는 여자 역할을 하는 사람이다. '암사내'는 여자처럼 수줍음이 많고, 부끄러움을 잘 타는 사내, 소위 시스터 보이(sister boy)를 가리키는 말이고, '숫사돈'은 '암사돈'의 대가 되는 말로, 사위 쪽의 사돈을 가리킨다. 이에 대해 '암사돈'은 며느리 쪽의 사돈을 가리킨다. 이의 용례로는 박완서의 『도시의 흉년』에 다음과 같은 것이 보인다.

시집간 딸을 데려다 아무리 극진히 해산구완을 해도 아들을 낳지 못할 때는 죄인처럼 쩔쩔매며 수사돈을 맞아야 하는 게 암사돈의 억울한 처지였다.

'수꽃, 수꽃따기, 수꽃술, 수나무, 수술, 수술치기, 수포기' 등은 식물의 '수컷'과 관련된 말이다. '수꽃'은 수꽃술만이 있고, 암꽃술이 없는 홑성꽃(單性花)이다. 이의 대가 되는 말이 '암꽃'이다. '수꽃술'은 식물의 생식기관의 하나인 '수술'을, 그리고 '수꽃따기'는 바로 이 '수술'을 제거하는 작업을 의미한다. 따라서 '수꽃따기'는 '수술치기'라고도 한다. 이는 다른 종류와 교배하려고 할 때 제꽃정받이를 막으려고 할 때 하게 된다. '수나무'는 암수 딴 그루로 된 나무에서 열매가 열리지 않는 나무를 가리키는 말로, 은행나무에서 쉽게 볼 수 있다. '수포기'는 수꽃이 피는 포기, 곧 웅주(雄株)를 가리키는 말이다.

이들 동식물 관련 어휘에 '암/수'가 붙는 것은 자연스러운 현상이다. 그러나 반드시 모든 조어가 이렇게 되는 것은 아니다. 그것은 동식물 관련 어휘에 '암/수'를 붙여 자웅을 구별할 수도 있으나, 이와는 달리 암수를 각각 다른 말로 지칭할 수도 있기 때문이다. 봉황새에서 '봉(鳳)'과 '황(凰)'이나, 꿩을 이르는 '장끼'와 '까투리'가 그런 것이다. 이러한 명명의 경향을 영어와 비교해 보면 우리말은 일차적 단어에 '암/수'를 붙여 자웅을 나타내는 경향이 짙다. 이에 대해 영어의 경우는 'he/she'나 'male/female'을 붙여 조어하기도 하나, 일차적 단어로 세분하는 경향이 짙다. 'a postil(암꽃술)/a stamen(수꽃술), a mare(암말)/a stallion(수말), a cow(암소)/a bull(수소), a hen(암탉)/a cock(수탉), a sow(암돼지)/a boar(수돼지)' 같은 것이 그것이다. 이는 민족 문화가 반영된 것이다.

20대 과부는 혼자 살아도……

암수(雌雄)2

　'암수'는 생물의 자웅(雌雄)을 나타내는 말이다. 그런데 우리말에는 생물이 아닌 사물에 '암·수'를 붙여 비유적으로 표현하는 말이 여럿 있다. 이러한 말은 개성적인 문화를 반영하는 말들이다. '암글·수글, 암꽹과리·수꽹과리, 암줄·수줄……' 따위가 이러한 것이다.

　'암글·수글'은 글의 사용자가 누구냐에 따라 붙여진 이름으로, 각각 한글과 한문을 이르는 말이다. 한글을 '암글'이라 하는 것은 여인들이 내간(內簡)이나, 내방가사(內房歌辭) 등에서 주로 한글을 써 왔기 때문이다. 이에 대해 한문을 '수글'이라 하는데 이는 남성들이 한글 아닌, 한문을 주로 사용하였기에 붙여진 이름이다. '암글'과 '수글'은 이렇게 우리 조상들의 문자생활이 반영된 말이다. 일본에도 이러한 용례가 보인다. 그것은 사무라이(士族)가 한문(漢文)을 사용하는 데 대해 여인들이 '히라카나(平假名)'를 사용하며 발전

시켜 왔기에 히라카나를 '온나테(女手)', 또는 '온나모지(女文字)'라 하는 것이 그것이다. '암글·수글'은 이러한 의미와는 달리 각각 배워서 알기는 하나 실제로는 활용할 수 없는 지식과, 배워서 잘 써먹는 지식을 이르기도 한다. 여기에는 우리 조상의 문자관(文字觀)과 남녀관이 반영되어 있다.

쾡과리는 농악이나 사물(四物)놀이를 통해 잘 알려진 전통 악기다. '수쾡과리'는 농악에서 상쇠(上-)가 가지고 치는 높은 소리를 내는 쾡과리를 말한다. '상쇠'는 두레패나 농악대 따위에서 쾡과리를 치면서 전체를 지휘하는 사람이다. 이 상쇠는 풍물에서 쾡과리를 치며 상모를 이리저리 돌리기도 하고, 춤을 추는 놀이도 한다. '수쾡과리'의 대가 되는 것이 '암쾡과리'다. 이는 농악에서 부쇠(副-)가 가지고 치는 좀 낮고 부드러운 소리를 내는 쾡과리다. '수쾡과리'와 '암쾡과리'는 이렇게 소리의 높고 낮음에 따라 '암·수'를 붙여 구별한 것이다. 풍물(風物)의 흥겨움은 이런 암수의 대조적인 쾡과리 소리에 의해 돋우어지게 된다.

'수무지개'는 쌍무지개가 섰을 때 빛이 곱고 맑게 보이는 쪽의 무지개를 말한다. 이에 대해 '암무지개'는 빛이 엷고 희미한 무지개를 가리킨다. 쾡과리의 암수가 소리의 강약을 나타낸다면, 무지개의 암수는 빛깔의 농담(濃淡)을 나타낸다. 따라서 전자는 청각적 조화를, 후자는 시각적 조화를 드러내기 위해 암수가 각각 사용되고 있는 것이다.

'수나사, 수단추, 수쇠, 수줄, 수치질, 수톨쩌귀'는 그 생긴 모양이 수컷의 상징인 철형(凸形)과 관련지어져 조어(造語)된 것이다. 이에 대해 '암나사, 암단추, 암쇠, 암줄, 암치질, 암톨쩌귀'는 암컷의 상징인 요형(凹形)과 관련지어져 이름이 붙여진 것이다. 이런 조어는 다른 나라 말에도 없는 것은 아니나, 우리말에 특히 많은 것 같다.

'수나사'는 암나사에 끼우는 나사못이다. 이러한 발상은 'おねじ(雄-)/ めねじ(雌-)', 'a female screw/ a male screw'라 하여 일본어와 영어에도 보인다. '수단추'는 고리 모양의 '암단추'에 끼우는 단추다. '수쇠'는 자물쇠 안의 뾰족한 쇠나, 매(磨石)의 수쇠인 '맷수쇠'를 가리킨다. 이에 대해 '암쇠'는 열쇠나 자물쇠 따위의 수쇠가 들어갈 구멍에 박은 쇠나, 맷돌 위짝에 박힌 구멍이 뚫린 쇠를 가리킨다. '수줄'은 줄다리기에서 한쪽 끝을 암줄에 꿰어 비녀장을 꽂고 연결시키게 된 줄로, 고를 가진 '암줄'의 대가 되는 것이다. '수치질'은 항문 밖으로 콩알이나 엄지손가락만 한 것이 두드러져 나오는 외치질(外痔疾)을, '암치질'은 이의 대가 되는 항문 속에 생긴 내치질(內痔疾)을 의미한다. '수톨쩌귀'란 문짝에 박아 문설주에 달린 암톨쩌귀에 꽂게 되어 있는, 촉이 달린 돌쩌귀를 이른다. 『춘향전』에도 "널랑 죽어 암톨쩌귀 되고, 날랑 죽어 수톨쩌귀 되어 분벽사창(粉壁紗窓) 열 적마다 제 구멍에 제 쇠가 박혀 춘하추동 사시(四時) 없이 빠드득 빠드득 하여 있고자"란 예가 보인다.

이 밖에 요철(凹凸)과 관계가 있는 말로, '수키와·수막새, 암키와·암막새'가 있다. 이들은 형태라기보다 오히려 남녀의 성에 좀더 초점이 맞춰진 것 같다. '수키와'는 대통(竹筒) 반쪽과 같이 생겨 두 암키와 사이를 어울러 얹어 이는 기와이고, '암키와'는 초승달 모양으로 지붕의 고랑이 되도록 젖혀놓는 기와이다. 수키와는 한자어로 무와(牡瓦), 암키와는 빈와(牝瓦)라 하며, 일본어도 'おがわら(男瓦), めがわら(牝瓦)'라 하여 우리와 발상을 같이 한다. '수막새'는 한 끝에 동그란 혀가 말린 막새로 수키와이고, '암막새'는 한 끝에 반달모양의 혀가 달린 내림새로, 암키와다.

'암·수'가 붙어 다소간에 추상적 의미를 나타내는 말도 있다. '암내, 수성, 수맛, 숫기'와 같은 것이 그것이다. '암내'는 '암(雌)-내(냄새)'가 결합된 말로, 암컷의 몸에서 나는 냄새를 가리킨다. 발정기에 수컷을 유혹하기 위해 피우는 것이다. 조정래의 『태백산맥』에는 다음과 같은 용례가 보인다.

"금메 말이시. 홀엄씨 암내야 원래 홀애비가 맡는 거 아니드라고? 자네가 풍기는 암내가 십리밖에서고 내 코럴 찔르드란 말이시. 그래 코 킁킁거림스로 와 봉께 와따메, 춘향이 뺨치게 생긴 자네였든 것이여."

'수성(-性)'은 수컷, 또는 수컷다운 성질을 의미하는 웅성(雄性)이며, 이의 대가 되는 말이 '암성(-性)'이다. '숫기(-氣)'는 수줍어하지 않는 기세를 이르는 말로, '수성(雄性)'과 같이 남자의 기질을 의미하던 말이다. '숫기 없다/ 숫기 좋다'의 '숫기'가 그것이다. '숫기 없다'와 비슷한 뜻의 말인 '암-되다'는 '여자가 되다'란 형태의 말로, 남자가 성격이 소극적이며 수줍음을 잘 타는 것을 나타낸다. '수맛'은 수컷, 또는 사내와 사귀는 재미를 나타내는 말이다. 20대 과부는 혼자 살아도 30대 과부는 혼자 못 산다는 말이 있거니와, 이는 바로 '수맛'과 관련된 속된 말이다.

여름에 하루 놀면 겨울에 열흘 굶는다

여름

흰 깃 부채 부치기도 귀찮아 (懶搖白羽扇)

푸른 숲속에 들어가 벌거숭이가 된다 (裸體靑林中)

두건을 벗어 석벽에 걸고 (脫巾掛石壁)

이마 드러내어 솔바람을 쐰다 (露頂灑松風)

이백(李白)의 「하일산중(夏日山中)」이란 시다. 더운 여름날이 되면 옷을 훌훌 벗어버리고 시원한 바람을 쐬거나, 물속에 풍덩 들어가고 싶은 것이 인지상정이다. 그러나 그렇게 뜻대로만 되지 않는 게 인생이다.

하절(夏節)을 이르는 우리말의 '여름'은 '녀름'이 변한 말이다. 15세기의 『두시언해』에 보이는 "괴외히 녀르메 나조히 몬져 드외오(寂寂夏先晚)"의 '녀름'이 그것이다. 고요한 여름에 일찍 저녁이 찾아온다고 노래한 것이다. 이 '녀름'의 어두음 'ㄴ'이 두음법칙에 따

131

라 떨어져 나간 것이 오늘의 '여름'이다.

'여름'의 어원이 무엇인지는 분명치 않다. 일본어의 여름 'natsu'는 'atsu(暑)'가 변한 것이라 보기도 하고, 한어 'niet(熱)'은 한국어 '낮(午)'과 같은 어형으로, 태양의 열 'netsu'에서 변한 말이라 보기도 한다. 이로 볼 때 한국어의 '녀름'은 '날(日)'과 밀접한 관계가 있을 것으로 보인다. 영어의 summer는 '반년, 年'을 뜻하는 산스크리트어 samma와 동근(同根)의 말이다. 프랑스어 'et'e, 라틴어 aestas는 본래 '열, 뜨겁다'를 의미하던 말이었다. 이렇듯 근원적으로 '여름'을 의미하는 말은 '뜨겁다, 덥다'와 관련이 있는 것으로 보인다.

우리의 옛말 '녀름'은 '여름(夏)'만이 아니요, '농사'라는 의미도 아울러 지니고 있었다. 다음의 보기가 이러한 것이다.

- 녀름짓는 지븐 믈곤 ㄱ롮 고비오(田舍淸江曲) ⟨杜詩⟩
- 네 百姓은 그위실ᄒ리와 녀름지스리와 셩냥바지와 흥졍바지 왜라 ⟨능엄경⟩
- 봄 녀릃디이롤 일사마 호ᄆᆯ 져기 깃노라(稍喜事春農) ⟨杜詩⟩

첫째 두시의 '녀름짓는'은 '농사를 짓는'을 뜻하는 말이며, 능엄경의 '녀름지스리'는 士農工商 가운데 농사를 짓는 사람, 곧 '농부'를 가리키는 말이다. 둘째 두시의 '녀릃디이'는 '농사를 짓는 것' 곧 '농사'를 나타낸다. '녀름'이 이와 같이 '농사'의 의미를 지니는 것은 농사가 주로 여름에 이루어지기 때문이다. "여름에 하루 놀면 겨울에 열흘 굶는다"는 여름 농사일이 얼마나 중요한 가를 잘 대변해 주는 속담이다. '녀름'이 '농사'의 의미를 드러내는 것은 우리 문화의 원류를 보여 주는 것이다. '녀름(夏)'이 '농사'의 의미로 쓰이게 된 것은 여름과 농사가 시간적으로 인접되어 있어 그리 변한 것이다. 이는 '8·15'가 '해방', '첫날밤'이 '결혼 초야'를 의미하는 것과 마찬가지다. 이러한 '녀름'은 '녀름 드외다'가 '농사가 잘되다', '녀름 됴타'가 '풍년되다'의 의미로까지 확장되어 쓰이게 하였다. 그러나 이 말은 동음(同音)을 피해 마침내 한자어 '농사(農事)'로 바뀌고 말았다.

'녀름'은 '여름'으로 바뀌면서 또 '열매'를 이르는 '여름'과도 동음어가 되었다. 따라서 '여름'은 '夏·農'의 의미 외에 '열매(實)'의 의미까지 지니게 되었다. 이로 말미암아 '果·實'을 의미하는 '여름'은 '열매'로 그 형태가 바뀌어, '열매'를 뜻하는 '여름'이란 말은 방언에만 조금 남아 있고 사라지게 되었다.

'여름'은 많은 복합어를 이룬다. 그런데 이 때 '여름'은 계절이란 시간적 개념을 나타내는 데 쓰인다. '여름낳이, 여름살이, 여름옷' 같은 말은 의복과 관련된 말이고, '여름냉면, 여름밀감, 여름귤정과(正果)' 같은 말은 음식과 관련된 말이다. 그리고 '여름경찰서, 여름방학, 여름일, 여름작물, 여름잠, 여름철어장, 여름학교,

여름휴가' 같은 말은 생활과 관련된 말이다. 이 밖에 '여름눈, 여름밤, 여름빛, 여름새, 여름철, 여름털, 여름풀, 여름형기압배치' 따위는 자연과 관련이 있는 말이다.

'여름낳이'는 여름에 짠 피륙, 그것도 특히 무명을 이른다. '여름낳이' 외에 '봄낳이'가 있는데 이는 물론 봄에 짠 피륙을 가리킨다. '여름낳이'는 '여름에 낳는 것'이란 의미로, 행위와 결과(대상)가 교체되어 의미변화가 일어난 것이다. '여름살이'는 첫째 여름철에 입는 홑옷을 의미한다. 이는 더운 여름을 견디기 좋게 베나 무명, 모시로 만든다. 이규숙의 「계동 마님」에는 이 '여름살이'와 '겨울살이'의 손질에 대한 설명을 보여 준다.

> "겨울에 입는 건 대구 두드려서 방맹이루 살이 올려야 해요
> 대구 두드려서. 여름살이는 자꾸 손질을 해서 붙들구 대리야만 올
> 이 스구는 빳빳허죠. 겨울 껀 대구 두드려서 모냥을 만드니껜 겨
> 울옷이 더 골 빠져."

'여름살이'는 이러한 뜻 외에 '예전에 하인이나 머슴에게 지어 주던 여름옷'이란 의미도 아울러 나타낸다.

'여름냉면'은 '겨울냉면'에 대가 되는 말로, 육수에 얼음을 넣어 말아먹는 차가운 냉면을 가리킨다. 한자어로는 하냉면(夏冷麵)이라 한다. 이에 대해 '겨울냉면'은 '겨울에 동치밋국에 말아먹는

냉면'을 이른다. '여름일'은 여름철에 하는 모든 일을 가리키는 것이 아니고, 농사일을 이르는 말로, 주로 논매고 밭매는 일을 나타낸다. '여름잠'은 '겨울잠'에 대가 되는 말이고, '여름형기압배치(氣壓排置)'는 남고북저(南高北低)로 나타나는 우리나라 여름철의 전형적 기압배치로, '겨울형기압배치'에 대가 되는 말이다.

열없는 색시 달밤에 삿갓 쓴다

열(膽)

우리 속담에 "열없는 색시 달밤에 삿갓 쓴다"는 말이 있다. 사전에 따르면 이 속담은 '정신없이 망동함을 비웃는 일'이라 풀이하고 있다. 이는 비유적 의미다. 그렇다면 본래의 뜻은 무엇일까?

우선 낱말의 뜻부터 살펴보기로 한다. '열없다'란 '조금 겸연쩍고 부끄럽다'를 뜻하는 말이다. 『춘향전』에 이 말의 용례가 보인다.

"아무리 무물불성(無物不成)이라 하였은들 적이나 하면 보태어 줄 터에, 남이 나를 무엇으로 알리? 아서라"하며 말할 사이에 벌써 왼손으로 받아 소매 속에 수쇄(收刷)하고 열없어 하는 말이 "이애 시장하니 다시 보자."

옥에 갇혀 있는 춘향의 해몽(解夢)을 하여 주고 판수가 춘향에게 복채(卜債)로 금비녀를 받는 장면이다. 판수는 겉으로 사양하는 체

하며 음흉하게 왼손을 벌려 받아 챙긴다. 이때의 '겸연쩍고 부끄러운' 심정을 '열없어'라 한 것이다. 따라서 이 속담의 본래의 뜻은 '부끄러움을 당하게 된 색시가 남이 볼까 두려워 달밤에 얼굴을 가리려고 삿갓을 쓴다'는 말이다. 웬만한 사람은 부끄럽다 하여도 이런 행동을 하지 않는다. 이는 망령된 행동임에 틀림없다. 그래서 이 속담 풀이를 '정신없이 망동함을 비웃는 말'이라 한 것이다.

그러면 왜 '열없다'가 이런 뜻이 되는가? '열없다'는 '열'과 '없다'란 두 개의 낱말이 합성된 것이다. 이때의 '열'은 '쓸개', 곧 '담(膽)'을 이르는 고유어다. 조선조 성종(成宗) 때의 『구급간이방』의 '고미 열와 샤향과롤 곧게 눈화(熊膽 고미열 麝香等分)'의 '열'이 그것이다. '곰의 쓸개와 사향을 등분하여'란 말이다. '쓸개'의 옛말은 이렇게 '열'이었다. '없다'는 물론 무(無)를 뜻하는 형용사다. 따라서 '열없다'를 직역하면 '담이 없다'는 말이다. 북(北)에서는 '재수 없는 포수(砲手)는 곰을 잡아도 열이 없다'고 한다. 『구급간이방』의 '웅담 고미열'을 이어 받은 것이다. 이를 우리는 '재수 없는 포수는 곰을 잡아도 웅담(熊膽)이 없다'고 한자어로 바꾸어 쓰고 있다. 북에서는 쓸개를 '열'이라 하고, 웅담을 '곰열'이라 할 뿐 아니라, '열물(膽汁), 열물길(水膽管), 열물내기약(利膽劑), 열물주머니(膽囊)'라는 말도 쓰고 있다.

'열없다'는 '쓸개가 없다·담이 없다'는 말이다. '담(膽)'이 없으면 담력(膽力)이 없을 것임은 말할 것도 없다. '열없다'의 용례는 숙종(肅宗) 때 김수장(金壽長)의 시조에 보인다.

바독 걸쇠갓치 얼근놈아 제발 비자 네게
물가의란 오지 말라, 눈 큰 쥰치 헐이 긴 갈치, 두룻쳐 메육이, 츤츤 감을치, 文魚의 아들 落蹄(낙제), 넙치의 쏠 가잠이, 비브른 올창이, 공지 결례 만흔 권장이, 孤獨흔 비암장魚, 집치 갓흔 고리와, 바늘 갓흔 숑수리, 눈 긴 농게, 입 쟉은 甁魚(병어)가 금을 만 넉여, 풀풀 쒸여 다 달아나는듸 열업시 상긴 烏賊魚(오적어) 둥기는듸, 그 놈의 孫子 骨獨(골독)이 이쓰는듸 바소갓튼 말검어리와 귀 纓子(영자) 갓튼 杖鼓(장고)아비는 암으란 줄도 모르고 즛 들만 흔다.
암아도 너 곳 겻틔 셧시면 곡이 못잡아 大事ㅣ로다.

'열', 곧 '담'은 '겁', 또는 '배짱'과 관계를 갖는다. '대담(大膽)하다', 또는 '담대(膽大)하다', '담력(膽力)'과 같은 말이 그것이다. '대담하다 · 담대하다'는 '담이 크다'는 말로 '겁이 없고 배짱이 두둑하다'란 뜻이다. 이에 대해 '담소(膽小) · 소담(小膽)하다'는 '담이 작다'는 말로, '겁이 많고 배짱이 없다'는 말이다. '열없다'는 담이 작다 못해 없는 것이니, 한자어 '담소 · 소담'에 비해 강도가 한층 높은 말이라 하겠다. '담소 · 소담'에 해당한 말로는 우리말에 '열적다'가 있다. 담이 작다는 말이다. 그런데 이 말은 표준어(標準語)

가 아닌 방언으로 본다. 그러나 소설에서는 이 말이 많이 쓰이고 있다. 심훈의『상록수』에는 다음과 같이 쓰이고 있다.

　　잠시 이성을 잃었던 모든 동작과, 미쳐 날 듯이 목청껏 부른 노래를 동혁이가 지척에서 보고 들은 생각을 하고 열적고 부끄러워 영신이가 얼굴을 붉힌 것뿐이 아니다.

　여기 '열적고'는 처녀 선생님 영신의 수줍음을 엿보게 하는 장면이다. '열적다'는 노천명의「고궁」에도 용례를 보인다.

　　꺼-멓게 기는 흰 낮
　　「上下人皆下馬」의 비석은 서있기 열적어 하오

　이렇게 '열적다'는 '겁이 많고 배짱이 없다'를 뜻하고, 나아가 '겸연쩍고 부끄럽다'를 의미한다. 그래서 사전에도 '열없다'의 다른 뜻으로, '담이 작고 겁이 많다'를 올려놓고 있다. 이밖에 '열'이 들어간 말로는 '열없이'와 '열없쟁이'가 있다. '열없이'는 형용사 '열없다'에서 파생된 부사이다. 또 '열없쟁이'는 '열없는 사람'을 의미하는 말이다. '열없다'의 어근(語根) '열없'에 사람을 나타내는 접미사 '쟁이'가 붙은 것이다. '열없쟁이'의 용례로는 김용만의 소설「그리고 말씀하시길」의 "당신 정말 열없쟁이외다. 어찌 그래 앞뒤가 막혔소"를 들 수 있다. 이렇게 '열'이 '담'이란 뜻임을 이해할 때 비로소 '열없다'라는 말의 뜻을 바로 알 수 있다. 그리고 그 조어(造語) 과정을 통해 우리 문화의 일면을 이해하게 된다.

겁이 많고 담이 작아서는 큰일을 계획하고 이루어낼 수 없다. 지나치게 '열없쟁이'가 되어서는 곤란하다. 조금은 담대하게, 담이 크게 인생을 경영할 일이다. 그래야 오늘보다 나은 내일이 전개된다.

뺑덕 어미의 엿 값이 서른 냥

엿

호도엿 사오, 호도엿 사오
계피 건강에 호도엿 사오
가락이 굵고 제몸이 유하고
양념 맛으로 댓 푼
콩엿을 사려우, 깨엿을 사려우.
늙은이 해수에 수수엿 사오

　신재효(申在孝)의 「변강쇠가」에 보이는 엿장수의 타령이다.
　'엿'은 우리의 전통적 과자라 할 수 있다. 엿을 언제부터 만들어 먹기 시작하였는지는 분명치 않다. 고려 이전부터일 것임은 분명하다. 이규보(李奎報)의 『동국이상국집』에는 '행당맥락(杏餳麥酪)'이라는 말이 보이는데, 여기의 '당(餳)'은 단단한 엿이고, '낙(酪)'은 행락(杏酪)과 마찬가지로, 감주(甘酒)의 하나이기 때문이다.

엿의 종류는 우선 검붉은 빛깔의 '검은엿'과 이를 자꾸 잡아 늘여 희게 만든 '흰엿'이 있다. 덜고아 빛깔이 붉은 것은 '붉은엿' 이라 한다. 굳지 않을 만큼 묽게 곤 엿은 '물엿(조청)'이라 하고, 단단한 엿은 '강엿'이라 한다. 가락으로 된 것은 '가락엿'이라 하고, 엿목판에 반반하게 깔려 있는 것은 흔히 '갱엿', 또는 '엿자박(엿반 대기)'이라 하고, 밤톨만큼씩 동그랗게 만들어 깨를 묻힌 것은 '밤 엿(栗糖)'이라 한다. 엿은 밥의 자료에 따라서 여러 가지로 구분된 다. '찹쌀엿, 청정미엿, 고구마엿, 감자엿, 좁쌀엿, 수수엿, 옥수수 엿, 새앙엿' 같은 것이 그것이다. 엿은 굳힐 때 넣는 재료에 따라 서도 '호콩엿, 깨엿, 콩엿, 호두엿, 잣엿, 후추엿, 대추 엿, 박하 엿' 등으로 구분된다. 호두, 대추, 실백 등을 박아서 굳힌 것은 '약엿'이라 한다. 그리고 지역에 따른 엿으로 을릉도 '후박엿', 강 원도 '황골엿(옥수수엿)', 충청도 '무엿', 전라도 '고구마엿', 제주도 '닭엿·꿩엿', 평창의 '쌀엿' 등은 잘 알려진 엿이다. 울릉도 '호 박엿'은 '후박엿'이 와전된 것으로 본다. 울릉도의 특산은 '후박 엿'으로, 후박나무의 수피(樹皮)를 첨가하여 만든 것이기 때문이다.

엿은 밥을 엿기름으로 삭힌 뒤 겻불로 밥이 물처럼 되도록 끓 이고, 그것을 자루에 넣어 짜 낸 다음 진득진득해질 때까지 고아 서 만든다. 이러한 엿을 만드는 과정과 관련이 있는 말로는 '엿 감주, 엿기름, 엿물, 엿밥, 엿방망이, 엿죽방망이, 엿틀' 같은 것이 있다.

'엿감주(甘酒)'는 엿물을 짜기 전의 지에밥이 삭은 국물이고, '엿기름'은 보리에 물을 부어 싹을 틔운 뒤 말린 것이다. 이는 맥아(麥芽), 맥얼(麥蘗)이라고도 하는 것으로, 밥을 삭히는 작용을 한다. '엿물'은 엿기름물에 밥을 담아 삭혀서 짜낸 물이다. 이를 고아 엿을 만들게 된다. '엿밥'은 엿을 만들 때 엿물을 짜 내고 남은 밥찌끼, 곧 이박(飴粕)이다. 그러나 '엿 밥'에는 이와 다른 밥도 있다. '술밥'과 마찬가지로 엿을 만들기 위해 곡식으로 지은 밥이다. 이는 아직 복합어로 보지 않는다. '엿방망이'와 '엿죽방망이'는 엿을 골 때에 엿물을 젓는 막대기다. 이는 하기 쉬운 일을 농담으로 이를 때도 쓰인다. '엿틀'은 물론 엿을 짜는 틀이다.

엿으로 만든 제품에는 '엿강정, 엿경단'이 있다. '엿강정'은 볶은 깨나 콩 따위를 엿에 버무려 만든 과자다. 옛날에 간식거리가 귀하던 때 '엿강정'은 더 없이 좋은 주전부리감이고, 과자였다. '엿경단'은 끓인 엿물에 담갔다가 꺼낸 찹쌀경단이다. 경단은 찹쌀이나 찰수수 가루를 반죽하여 밤톨만큼씩 둥글둥글하게 빚어 끓는 물에 삶아내어 고물을 묻힌 떡이다. 그러니 경단만 하여도 좋은 음식인데, 이를 엿물에 담갔다 꺼낸 음식이고 보면 더욱 귀한 음식이라 하겠다.

엿은 '엿장수'라는 말도 있듯 판매하는 상품이기도 하다. 『심청전』에도 보면 뺑덕 어미가 "쌀을 주고 엿 사먹기"라는 구절과, "저 건너 불똥이 함씨에게 엿 값이 사른 냥"이란 구절이 보인다. 후자는 뺑덕어미가 엿을 외상으로 사 먹은 엿값이다. 장사와 관계되는 말로는 '엿가위, 엿단쇠, 엿도가, 엿목판(엿판), 엿불림, 엿장수, 엿집' 같은 것이 있다. '엿가위'는 엿장수가 들고 다니는 큰 가위다. 이는 엿을 자르는 데 목적이 있는 것이 아니라, 가위로 철걱철걱 소리를 내어 손님을 모으는 데 목적이 있는 것이다. 엿장수가 철걱철걱 엿가위 소리를 내며 「변강쇠가」의 '엿 타령'처럼 엿을 사라고 외쳐대면 동네 조무래기는 다 몰려들게 마련이었다. 지난날의 엿 값은 뺑덕 어미처럼 돈보다 주로 곡식이나, 고물(古物)들을 주고받으며 거래를 하였다. 송기숙의 『녹두장군』에는 "엿장수는 엿가위는 들었으나 가위춤도 추지 않고 엿단쇠 소리도 없이……"와 같이 '엿가위'가 쓰이고 있다. 송기숙의 『녹두장군』에도 보이는 '엿단쇠'는 엿장수가 엿을 사라는 뜻으로 외치는 소리다. "엿이 답니다(甘)"라 외치는 소리다. 또한 엿을 사라고 크게 외치는 일은 '엿불림'이라 한다. 엿을 사라고 부르는 소리란 말이겠다. '엿장수'는 물론 엿을 파는 사람이다. 이 말은 '엿장수 맘대로'라는 잘 알려진 관용어도 있다. 이는 물론 엿장수가 엿을 제 마음대로 다루듯이 무슨 일을 제 마음대로 하는 것을 비유적으로 나타내는 말이다. 조정래의 『태백산맥』에는 이 말이 전라도 방언으로 쓰이고 있다.

"짜석 참, 엿장시 마음대로시. 나도 인자 나잇살이나 묵었는디

은제까지 느그 발밑에 깔레서 살 것 겉냐. 나도 인자 그리는 못
살것다."

'엿도가'는 엿을 만들어 도거리로 팔던 집이고, '엿집'은 엿을
고거나 파는 집이다. '엿집'의 용례는 박태원의 『갑오농민전쟁』에
보인다. "삼백 명 군졸들은 상관의 명령도 기다리지 않고 제가끔
술집, 떡집, 엿집을 찾아 흩어져 한 놈도 남아 있지 않았다."가
그것이다.

끝으로 놀이와 관련된 말을 보면 '엿치기'가 있다. 이는 엿가락
을 부러뜨려서 그 속의 구멍의 수효와 크기를 비교하여 승패를
겨루는 놀이다. 엿 값은 진 사람이 물게 되어 있다. '엿치기'는
친구들끼리, 때로는 엿장수와 겨루기도 하였다.

한양(漢陽)에 올라간다

올라가다

금강산이다, 개성이다 하며 북로(北路)가 트이나 했더니, 남북 관계가 꽁꽁 얼어붙고 말았다. 허리가 잘린 반신불수(半身不隨)의 몸, 언제 건강을 회복하여 우리도 저 날 새(飛鳥)들처럼 남북을 자유롭게 오가게 되는지?

말은 개성(個性)에 따라 달리 표현된다. 그러나 관용적(慣用的) 표현도 할 수 있고, 필요한 때는 하여야 한다. 남북을 오가는 것은 관용적으로 '북쪽으로 올라가고', '남쪽으로 내려온다'고 한다. '북쪽으로 내려가고', '남쪽으로 올라간다'고는 하지 않는다. 한자 말로도 '북상(北上)', '남하(南下)'라 한다. 지도를 그릴 때도 북쪽을 위에 두고, 남쪽을 아래에 놓는다. 대양주(大洋洲)에서는 혹 자기중심적 사고에 따라 남반부를 위에 두고, 북반부를 아래에 둔 지도가 작성되기도 하였다 한다. 그러나 이는 예외적인 경우다.

사람들은 방위를 가늠하기 위해 자석(磁石)을 이용한다. 남북극에 자장(磁場)이 있기 때문에 자침(磁針)은 남북을 가리킨다. 동양에서는 자석을 지남침(指南針)이라 하였다. 남쪽을 중심으로 삼았다. 우리도 남쪽을 '앞 남(南)'이라 하고, 북쪽을 '뒤 북(北)'이라 하였으니 남쪽을 중시한 것이라 할 수 있다. 중국에서도 고래로 남향(南向)을 정면(正面)으로 보았다. 자석이 없는 경우는 금성(金星)으로 좌표(座標)를 삼았고, 해를 기준으로 삼았다. 흔히는 해를 바라보고 오른 쪽은 남쪽, 왼쪽은 북쪽이라 한다. 그러나 흔히 사람들의 인식은 지도를 생각하지 않더라도 동쪽은 오른쪽, 서쪽은 왼쪽, 머리는 북쪽이다. 그러니 북쪽이 위가 되고, 남쪽이 아래가 되는 것은 어쩌면 당연한 것이라 해야 할는지 모른다.

서울에 가는 것을 '상경(上京)한다'고 하고, '서울에 올라간다'고 한다. 서울은 나라님이 계신 곳이기 때문에 높여야 한다고 생각한 것이다. 여기서 문제가 생긴다. 서울 남쪽 지방에서는 상경(上京)이란 말이 자연스럽다. 그러나 북쪽 지방에서는 서울이 남쪽에 있으니 이론상 오히려 내려간다고 해야 자연스럽다. 그러나 그렇게 하지 않는다. 북쪽에서도 '상경(上京)한다' 하고, '서울에 올라간다'고 한다. 서울이 나라님이 계신 곳이기 때문이다. 임금을 향하는 것은 북향(北向)이라 한다. 임금은 남향(南向)을 하고, 신하는 북향(北向)을 하기 때문이다. 언어의 세계는 그렇다 하고, 서울 북쪽 백성들은 실제로 '님을 향한' 방위라면 어느 쪽을 생각하였을는지?

그런데 서울에 가는 것을 '서울에 올라간다'고 하지 않고, '서울에 내려간다'고 하는 특수한 지역이 있다. 개성(開城), 송도(松都)다. 개성은 고려의 도읍지다. 따라서 고려시대는 모두가 '개성에 올라간다', '송도에 올라간다'고 하였을 것이다. 그러니 '한성(漢城)에 내려간다'고 하여 조금도 이상할 것이 없다. 그러나 이는 단순히 전래의 표현으로 그러는 것이 아니다. 개성 사람들이 '서울에 내려간다'고 하는 것은 옛 수도 개성에 사는 사람들의 자부심(自負心)이 '서울에 올라간다'고 하는 표현을 허락하지 않았기 때문이다. 그래서 '서울에 내려간다'고 하였다. 생각해 보면 이는 쉽게 이해된다. 오늘날 정권이 바뀌어도 반발이 심한데, 하물며 조국이 패망하고, 새로 세운 나라의 수도가 '한성(漢城)'임에랴? 저들은 결코 '한성(漢城)에 올라가고', '개성에 내려온다'는 말을 입에 올리고 싶지 않았을 것이다.

개성의 이러한 언어 사정은 북의 소설가 홍석중의 소설『황진이』에 잘 그려져 있다. 이는 물론 시대적 배경이 조선조(朝鮮朝)다. 벽계수 이충남은 포은 정몽주 선생의 신위(神位)를 배알하고, 동문수학한 개성(開城) 유수(留守)와의 회동을 위해 송도(松都)를 찾아 객사에 머물고 있었다. 이때 방지기가 와 말을 주고받게 된다.

"샌님께서는 오늘 저녁 사또께서 차리시는 연회에 왜 빠지셨습니까?"

"행역이 곤해서 그만두기로 했다."

"원 샌님께서두…… 어제는 서울서 송도로 올라오는 수백리 길을 말안장에 앉으셔서 편안히 오셨구. 오늘은 여드레 팔십 리 걸음으루 성안 유적을 구경한 것뿐이온데, 행역이 무슨 행역이오니까?"

충남은 송도 부중에 들어서자마자 이곳 사람들이 옛 서울에 사는 긍지와 자부심이 얼마나 큰가를 보고 놀랐다. 어른들은 물론 아이들까지도 서울로 내려간다고 하지, 올라간다고 안 하며, 송도로 올라온다고 하지 내려온다고는 절대로 말하지 않았다.

이렇게 송도 사람들은 긍지(矜持)와 자부심(自負心)을 가지고 서울로 내려가고, 송도로 올라온다고 하였다. 그리하여 이충남은 흥미가 동해 방지기에게 슬며시 시비를 걸어보았다.

"이놈아, 서울은 나라님이 계시는 도성인데 송도루 내려오지, 어떻게 올라온다고 그러느냐?"

방지기 녀석은 미리 대답을 준비나 하고 있던 듯이 응구첩대에 거침이 없었다.

"송도는 옛 고려 시절의 서울이 아니오니까? 사람이 아무리 현달했다구 해두 조상의 덕을 잊으면 못쓰죠. 이를테면 송도는 옛 서울이라, 지금 서울의 조상이나 같으니 응당 올라온다는 말루 존대하는 것이 옳지 않습니까?"

방지기의 논리는 역사적 사실로 보아 마땅히 '송도로 올라온다'고 해야 한다는 것이다. 그러나 여기에는 물론 서운한 감정이 깃들어 있다. 그것은 개성이나 황해도 지방에서 변소를 서각(西閣)이라 했다는 데서 이를 실감할 수 있다. '서각'은 이 태조의 왕좌가 있던 궁전의 서쪽 누각 이름인 것이다.

말은 단어 하나에도 문화가 반영되어 있고, 미묘한 어감이 반영되어 있는 것이다.

장옷 쓰고 엿 먹기
옷1

사람들은 동물과는 달리 옷을 입는다. 서양에서는 아담과 이브가 무화과(無花果) 잎으로 몸의 일부를 가린 것이 옷의 시작이라 하고, 중국에서는 헌원씨(軒轅氏)가 처음으로 옷 입는 법을 만들고, 천자가 입는 옷을 제정하였다고 한다.

그렇다면 사람들은 왜 옷을 입게 되었을까? 그 이유는 두 가지로 압축된다. 하나는 실용성이고, 다른 하나는 장식성(裝飾性)이다. 실용성이란 한서(寒暑)를 막고, 외부의 위험에서 몸을 보호하자는 것이고, 장식성이란 몸을 아름답게 꾸미겠다는 것이다. 문화를 과학적으로 연구하는 사람들은 이 가운데 장식성에 좀더 무게를 둔다. "옷이 날개"라는 속담은 이러한 현상을 반영하는 말이다. 그래서 우리 속담은 "못 입어 잘난 놈 없고, 잘 입어 못난 놈 없다"고까지 한다. 옷은 이렇게 신분이나 지위를 상징하는가 하면, 입장, 성품, 기분 등 인간적인 모든 것을 드러낸다.

곤룡포나, 조복(朝服), 철릭(天翼), 더그레, 녹의홍상 등은 신분이나 지위를 나타내는 대표적인 옷이다. 이들은 각각 왕, 관원, 무관, 사간원의 갈도(喝道)와 의금부의 나장(羅將), 새색시 등을 나타내기 때문이다. 이러한 것으로 '옷'이란 말이 들어가는 것에 '갑옷, 굿옷, 꼬까옷, 날개옷, 누비옷, 대창옷, 때때옷, 바깥옷, 안옷, 자비옷' 따위가 있다.

　'갑옷'은 말할 것도 없이 전복(戰服)이다. 따라서 전사(戰士)를 환기한다. 이는 사극에서 많이 볼 수 있는 것으로, 화살이나 창검을 막기 위해 쇠나 가죽의 미늘을 붙인 옷이었다. 중국에서는 주(周)나라 때에는 가죽으로, 한(漢)나라 이후에는 쇠로 만들었다. 우리나라의 조선시대에는 경번갑(鏡幡甲), 쇄자갑(鏁子甲), 수은갑(水銀甲), 유엽갑(柳葉甲), 지갑(紙甲), 피갑(皮甲) 등의 여러 가지가 있었다.

　'굿옷'은 광부들이 구덩이 속에서 일할 때 입는 옷이다. 이는 '굴의 옷'이란 의미의 '굴-ㅅ-옷'에서 'ㄹ'이 탈락된 말이다. '꼬까옷'이나 '때때옷'은 물론 알록달록 곱게 지은 어린이의 옷이다.

　'날개옷'은 신선의 옷, '누비옷'이나 '자비(慈悲)옷'은 비유적으로 승복(僧服)을 나타낸다. '대창옷'은 향리(鄕吏)가 입던 웃옷이다. 이는 두루마기에 큰 소매가 달린 것이다. '바깥옷'과 '안옷'은 내외복이 아닌, 바깥식구와 안식구의 옷을 가리킨다. 곧 각각 남녀의 옷을 가리키는 말이다.

'관례옷, 깃옷, 도량창옷, 돌옷, 장옷, 큰옷, 팥죽동옷, 활옷' 따위는 어떤 입장, 특히 입는 때와 관련이 있는 옷들이다.

　'관례(冠禮)옷'은 혼례식이 끝난 뒤 신부가 시부모를 뵐 때 입는 옷이다. 노랑 저고리와 다홍치마에 남색 스란치마를 받쳐입고, 목도리를 한 뒤에 원삼을 덧입고 족두리를 쓰고 용잠(龍簪)을 꽂는다. 관례란 오늘날의 성인식에 해당하는 것이다. 유교에서는 본래 스무 살에 관례를 하고, 그 뒤에 혼례를 하는 것이나, 조혼의 풍습이 성행하여 혼례와 겸하게 되었다. 관례옷을 혼례식이 끝난 뒤 입는다고 하는 것은 저간의 사정을 반영하는 것이다. 관례옷은 특히 새색시가 혼인 며칠 뒤 시부모를 뵈는 풀보기날 신부가 관례를 하고 입는 옷을 가리킨다. '풀보기'란 응장성식(凝粧盛飾)을 풀어 버리고 간단한 예장(禮裝)을 하고 뵙는다는 뜻의 말이다. 곧 '풀다(解)'와 '보다(見)'가 합성된 말이다. 그러기에 이를 한자어로는 해현례(解見禮)라 한다.

　'깃옷'은 우의(羽衣)만이 아닌, 특수한 의미를 지닌다. 졸곡(卒哭) 때까지 입는 생무명의 상복(喪服)을 가리킨다. 우리의 독특한 상복 차림이다. '도량창옷'은 불교계에서 두루마기를 일컫는 말이다. 도장(道場)에서 입는 창옷이란 말이다. '창옷'은 '소창옷'의 준말로, 중치막 밑에 입는 웃옷으로, 두루마기같이 생겼으나 소매가 좁고, 무가 없다.

　'장옷'은 "장옷 쓰고 엿 먹기"란 속담에 보이는 그 '장옷'이다.

이 속담은 위선(僞善)을 풍자한 것으로, 겉으로는 가장 점잖고 얌전한 체하면서 남이 보지 않는 데서는 좋지 못한 행실을 한다는 뜻을 나타낸다. 여기 '장옷'이란 부녀자가 나들이할 때 얼굴을 가리기 위해 머리에서부터 내려쓰던 옷이다. 말하자면 인도나 이란 등지의 여성들이 얼굴을 가리는 숄로 사용하는 차도르(chador) 같은 것이다. 이해조의 신소설 『구마검(驅魔劍)』에는 다음과 같은 용례가 보인다.

"그때 마침 장옷 쓴 계집 하나이 그 광경을 목도하고 그 사람의 얼굴을 넌짓 보더니 장옷 앞자락으로 제 얼굴을 얼핏 가리고 행랑뒷골로 들어가더라."

'큰옷'은 예식 때 입는 웃옷이고, '팥죽동옷'은 어린 아이들의 동지빔이다. '팥죽동옷'은 자줏빛 또는 보랏빛의 동옷으로 그 빛깔이 동지 팥죽 같다하여 붙여진 이름이다. '동옷'은 남자가 입는 저고리, 동의(胴衣)를 가리킨다. '자주-동의', '보라-동의'라 하지 않고 '팥죽-동옷'이라 한 발상이 흥미롭다.

'활옷'은 공주나 옹주의 대례복, 또는 새색시가 혼인할 때에 입는 예장(禮裝)을 가리킨다. 붉은 비단으로 원삼(圓衫)처럼 지었고, 가슴과 등과 소매 끝에 모란꽃의 수를 놓았다. 최명희의 『혼불』에는 이 활옷의 아름다운 모습이 잘 그려져 있다.

다홍 비단 바탕에 굽이치는 물결이 노닐고, 바위가 우뚝하며, 그 바위틈에서 갸웃 고개를 내민 불로초, 그리고 그 위를 어미 봉(鳳)과 새끼 봉들이 어우러져 나는데, 연꽃·모란꽃이 혹은 수줍게, 혹은 흐드러지게 피어나고 있는 신부의 활옷은, 그 소맷부리가 청·홍·황으로 끝동이 달려 있어 보는 이를 휘황하게 하였다.

　이 밖에 '나들이옷, 비옷, 우장(雨裝)옷, 자리옷, 잠옷, 출입(出入)옷' 따위도 입장, 곧 입는 때와 관련이 있는 옷들이다.

　'나들이옷'이나, '출입옷'은 '외출복'이란 일방적 표현이 아닌, 나고 든다는 양방의 표현을 한다는 것이 특징적이다.

　옷이 성품이나 기분을 나타낸다는 것은 입은 옷의 종류나 색깔, 옷매무새 등이 드러내는 것이다. 이는 우리가 일상에서 흔히 경험하고, 또 활용하고 있는 것이기도 하다.

옷 안 입은 인왕산 호랑이도 산다
옷2

옷은 신분이나 지위를 상징하고, 입장이나 성품, 기분을 반영한다고 하였다. 미국의 언어학자 마리오 페이(Mario Pei)는 그의 『언어 이야기(The Story of Language)』에서 시각을 조금 달리 하여 옷에는 사회적 관습에 대한 경의와 관련된 문제가 얽혀 있다고 한다. 그는 이렇게 쓰고 있다.

外氣로부터 신체의 보호라는 기본적 필요는 그렇다 하고, 衣服에는 주로 사회적 관습에 대한 경의와 관련된 문제가 얽혀 있다. 이는 英語의 grab(의복)이란 단어가 아주 넓은 의미로 "사회적 禮義"를 의미하는 이탈리아어의 garbo에서 나온 사실에서도 어느 정도 알 수 있을 것이다. costume(衣裝)과 custom(慣習)은 본래 같은 단어 "관습적인 것"이란 의미의 라틴어 consuetudo였다.

이러한 사정은 춘향의 사설에서도 확인된다. 대표적인 춘향전인 동양문고본『춘향전』에서는 옥중의 춘향이 남루하게 옷을 입은 어사, 이 도령의 모습을 보고 그의 어머니에게 다음과 같이 말한다.

> "여보 어머니, 저 서방님이 유리걸식을 할지라도 관망 의복 선
> 명하면 남이 천대 아니 하고, 정한 음식을 먹이겠소그려."

그리고 자기의 의복과 금은붙이, 노리개를 모두 내다 팔아 이 도령의 '갓, 망건, 도포, 중치막, 긴옷, 속옷' 속속들이 장만하여 달라고 한다.

이러한 사회적 관습은 영어의 경우와 같이 우리말에서도 확인된다. 그것은 '옷갓'이란 말의 존재다. 이는 '의관(衣冠)'이란 한자 말과 동의어이며, '건복(巾服)'과 비슷한 뜻의 말이다. '옷갓'은 예전에 남자가 정식으로 갖추어 입는 옷차림이란 뜻으로, 남자의 옷과 갓을 아울러 이르던 말이다. 옛날 선비는 이러한 관습에 따라 언제나 '의관(衣冠)'을 가지런히 하였다. 그러나 오늘날은 이와는 달리 맨머리에 마고자 바람으로 탈관습(脫慣習)의 차림을 예사로 하고 있다.

옷에 대한 사회적 관습은 의관을 정제하는 외에 자연히 옷에 대한 치레를 하고 사치를 하게 한다. '깨끼옷, 무색옷, 비단옷'이

나, '옷보, 옷사치, 옷셋집, 옷치레, 옷타박'은 이러한 관습과 관계가 있는 말이다. '깨끼옷'은 안팎 솔기를 곱솔로 박아 지은 사(紗)붙이의 옷이다. 이는 호사바치가 첫여름에 입는다고 할 정도로 사치스런 옷이다. 고은(高銀)의 시 「상래 아저씨 어머니」에는 "젊은 날 옥비녀 꽂고/ 흰 깨끼저고리에 남치마 입었던 시절"이란 화려했던 날의 '깨끼저고리'가 보인다.

'무색옷'은 백의 아닌, 색의로, 채색의 호사를 누리는 것이고, '비단옷'은 '포의(布衣)' 아닌, '금의(錦衣)'로서 재질에 의해 신분의 차이를 드러낸다. 한설야(韓雪野)의 시 「탑」의 "집이 구차해서 명절에도 무명옷밖에 못 입지만 그래도 비단옷 입은 아이들보다 더 환했다"는 구절은 이러한 사정을 단적으로 나타내 준다.

'옷보'는 옷을 몹시 좋아하거나, 탐내는 사람을 놀림조로 이르는 말이다. 누구는 한복이 몇 벌이다, 양복이 몇 벌이다 하고 옷이 많아 화제에 오르는 유명인사의 경우가 이런 것이다.

'옷사치'는 분에 넘치게 좋은 옷을 입어 몸을 치장하는 것이다. 박완서의 『미망』에는 "어려서부터 그렇게 길 들여져서 그런지 딴 씀씀이에 비해 옷사치가 심한 편이었지만……"하고 이의 용례를 보여 준다.

'옷셋집'은 옷에 대한 인식을 한껏 잘 드러내 주는 말이다. 이는 옷을 빌려 주고 그 값을 받는 일을 업으로 하는 집을 이르는 말이기 때문이다. 옷을 빌리는 것은 혼인 예복 따위를 빌리는 것에서부터 TV 출연을 위해 옷을 빌리는 것에 이르기까지 다양하다.

'옷치레'는 물론 좋은 옷을 입어 몸을 보기 좋게 꾸미는 것이다. 옷이 날개라는 말을 실현하고자 하는 것이다.

'옷타박'은 북한에서 하나의 단어로 보는 말이나, 남한에서도 충분히 합성어로 인정할 수 있는 말이다. 옷이 마음에 들지 아니하거나, 비위에 맞지 않아 핀잔하는 것이다. 그러나 "옷 안 입은 인왕산 호랑이도 산다"는 북한의 속담처럼 입을 옷이 없어도 살 수 있는 것이니 타박이나, 투정을 할 일은 못 되는지도 모른다.

이 밖에 '옷농, 사발옷, 액막이옷, 옷깃차례' 따위는 특별한 의복 관계 문화를 반영하는 말이다. '옷농'은 옷을 넣어 두는 농이다. 이는 한자어로는 '의롱(衣籠)'이라 한다. 버들이나 싸리 채 따위로 함과 같이 만들고 종이를 발라 옷 따위를 넣어 둘 수 있게 만든 것이다. 이렇게 한복은 전통적으로 함이나 상자와 같은 데 보관했다. '옷함', '옷상자', '옷궤'는 이런 문화를 반영하는 말이다. 옷을 걸게 되어 있는 '의걸이장'은 신식의 장이다. 양복장이 이런 것이다.

'사발옷'은 가랑이가 무릎 아래까지만 오는 짧은 여자의 옷이다. 이는 우리에게 '사발(沙鉢)'이란 문화가 있기에 가능한 표현이다. '액막이옷'은 우리 민속에 정월 대보름날 그 해의 액을 막기 위해 버리는 옷을 가리킨다. 요사이는 이러한 풍습을 거의 볼 수 없게 되었다. '옷깃차례'는 일의 순서가 오른쪽으로 돌아가는 차례, 곧 시계방향(時計方向)을 의미한다. 이는 옷깃의 왼 자락이 바른 자락을 덮고, 오른쪽으로 나아가는 데 연유한다. '시계방향'이란 말보다는 '옷깃차례'란 말이 운치가 있어 좋다.

'옷'에는 이와는 다른 의미로 쓰이는 것도 있다. '가락옷, 돌옷, 바위옷, 튀김옷'과 같은 말의 '옷'이 그것이다. 이들은 어떤 물건을 싸고 있는 것을 의미한다. '가락옷'은 물레로 실을 자을 때, 가락에 끼워 실을 감아 내는 댓잎이나 종이 또는 지푸라기를 가리킨다. '돌옷'이나 '바위옷'은 돌이나 바위의 거죽을 싸고 있는 이끼이다. 이에 대해 '튀김옷'은 튀김을 할 때 재료의 거죽에 입히는 녹말가루나 밀가루, 빵가루 따위를 이른다. '당의정(糖衣錠)'의 '衣'가 이러한 예에 해당한다.

우물가 공론(公論)
우물

『삼국유사』에 의하면 신라 시조 박혁거세는 계림의 나정(蘿井)이라는 우물곁에서 알을 깨고 태어났다. 그리고 그 부인 알영(關英)은 알영정(關英井)의 용에게서 태어났다. 이렇게 우물은 생산(生産)과 밀접한 관련을 갖는다. 그것도 그럴 것이 우물에는 물이 있고, 물은 생명의 근원이기 때문이다.

'우물'의 어원은 '움(穴)'과 물(水)의 옛말 '믈'이 합성된 것이다. 따라서 '우물'은 움, 웅덩이 속의 물이라는 말이다. 이 말은 '샘(泉)'과 혼동되기도 한다. 그러나 이들은 근본적으로 다른 말이다. '샘'은 분출하는 것이고, '우물'은 움에 저장된 물이기 때문이다. 그러기에 『용비어천가』에도 '샘이 깊은 물'은 가물에 그치지 아니한다고 하였다. 『국어사전』(어문각, 1989)에서 '우물'을 '물을 긷기 위하여 땅을 파서 지하수를 괴게 한 곳, 또는 그러한 시설'이라 한 것도 이러한 차이를 잘 말해 준다. 영어도 이들을 Well과

Spring, Fountain으로 구별한다.

 '우물'에는 그 축조 형태로 보아 '굴우물, 독우물, 돌우물, 두레
우물, 박우물, 옹달우물'과 같은 것이 있다. '굴우물'은 굴처럼 몹
시 깊은 우물이다. 그리하여 '굴우물에 돌 넣기'란 속담은 아무리
해도 한이 없다는 뜻을 나타낸다. '두레우물'도 두레박으로 물을
긷는 깊은 우물이다. 이의 용례는 대표적인 남녀상열지사(男女相悅
之詞)의 하나인 고려의 속요 「쌍화점」에 보인다.

　　드레우물에 물을 길러 가고신댄
　　우물 龍이 내 손 목을 쥐여이다
　　이 말씀이 이 우물 밖에 나고들면
　　조그만 드레박아 네 말이라 하리라

 이는 물 길러간 여인과 우물 용의 정사(情事)를 노래한 것이다.
우리 우물은 많은 설화에서 용과 관련을 갖는다. 이들 깊은 우물
에 대해 '박우물'은 바가지로 물을 뜰 수 있는 얕은 우물이다.
'독우물'은 우물 벽을 바닥이 없는 독(甕)으로 만든 것이다. 그래
서 이를 한자어로는 옹정(甕井)이라 한다. '돌우물'은 석단정(石壇井)
으로, 우물 벽을 돌로 쌓은 것이다. 대부분의 우물이 자연석을 얼
기설기 쌓은 '돌우물'이다. 현대에 들어서는 이 석벽이 대부분 원

통형의 시멘트관으로 바뀌었다. '옹달우물'은 작고 오막한 우물이다. 작고 오목한 샘은 '옹달샘'이라 한다.

'우물'은 또 그 물의 성격에 따라 '누렁우물, 먼우물, 약우물, 어수(御水)우물'과 같이 나뉘기도 한다. '누렁우물'은 물이 맑지 못하여 먹을 수 없는 우물이다. 말하자면 오염된 우물이다. 이에 대해 '먼우물'은 위생검사에 합격할, 먹을 수 있는 우물이다. '약우물'은 약수가 나오는 우물이다. 산하가 오염되어 '먼우물', '약우물'이 점점 사라지고 '누렁우물'만이 늘어나고 있다. 안타까운 일이다. '어수우물'은 임금이 드실 어수를 긷는 우물이다. 조선조의 궁중 우물은 오늘날 10여 개가 발견되었는데, 그 가운데는 태조 때 경복궁(景福宮) 경회루(慶會樓) 동북쪽에 축조한 우물이 가장 연대가 오래된 것으로 알려진다.

우물은 위치에 따라 집안 우물과 '한데우물'로 나뉜다. '한데우물'은 집의 울타리 밖에 있는 것이다. 별다른 출입이 없던 여인들에게 우물가는 물을 길러 나오는 여인들의 공론(公論)의 장소가 되었다. 그리하여 '우물가 공론(公論)' 또는 '우물 공사(公事)'라는 말이 생겼다. '우물가 공론'이란 우물가에서 여자들이 주고받는 세상 이야기나 소문이다. 오늘날 TV가 여론을 형성해 내듯 아낙네들은 우물가에 모여 세상에 돌아가는 이야기를 주고받으며 마을의 여론을 형성해 낸 것이다. 이에 대해 '우물 공사'는 우물가에서 여자들이 이말 저말을 하며 잡담을 즐기는 것을 말한다.

이밖에 색다른 '우물'로 '볼우물'이란 말이 있다. 이는 일본어로는 '에쿠보(笑窪)', 한어로는 샤오워(笑窩)라 하여 '볼우물'과 반쯤 대응을 보인다. 그런데 우리의 '볼우물'은 본디의 말이 아니요, '보조개우물'의 준말이다. 같은 뜻의 '보조개'는 이의 준말이다. '보조개'란 흔히 알고 있듯, '볼(頰)-조개(貝)'가 합성된 말이 아니다. '보조개'는 하나의 낱말이다. 이는『훈몽자회』등에 "頰 보조개"라 보이듯, 笑印 아닌 '볼' 또는 '뺨'을 가리키던 말이다. 따라서 오늘날의 '보조개'는 '뺨'에서 소인(笑印)으로 의미가 바뀐 말이다. 본래의 말 '보조개우물'은 '보조개(頰)-우물(井)'이 합성된 것이다. 뺨에 우물이 파인 것이라는 뜻이라 하겠다.

　'우물'의 대표적인 복합어로는 우물과 직접 관계를 갖는 것에 '우물고사, 우물굿, 우물귀신'이 있다. '우물고사', '우물굿'은 '샘굿'이라고도 하는 것으로, 마을의 공동 우물에 물이 잘 나오도록 굿을 하는 것이다. '우물지신풀이'도 이와 비슷한 것으로 우물에 가서 물을 좋게 해 달라고 지신(地神)풀이를 하는 것이다. 동래지신(東萊地神)밝기의 셋째 마당이 이 '우물지신풀이'다. '우물귀신'은 우물에 빠져 죽은 사람의 영혼을 가리킨다. 그런데, 이 귀신은 "우물귀신 잡아넣듯 한다"는 속담이 있듯, 다른 사람을 끌어넣어 귀신을 만든 다음에야 그 우물에서 벗어날 수 있다고 한다. 그래서 이 속담은 자기가 벗어나기 위해 남을 곤경에 빠뜨리는 것에 비유된다. 따라서 이는 '물귀신 작전'과는 다르다. '물귀신 작전'은 자기가 궁지에 빠졌을 때 다른 사람을 끌고 들어가는 것을 의미하기 때문이다.

'우물각, 우물고누, 우물눈'은 우물이 비유적으로 쓰인 것이다. '우물각(刻)'은 조각의 한 기법으로 글자가 두드러지게 깊게 새기는 것이다. '우물고누'는 서민적 놀이인 고누의 일종이다. 고누는 '바둑 둘 줄 아시오?', '장기 둘 줄 아오?', '고누 둘 줄 아나?'라 한다 하듯 무시를 당하던 장기바둑 계열의 놀이다. '우물고누'는 열십(十) 자의 네 귀를 둥근 원으로 막고 한쪽 귀를 터놓은 판에 각각 말 두 개씩을 먼저 가두면 이기게 된 놀이다. '우물눈'은 우물처럼 푹 들어간 움평눈을 말한다.

'우물마루, 우물반자, 우물천장'은 마루나, 반자, 천장 등이 우물 정(井)자 모양을 지닌 데서 붙여진 이름이다. '우물반자'는 소란반자, '우물천장'은 조정천장(藻井天障)이라고도 한다.

'웃음'이 죄가 될까?

웃음

파인(巴人) 김동환(金東煥)의 시에 「웃은 죄」라는 것이 있다.

지름길 묻길래 대답했지요
물 한 모금 달라기에 샘물 떠주고
그리고는 인사하기
웃고 받았지요

평양성에 해 안 뜬대두
난 모르오

웃은 죄밖에.

길을 묻고, 샘물을 떠 주는 것은 우물가에서 흔히 볼 수 있는
장면이다. 문제는 여인이 웃은 것이다. 정말 웃은 것이 죄가 될

까? '웃음'엔 좋은 웃음도 있고, 나쁜 웃음도 있다. "웃는 얼굴에 침 못 뱉는다"는 속담의 웃음은 좋은 것이다. 신소설 『귀의성』의 "자네 눈웃음만 하여도 사람 여럿 굿칠 줄 알았네"는 좋지 않은 것이다. 죄를 짓는 웃음이다. 가정을 파탄 내기도 하고, 죽게도 할 수 있기 때문이다.

'웃음'은 웃는 모양이나, 소리라고 풀이된다. '웃다'의 사전풀이는 '(1) 기쁘거나 만족스러울 때 얼굴을 활짝 펴거나 또는 그와 함께 소리를 내다. 때로는 서글프거나 어처구니없을 때 등에도 같은 표정이나 소리를 내기도 함. (2) 남을 같잖게 여기거나 경멸하는 태도를 나타내다.'라 되어 있다. 이렇게 '웃음'은 여러 가지 경우에 감정을 표현하는 한 신체적 수단이다. 그러나 그것이 전부는 아니다. 웃음은 불길한 것을 날려버리는 효용을 지닐 뿐 아니라, 신비와 광기와 어리석음의 징표이기도 하다.

우리말에는 웃음을 나타내는 말이 여럿 있다. 그런데 이런 웃음들은 단일어가 아닌, 합성어로 되어 있다. 몇 개의 예를 들어보면 '너털-웃음, 눈-웃음, 억지-웃음, 찬-웃음'과 같은 것이 그것이다. 영어의 경우는 우리와 반대로 단일어가 많다. 우리가 잘 아는 '미소짓다' smile을 비롯하여, beam(밝게 미소짓다), chortle(깔깔 웃다), chuckle(싱글싱글 웃다), giggle(낄낄 웃다), grin(싱긋이 웃다), guffaw(실없이 크게 웃다), howl(호탕하게 웃다), roar(왁자하게 웃다), simper(선웃음을 웃다), smirk(벙글벙글 웃다), snigger(숨죽여 웃다)가 그것이다. 명명할 때 일반화하느냐, 세

분화(細分化)하느냐의 차이를 보인다. 이는 생활과 어느 정도 깊은 관계를 가지느냐에 따라 차이가 나는 것으로 본다. 곧 생활과 깊은 관계를 가지는 것은 구체적으로 세분화하여 표현된다. 따라서 이는 영어권 사람들이 우리에 비해 웃음이 생활과 밀접한 관계가 있음을 의미한다. 그도 그럴 것이 우리는 유교문화(儒教文化)로 말미암아 극도로 감정 표현을 억제하였기 때문이다.

우리의 웃음은 1차적인 말이 아닌 복합어, 곧 2차적 어휘에 의해 나타내진다. '웃음' 앞에 놓인 꾸밈말은 그 '웃음'의 성격을 규정한다. 이들은 대체로 웃음의 표정, 방법, 내용을 나타낸다. '너털-웃음, 호걸-웃음, 함박-웃음, 눈-웃음, 코-웃음'은 웃는 표정과 관계가 있는 말이라 하겠다.

'너털-웃음'과 '호걸-웃음'은 크고 호탕하게 웃는 웃음으로, 영웅호걸의 웃음이 이런 것이다. '함박-웃음'은 크고 환하게 함박꽃처럼 웃는 웃음이다. '눈-웃음'은 소리 없이 눈으로만 살짝 웃는 웃음으로, 기생오라비의 웃음이다. 한자어로도 목소(目笑)라 한다. '코-웃음'은 코끝으로 가볍게 비웃는 웃음으로, 가당찮을 때 웃는 비소(鼻笑)이다.

'너스레-웃음, 억지-웃음, 선-웃음, 헛-웃음'은 웃는 방법과 관련된다. 이 가운데 '너스레-웃음'은 너스레를 떨면서 웃는 웃음을 가리킨다. 곧 수다를 떨면서 웃는 웃음이다. 익살꾼의 웃음이 이런 것이다. '억지-웃음'은 문자 그대로 억지로 웃는 웃음이고, '선

-웃음'은 우습지도 않은데 꾸며 웃는 웃음이다. '헛-웃음'은 마음에 없어 억지-웃음과 같이 지어서 웃거나, 어이가 없어 피식 웃는 웃음을 가리킨다. 공허한 웃음이다.

그리고 '비웃-음, 찬-웃음, 쓴-웃음'은 웃음의 내용과 관계된다. '비웃-음'은 비소, 조소(嘲笑)를, '찬-웃음'은 냉소를, '쓴-웃음'은 어이없거나 마지못하여 웃는 고소(苦笑)를 가리킨다.

'우습다'라는 형용사는 웃음을 짓게 되는 경우를 일러 준다. 사전에 의하면 '우습다'는 '(1) 웃고 싶은 느낌이 있다. 또는 웃음이 날만하다. (2) 싱겁거나 실없어 웃음을 살만하다. (3) 대단치 않거나 하찮다'를 의미하는 것으로 되어 있다. 따라서 웃음은 앞에서 언급했듯, 긍정적 의미만 지니는 것이 아니다. "웃는 집에 복이 있다"는 속담도 있으나 웃음도 웃음 나름이다.

'웃음을 사다, 웃음을 팔다'는 웃음과 관련된 관용어로, 웃음을 팔고 사면서도 그 의미는 사뭇 차원을 달리 한다. '웃음을 사다'는 웃음거리가 되는 것을, '웃음을 팔다'는 여자가 장삿속으로 웃음을 흘리는, 화류계(花柳界) 생활을 하는 것을 의미하기 때문이다. 화류계 여인을 매소부(賣笑婦)라 하는 것도 같은 발상의 표현이다.

우리말에는 웃기는 것과 관련되는 말이 많다. 웃음을 억제하였기에 그만큼 웃게 하려는 노력을 한 것일까? '우스개, 우스갯소리, 우스갯짓, 웃음엣-소리, 웃음엣-짓'이 그것이다. 이들은 모두 웃기느라고 하는 농이거나 행동을 나타내는 말이다. 이렇게 해서

'웃음판'이 벌어지면 '우스꽝스러워' '웃음-꽃이 피고', '웃음보가 터지며', '웃음-바다'가 된다. '웃음'의 소리나 모양은 다양하기 그지없다. 이러한 의성·의태어가 발달한 것은 우리말의 한 특성이다. 첩어로 된 말 몇 개를 보면 다음과 같다.

발씬발씬, 발쪽발쪽, 방글방글, 방긋방긋, 방실방실, 방싯방싯, 뱅글뱅글, 뱅긋뱅긋, 뱅실뱅실, 벌씬벌씬, 벙글벙글, 벙긋벙긋, 벙실벙실, 빙글빙글, 빙긋빙긋, 빵글빵글, 빵끗빵끗, 빵실빵실, 뺑글뺑글, 뺑끗뺑끗, 뺑끗뺑끗, 상글방글, 상글상글, 상긋상긋, 새물새물, 샐쭉샐쭉, 생글방글, 생글생글, 생긋방긋, 생긋생긋, 시물시물, 실실, 실쭉실쭉, 싱글벙글, 싱긋벙긋, 싱글싱글, 싱긋싱긋, 쌩긋쌩긋, 쌩끗쌩끗, 쌩긋쌩긋, 씽끗뺑끗, 앙글방글, 앙실방실, 키득키득, 하하, 해죽해죽, 허허, 호호, 히죽해죽, 히죽히죽

사람을 왜 윷으로 보나?

윷

우리 민속놀이의 대표적인 것의 하나에 윷놀이가 있다. 이는 우리의 고유한 놀이다. 따라서 윷놀이와 관련된 말에는 우리의 고유한 문화가 스며 있다.

조선조 정조(正祖) 때의 실학자 유득공(柳得恭)의 저서에 『경도잡지(京都雜志)』란 것이 있다. 이는 서울의 문물 제도와 풍속 행사를 기술한 것이다. 여기에는 다음과 같은 윷놀이에 관한 기록이 보인다.

붉은 싸리나무 두 토막을 쪼개어 네 쪽으로 만든다. 길이는 세 치 가량. 혹 작게는 반쪽의 콩알만하게 만들기도 한다. 이것을 던지는 것을 '사희(柶戲)'라 한다.

윷놀이는 설을 전후하여 노는 놀이이다. 그리하여 세시풍속(歲時

風俗(이 많이 바뀌었음에도 오늘날에도 이 윷놀이가 설날을 전후하여 행해지는 것을 볼 수 있다. 이 윷놀이는 유득공이 "사희(柶戲)는 저포(樗蒲)의 종류이나, 그렇다고 저포 그것이라고는 할 수 없다"고 한 것처럼 저포와는 구별되는 것이다. 저포는 주사위 같은 것을 나무로 만들어 던져서 그 사위로 승부를 가리는 것으로, 이는 중국 전래의 놀이다.

'윷'을 나타내는 '윷 사(柶)'자는 국자(國字)다. 이는 중국 한자로는 '숟가락 사(柶)'자라 한다. 그러기에 윷놀이를 가리키는 '사희(柶戲)'나 '척사(擲柶)'라는 말은 중국이나 일본에는 없는 우리만의 한자어이다.

'윷'이란 말은 몇 가지 다른 뜻으로 쓰인다. 하나는 놀이 기구로서의 윷이요, 다른 하나는 윷놀이, 또 다른 하나는 윷놀이의 사위로서의 '윷'이다. '사위'란 윷이나 주사위를 놀 때의 끗수를 의미하는 말이다. 놀이 기구로서의 '윷'은 위의 유득공의 기술에 의하면 약 10cm쯤 되는 것으로 되어 있으나, 요사이의 윷은 이보다 좀 길어 대체로 20cm 내외가 된다. 이보다 큰 것으로는 '장작윷'이 있고, 이보다 작은 것으로는 '밤윷', '콩윷'과 같은 것이 있다. '장작윷'은 기다랗고 굵직하다하여 붙여진 이름이다. '밤윷'은 밤톨만한 크기로 윷짝을 만든 것이고, '콩윷'은 콩짜개로 윷을 만든 것이다.

놀이 기구로서의 '윷'과 관련이 있는 말에는 '윷가락, 윷짝' 같은 말이 있다. 이들은 물론 윷의 낱개를 이르는 말이다.

윷놀이와 관련이 있는 말에는 '윷판, 윷말, 윷밭, 윷꾼, 윷노래, 윷점, 윷진아비' 같은 말이 있다. '윷판'은 윷놀이할 때에 윷말을 쓰기 위하여 종이 따위에 윷밭을 그린 판을 이른다. 이는 아래 도표에 보이는 바와 같이 네모꼴 안에 29개의 밭을 그린 것이다. 도에서 출발해 날밭(참먹이)에서 나게 되는데, 이렇게 한번 나는 것을 '한 동 났다'고 하고, 넉 동을 누가 먼저 나느냐로 승부를 가른다.

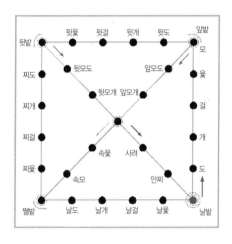

'윷말'은 윷놀이할 때 윷판에 쓰는 말(馬)을, '윷밭'은 말을 쓰는 자리를 이른다. '윷밭'은 줄여 '밭'이라고도 한다. '윷꾼'은 윷놀이를 하는 사람을, '윷노래'는 윷놀이에 쓰는 도, 개, 걸, 윷, 모에 해당하는 이름을 풀이한 구전 가사를 이르는 말이다. '윷점'은 정초에 윷을 던져 그 해의 길흉을 알아보는 점이다. 대개 세 번을 던져 짝을 짓는데 점괘는 64괘로 되어 있다.

도, 도, 도…… 건(乾)－아이가 어머니를 만남
도, 도, 개…… 이(履)－쥐가 창고에 들어감
도, 도, 걸…… 동(同)－사람이 밤에 불을 얻음

이런 식으로 되어 있는 것이 그것이다. '윷진아비'는 내기 경쟁에서 자꾸 지면서도 다시 하자고 달려드는 사람을 비유적으로 이르는 말이다. 이는 우리 주변의 잡기(雜技) 판에서 흔히 볼 수 있는 모습의 사람이다. 홍명희의 『林巨正』에도 다음과 같은 용례가 보인다.

손 노인은 장기 수가 천왕동이만 못하였다. 그러나 승벽이 많아서 윷진애비같이 지면서도 자꾸 덤비었다.

이 밖에 '생윷, 풋윷, 보리윷, 벌윷' 같은 말도 윷놀이와 관련이 있는 것이다. '생윷'은 윷놀이 할 때 말을 새로 달아 네 밭을 따로따로 쓰게 된 사위를 뜻한다. '풋윷'은 서투른 윷 솜씨를 뜻하고, '보리윷'은 법식도 없이 아무렇게나 노는 윷을 의미한다. '벌윷'은 보리윷 때문일까, 윷놀이에서 정한 자리 밖으로 떨어져 나간 윷을 가리킨다.

윷을 놀 때의 끗수 곧, 윷 사위를 나타내는 '도, 개, 걸, 윷, 모'는 우리의 고유한 말이다. 그런데 이 말은 그간 음운변화가 많이 일어나 지금은 그 뜻을 분명히 알기 어렵게 되어 있다. 이들은 가축을 가리키는 말로, 각각 '돼지, 개, 양, 소, 말'에 대응되는 것으로 추정한다.

윷놀이의 사위로서의 '윷'과 합성된 말에는 윷밭을 나타내는 말이 많다. '뒷윷, 날윷, 속윷, 찌윷'과 같은 것이 그것이다. 이들의 위치는 도표에 보이는 바와 같다. 이 밖에 '첫윷, 윷자리'는 각각 그 판에 처음 나온 윷과, 윷이 나왔을 때 말을 올려놓는 자리를 뜻하는 말이다. 우리 속담에 "사람을 왜 윷으로 보나?"라는 것이 있는데 이도 사위로서의 윷과 관련된 재미있는 말이다. 이는 윷놀이할 때 사위로서의 모를 동음어인 모(方)로 보아 "사람을 왜 바로 보지 않고 모로 보느냐?" 하는 것이니, 눈을 흘긴다고 나무라는 말이다. 말이란 하기에 따라 참으로 묘한 맛을 드러내는 것이다.

일하러 가세, 일하러 가

일

독립운동가이며, 교육자, 언론인인 남궁억(南宮檍) 선생이 1922년 지은 노래에 <일 하러 가세>라는 것이 있다. 이 노래는 일제(日帝) 때 삼천리 방방곡곡에서 불리던 노래로, 그 2절은 다음과 같다.

삼천리 반도 금수강산 하나님 주신 동산
봄 돌아와 밭 갈 때니 사방에 일꾼을 부르네
곧 금일에 일 가려고 누구가 대답을 할까
(후렴) 일하러 가세, 일하러 가, 삼천리강산 위해
하나님 명령 받았으니 반도 강산에 일하러 가세

봄이 되었다. 일일지계(一日之計)는 재어신(在於晨)이요, 일년지계(一年之計)는 재어춘(在於春)이라 했다. 우리도 이 봄에 계획을 세워 진인사이(盡人事以) 청천명(聽天命)해야 하겠다.

우리의 고유어 '일'은 다양한 의미를 지닌다. 『표준국어대사전』 (두산동아, 1999)에는 '일'을 9가지 뜻으로 풀이하고 있다. 다의어다. 이러한 '일'을 일본어로는 仕事(시고토), 事(고토), 중국어로는 事(兒), 業, 務, 工, 외에 活兒, 工作라 한다. 영어로는 Work나 Business라 한다.

우리말의 다의성(多義性)에 대해 중국어는 유의어가 많다는 것이 특징이다. 일본어도 다의성을 지니나, 우리와는 차이도 많이 난다. '볼일'의 '일'은 '用事(요지)'요, 일이 터졌다는 사고의 '일'은 '事故(지코)'라 한다. 큰 행사를 의미하는 '일'은 '行事(교지)', '일이 잘 된다'고 하는 '계획'이나 '사업'의 '일'은 '計劃(게이카쿠), 仕事(시고토), 事業(지교)'라고 구체적인 용어를 사용한다. 특히 '일을 치르다'와 같이 성교(性交)를 비유적으로 이르는 '일'에는 대응되는 말이 보이지 않는다. 중국어에서는 이를 '不能人事'와 같이 '人事'로 나타내어 우리의 대인(對人)간의 예법을 이르는 '人事'와 묘하게 상충된다.

'일'을 어두로 하는 복합어에는 재미있는 의미구조의 말이 보인다. '일껏, 일끝, 일내다, 일보다, 일없다' 같은 말이 그것이다. '일껏'은 '모처럼, 모처럼 애써서'의 의미를 지닌다. 이는 '일삼아 한껏'이 준 말이다. '일끝'은 일의 종말이 아닌, 단서(端緖), 실의 머리, 곧 '실마리'란 말이다. '일내다'는 요즘 신문 기사에 자주 등장하는 말이다. "소문난 '강남인강' 큰일낸 공무원들"도 그 하나다. 이는 강남구청의 인터넷 강의가 성공을 거두었다는 기사다. 그러나 이 기사는 잘못 쓰인 것이다. '일내다'는 부정적인 상황에 써야 하는 말이다. '일내다'의 '일'은 사고요, '일내다'는 '일을 저지르다', 곧 '사고를 치다'란 뜻의 말인 것이다. '일보다'의 '일'은 직무를 의미한다.

'일없다'는 '일없이요'와 같이 북한이나 중국 동포를 통해 많이 듣게 된 말이다. 이 말에 익숙하지 않은 남쪽에서는 북쪽의 독특한 억양도 있어 강력한 부정으로 받아들여 곧잘 오해를 빚기도 한다. 그러나 이 말은 그간 잘 쓰지 않아 그리 됐을 뿐, 남쪽에서도 표준어로 인정하는 말이다. 이는 소용이나 필요가 없다거나, 걱정하거나 개의할 필요가 없다는 뜻의 말이다. 따라서 강력한 거부라기보다 완곡한 사양의 표현이다. 이의 용례는 이문열의 『영웅시대』에도 보인다.

약 한 첩이면 일없을 아이가 연이틀이나 설사를 하고 탈진 상태에 떨어진 것이었다.

'일'이 어말에 오는 복합어도 독특한 말이 여럿 있다. 우선 이러한 말들 가운데는 대를 이루는 말이 많다는 것이 하나의 특징이다. '공일-삯일, 낮일-밤일, 들일-집안일, 마른일-진일, 바깥일-안일, 밭일-논일, 사삿일-그윗일, 선일-앉은일, 앞일-옛일' 같은

것이 그 예다. '공일(空-)-삯일'은 삯의 유무에 의해, '낮일-밤일'
은 일하는 시간에 의해 구별된다. '밤일'은 성교를 에둘러 이르기
도 한다. '들일-집안일'은 '바깥일-안일'과 비슷한 의미구조로 되
어 가사(家事)와 농사로 구분된다.

'마른일-진일'은 손에 물을 묻히느냐, 않느냐로 구별되는 말이
다. 침선(針線)은 마른일의, 빨래는 진일의 예가 된다. 이와는 달리
'진일'은 '궂은일'을 뜻하기도 한다. '궂은일'은 언짢고 꺼림하여
하기 싫은 일이나, 초상 치르는 일을 의미한다. '궂다'는 날씨가
나쁜 것만이 아니고 '언짢고 나쁘다'를 의미하는 말이기 때문이
다. '바깥일-안일'은 집의 내외, 나아가 남녀의 일에까지 의미가
확대된다. '사랑에서는 안일은 모르는 체 하세요'가 그 예다.

'밭일-논일'은 '들일'로, 논밭에 따라 일이 구분되는 것이고,
'사삿일(私私-)-그윗일'은 일의 공사를 구별하는 말이다. '그위'는
관공서를 이르는 옛말이다. '선일-앉은일'은 작업을 앉아서 하느
냐, 서서 하느냐로 일이 구별된다. '앞일-옛일'은 일의 시점이 미
래냐, 과거냐에 따라 나뉜다. 재미있는 현상은 '앞일'의 대를 이
룰 법한 '뒷일'이 '앞일'과 동의어를 이룬다는 것이다. 이들은 다
같이 앞으로 전개될, 미래의 일을 의미한다. 위험한 상황에서 벗
어나며 '김 동지 뒷일을 부탁하오.'라 하는 것이 그 예다.

이 밖에 '구움일, 굿일, 두렛일, 막장일, 큰일'은 조금 색다른

말이다. '구움일'은 목재를 구워 말리는 구덩이(구움판)에 넣어 말리는 일을 가리키는 말이고, '굿일'은 '굴(窟)-ㅅ-일'에서 'ㄹ'이 탈락된 것으로, 묘나 광산의 구덩이 파는 일을 가리킨다. '두렛일'은 여러 사람이 공동작업 조직인 두레를 무어 협력하는 농사일, 곧 두레농사를 의미한다. '막장일'이란 갱도(坑道) 끝(막장)에서 광물을 파내는 일이다.

'큰일을 치른다'는 '큰일'은 예식이나 잔치를 의미한다. 특히 혼사를 말한다. 한자어로는 대사(大事)라 한다. 일본어 '大事(다이지)'는 큰일이라는 일반적 의미 외에 '소중함, 중요함'의 뜻을 나타내어 우리말과 차이를 보인다. 중국어 '大事(따스)'는 일반적 의미 외에 혼인을 의미하기도 해 우리의 '큰일', 또는 '大事'와 대응된다. 그러나 중국의 '大事'도 부모의 상(喪)과, 국가 차원의 제사나 전쟁을 의미하기도 해 우리말과 차이를 보이기도 한다. 그러나 무엇보다 한·중·일어에서 차이가 나는 한자어는 '인사(人事)'다. 그것도 남에게 예를 표하는 우리의 '인사'라는 말이다. 이는 일본어로는 '아이사쓰(挨拶)', 한어로는 'hanxuan(寒喧), wenhou(問候)'라 하지 '인사'라고는 하지 않는다.

입찬말은 묘 앞에 가서 하라
입(口)

    사람은 좀 겸손한 맛이 있어야 한다. 저만 잘났다고 나부대면 사람들에게 환영을 받지 못한다. 시쳇말로 '왕따'를 당하게 된다. 그래서 "입찬말은 묘 앞에 가서 하라"는 속담도 있다. 이는 희떱게 자기를 자랑하고 장담(壯談)하지 말라는 말이다. 여기서 '입찬말'이란 '자기의 지위나 능력을 믿고, 지나치게 장담하는 말'을 뜻한다. 이는 원래 '입에 찬 말', 곧 '야무진 말'이란 뜻이었는데, '장담하는 말'이란 뜻으로 바뀌었다.

    사전에서 '입(口)'을 찾아보면 '음식이나 먹이를 섭취하며, 소리를 내는 기관'이라 풀이하고 있다. 우리는 입으로 음식을 먹으며 말을 한다. 그런데 입과 관련된 관용어를 보면 먹는 것보다 말하는 것에 관한 것이 더 많다. 그리고 그것만으로는 부족한지, 영어의 tongue에서처럼 '혀(舌)'로도 말에 관한 것을 많이 나타낸다. 이로 보면 우리는 말하는 것을 좋아한 민족인 것 같다. 그래서 그런 건 아니지만 우리 속담에는 "일 잘 하는 아들 낳지 말고, 말 잘하는 아들 낳아라"라고까지 했다.

예로부터 우리 민족은 말을 삼가고 조심하는 것을 미덕(美德)으로 여겼다. 그래서 문단속을 하듯, '입단속'을 했다. '입단속'과 비슷한 뜻의 말로는 '입막음'과 '입마개'가 있다. 이들은 둘 다 '입을 막는 것'에서 '말을 못 하도록 하는 것'으로 의미가 바뀐 말이다. '입마개'는 추위를 막기 위하여 입을 가리는 물건을 뜻하기도 한다. 영어의 mask다. '마개'에는 '입마개' 외에 '귀마개'와 '병마개'가 있다. 이들은 '막다(塞)'의 어간 '막-'에 접사 '애'가 결합한 말이다.

'입씻김'이나 '입씻이'도 입단속과 관련이 있는 말이다. '입씻김'은 '비밀이나 자기에게 불리한 말을 못하도록 남몰래 돈이나 물건을 주는 일'을 뜻한다. '입씻이'는 '입씻김으로 주는 돈이나 물건'을 가리킨다. 요사이 우리 정국(政局)은 어지럽기 이를 데 없는데 혹시 이런 '입씻김'이 자행되고 있지나 않은지 모르겠다.

'입매가 곱다'의 '입매'는 입의 생긴 모양을 말한다. 이때의 '매'는 맵시나 생김새를 뜻하는 접사로, '눈매, 몸매'에 쓰이고 있는 '매'다. 그런데 이와는 다른 뜻의 '매'도 있다. 그것은 '음식을 간단히 조금만 먹어 시장기를 면하는 일'을 뜻하며, '입요기'와 같은 뜻을 나타낸다. 잔치 같은 때 큰상을 차리기 전에 먼저 간단하게 차려 대접하는 음식상을 '입맷상'이라 하는데, 이때의 '입매'가 그것이다. 한무숙의 『만남』에도 이 '입매'의 용례가 보인다.

　　폐백 전의 간단한 입매는 하고 있기도 했으나, 설사 시장기가
　　심한 경우에도 신부는 이 아름다운 음식을 먹는 일은 없다.

　그런데 '입매'는 그 의미가 확대되어 '눈가림으로 일을 아무렇게나 함. 또는 그렇게 하는 일'을 뜻하기도 한다. 이때의 '매'는 맵시의 '매'가 아니라, 묶는 데 쓰는 새끼나 끈을 뜻하는 '매끼'의 '매'라 할 수 있다. 조금 먹고 입을 봉한다는 의미에서 '매'와 합성된 것이라 하겠다.

　이밖에 '입'과 합성된 말로 '입술(脣)'이 있다. '입술'은 '입'에 '시울(弦)'이 합성된 말로, 입술이 활처럼 생긴데서 붙여진 이름이다. 이 '입시울'이 '입슐'을 거쳐 오늘의 '입술'이 되었다. 이에 대해 영어 lip은 단일어로 분석의 여지가 없는 말이다. 일본어는 '구치비루(口脣)'라 하여 우리와 같이 유연성(有緣性)을 갖는 복합어다.

　'입덧'이란 말도 그 어원을 알고 보면 조금 더 이 말을 잘 이해할 수 있다. 이는 '임신 초기에 입맛이 떨어지고 구역질이 나는 증세'를 뜻하는 말이다. 이는 물론 '입'과 '덧'이 합성된 말이다. 여기서 '덧'은 '빌미나 탈'을 뜻한다. 따라서 원래 '입덧'이란 말의 뜻은 '입에 난 병, 입에 난 탈'이다. 이는 다음의 옛시조를 보면 쉽게 확인된다.

흔 달 설흔 날에 盞(잔)을 아니 노핫노라.

팔 病(병)도 아니 들고 입덧도 아니 난다.

每日(매일)에 病(병) 업슨 덧으란 씌지 말미 엇더리.

　중종(中宗)의 부마 송인(宋寅)의 시조다. 매일 술을 마시나 팔병도 입병도 아니 난다. 이런 병 없는 동안에는 늘 취해 있고 싶다는 내용의 시조다. 무척이나 애주가(愛酒家)인 모양이다. 이 시조에 쓰인 '입덧'이 바로 '입병, 입에 난 탈'이다. 이는 여인도 아닌 사내이고 보면 임신에 의한 '입덧'이 아님이 분명하다.

　세상을 별 탈 없이 살자면 섭생도 잘해야 하지만 언행(言行)을 조심해야 한다. 우선 '입공론'을 삼가고, '입길'을 조심해야 한다. '입공론(空論)'이란 북에서 쓰는 용어로 우리가 '공론(空論)'이라 하는 것이다. 실상과 동떨어진 의론을 북에서는 좀 더 현실성이 없음을 강조하기 위해 '공론'에 '입'이란 말을 접두어로 더 붙이고 있는 것이다. 사사로운 말이나 정론(政論)이 모두 너무 '입공론'에 기울어지고 있는 것 같다. 그리고는 건설적 작업이 수행될 수 없다. '입길'이란 이러쿵저러쿵 남의 흉을 보는 입놀림이다. 옛시조의 한 구절 "말로써 말 많으니 말 말을까 하노라"라고 금언(禁言)은 하지 않더라도 조심은 해야 하겠다. 그래서 쓸데없는 남의 '말길'에는 오르지 않도록 해야 한다.

　별 탈 없이 세상을 살고 가야 한다. 그리고 이왕이면 '한 잔

먹세 그려, 또 한 잔 먹세 그려. 꽃 꺾어 산(算) 놓고 무진무진 먹세그려.'라고 노래한 「장진주사(將進酒辭)」처럼 풍류도 즐기고 가면 그것은 멋진 인생이겠다.

뒷門 밖에는 갈잎의 노래
잎(葉)

　5월은 신록의 계절이다. 자연은 철따라 우리에게 멋진 향연(饗宴)을 베풀어준다. 3, 4월의 향연이 울긋불긋한 꽃들의 축제라면, 5월의 향연은 잎의 축제다. 신록은 7, 8월의 어두운 초록빛이 아니라, 밝고 부드러운 연두빛이다. 어린 듯 청순한 유록(柳綠)의 빛이다. 여기에 5월의 햇볕이 비치게 되면 찬란하기까지 하다. 신록(新綠)은 흐드러지게 핀 꽃이 아니라, 이제 막 피어나려는 꽃봉오리와 같다. 그러기에 신록은 더욱 매력적이고 아름답다.

　'잎'은 시작·자녀·결연·성장·죽음·원초적 의상 등을 상징한다. "될성부른 나무는 떡잎부터 알아본다"의 '떡잎'은 시작 또는 전단계를, 줄기와 잎에서 '잎'은 자녀를, 새로 돋아나는 '잎'은 생명력·성장을, 지는 잎은 죽음을 상징한다. 원초적 의상(衣裳)은 이브가 선악과를 따먹은 뒤 부끄러움을 느껴 무화과 잎으로 몸을 가린 것이 그 예다. 잎에 의한 결연(結緣)은 우리 문화에서 볼 수 있는 대표적 상징이다. 이러한 예는 설화에서 흔히 볼 수 있다. 과객(過客)이 목이 말라 우물가에 가 여인에게 물을 청하게 되고, 그 여인은 물그릇에 '버들잎'을 띄워 준다. 그것이 인연이 되어 부부가 되는 것이다. 구체적인 예를 하나 보면 제주도의 무속신화에 이런 이야기가 있다.

글공부를 하러 가던 문 도령이 빨래하는 자청비에게 물을 청한다. 그녀는 물바가지에 버들잎을 훑어 띄워준다. 도령이 나무라자 체하지 않게 하기 위한 것이라 한다. 이것이 계기가 되어 그녀는 남복(男服)을 하고 도령과 함께 글공부를 하며 사귀게 된다. 도령이 장가들기 위해 집으로 돌아올 때 자청비도 그와 함께 오다 목욕을 한다. 이때 그녀는 상류에서 목욕을 하다가 자기를 알아보지 못하는 도령에게 원망하는 글을 버들잎에 써 띄워 보내고는 달아난다. 그제야 자청비가 여자임을 알게 된 도령은 그를 쫓아가 그녀의 집에서 하룻밤을 지낸다. 이렇게 버들잎을 통해 관계를 맺은 이들은 많은 시련을 거쳐 마침내 결혼하고, 자청비는 세경신으로 좌정한다.

'잎'을 나타내는 말로는 '잎' 이외에 '이파리, 잎사귀'가 있다. '이파리'는 나무나 풀의 살아 있는 낱낱의 잎을 가리킨다. '잎사귀'는 '이파리'와 동의어다. 이 밖에 또 윤동주의 「서시」 "잎새에 이는 바람에도/ 나는 괴로워했다"와 같이 쓰이는 '잎새'라는 말이 있다. 이는 표준어가 아닌 충청도 방언으로 본다.

'잎'은 그 성상이 다양하다. 따라서 '잎'과 합성된 말에는 이러한 잎의 모양을 나타내는 말이 많다. 이러한 말로는 다음과 같은 것이 있다.

겹떡잎, 겹잎(複葉), 깃꼴겹잎(羽狀複葉), 깃꼴홑잎, 넓은잎, 덩굴손깃꼴겹잎, 두번깃꼴겹잎, 미늘잎, 비늘잎(鱗葉), 세번깃꼴겹잎, 손꼴겹잎(掌狀複葉), 쌍떡잎, 여러번깃꼴겹잎, 외떡잎, 잔잎(小葉), 짝수깃꼴겹잎, 짝수깃모양겹잎, 홀수깃꼴겹잎, 홑잎(單葉), 홑잎새겹잎(單身複葉), 탈바꿈잎(變形葉)

잎에는 겹잎(複葉)과 홑잎(單葉)이 있고, 이들은 새의 깃털 모양의 '깃꼴(羽狀)잎'이 많은 것을 보게 한다.

이와 달리 '잎'의 성격과 관련된 말에는 다음과 같은 것도 있다.

갖은잎, 갖춘잎, 겉잎, 늘푸른잎(常綠葉), 떡잎(子葉), 뜬잎(浮葉), 벌레잡이잎(食蟲葉), 속잎, 순잎(筍葉), 안갖춘잎, 어린잎, 장잎, 진잎, 턱잎

이 가운데 '갖은잎', 또는 '갖춘잎'이란 완전엽(完全葉)으로, 잎몸(葉片)과 잎자루, 턱잎의 세 가지를 갖춘 잎을 말한다. 그렇지 못한 것은 안갖춘잎이라 한다. '뜬잎'은 부유식물(浮游植物)의 잎이고, '장잎'은 볏과식물의 맨 나중에 나오는 잎이다. 이 잎이 핀 뒤에 이

삭이 나온다. '진잎'은 날것이나 절인 푸성귀 잎을, '턱잎'은 잎자루의 기부(基部) 부근에 생기는 엽상(葉狀)・돌기상(突起狀)・가시상(狀) 등의 작은 잎을 가리킨다.

'잎'은 또 그것이 붙어 있는 주체를 앞세워 잎의 종류를 나타낸다.

> 갈잎, 깻잎, 대솔잎, 떡갈잎, 머윗잎, 뽕잎, 솔잎, 연잎, 잔솔잎, 콩잎, 팥잎

'갈잎'에는 두 가지가 있다. 그것은 떡갈잎과, 갈댓잎의 준말로 쓰이는 것이다.

> 엄마야 누나야 江邊 살자
> 뜰에는 반짝이는 金모랫빛
> 뒷門 밖에는 갈잎의 노래
> 엄마야 누나야 江邊 살자

소월(素月)의 시에 쓰인 '갈잎'은 물론 갈대의 잎이다. 그런데 대표적인 어느 『국어대사전』에는 이것이 '떡갈잎'을 뜻하는 '갈잎'의 용례로 인용되는 실수를 범하고 있다.

이들과 달리 '간잎, 잎사귀머리, 잎새우, 잎샘, 잎순가락, 잎전'은 '잎'이 비유적으로 쓰인 경우다. '간잎'은 간엽(肝葉)으로, 우엽

(右葉) 좌엽(左葉)으로 나뉜 간의 한쪽 부분을 가리킨다. '간잎'은 간의 모양이 나뭇잎과 같아 이런 이름이 붙은 것이다. '잎새우'도 마찬가지다. 이는 다리 모양이 잎같이 생긴 새우다. '잎사귀머리'는 저냐에 쓰이는 소의 처녑(千葉)에 붙은 넓고 얇은 고기다.

'잎숟가락'은 얇고 거칠게 만든 숟가락이다. '잎전'은 엽전의 잘못된 말이다. 이들은 '잎', 또는 '엽(葉)'이 얇고 편편한 조각을 의미해 이런 이름이 붙게 되었다. '동전 한 잎', 또는 '엽전 한 잎'의 '잎'도 얇은 것을 세는 단위다. 중국어의 'ye(葉)'나 영어의 'leaf'가 책의 한 장을 의미하는 것도 이런 것이다. '잎샘'은 '꽃샘 잎샘에 반늙은이 다 얼어 죽는다'는 속담에서처럼 잎이 필 때 갑자기 추워지는 추위를 비유적으로 나타내는 말로, 우리만의 멋있는 말이다.

이 밖에 '잎'은 '잎눈(葉芽), 잎따깃법, 잎마름병(葉枯病), 잎벌레(葉蟲)'와 같이 많은 합성어에서 접두사처럼 쓰여 잎의 속성이나 기능, 처치 등을 나타낸다. '잎따깃법'은 참나무 누에를 옮길 때 누에가 붙어 있는 잎만 따서 옮기는 방법을 말한다.

● ● ●

누울 자리 보고 발을 펴랬다

자리(席)

"좋은 자리 있을 때 잘 봐 주슈."

한 때 이런 말이 유행한 적이 있었다. 사람들은 좋은 자리에 앉고 싶어한다. 이것이 인지상정(人之常情)이다. 그래서 오늘도 너나 없이 크고 작은 '자리다툼'을 한다.

'자리'란 말의 어원은 어디 있을까? 이 말의 의미는 사전적 의미와는 달리 크게 두 가지로 볼 수 있다. 그 하나는 '대자리, 돗자리'와 같은 구상명사(具象名詞)로서의 자리이고, 다른 하나는 '일자리, 좋은 자리'와 같은 추상명사로서의 자리다. '자리'는 언어 발달의 원칙으로 볼 때 구상명사에서 추상명사로 발달하였을 것이다. 이는 '돗 석(席)'자의 새김(釋)이 웅변으로 말해 준다.

오늘날 흔히 '자리 석(席)'자라 하는 '席'자의 본래의 새김은 『훈몽자회』의 '돗 셕(席)'에 보듯 '돗'이었다. '돗자리'의 '돗'이다. '돗'은 바로 왕골이나 부들 따위로 엮은 깔개로, 사람이 앉거나 눕는

'자리'를 의미한다. '자리'는 이 '돗'이 '席'의 의미를 제대로 나타내지 못하게 되자, 자리바꿈 한 것이다. '돗 석(席)'을 '자리 석(席)'이라고. 따라서 '돗자리'는 席의 의미를 이중으로 나타내고 있는 말이다. 오늘날의 '자리'는 이렇게 깔개(席)라는 뜻의 '돗'의 자리를 차지하고, 나아가 '그런 것을 펴 놓은 곳', 곧 추상적인 장소의 의미로까지 확대된 말이다.

본래의 '자리'는 재료와 모양에 따라 여러 가지로 나뉜다. '꽃자리, 꽃돗자리, 달자리, 대자리, 돗자리, 등메 자리, 부들자리, 삿자리, 왕골자리, 짚자리'가 그것이다. '달자리'는 달풀로 걸어 만든 자리다. 달풀은 볏과의 여러해살이풀로, 냇가의 모래땅에서 2미터 내외로 자라는 식물이다. '대자리'는 대오리를 걸어 만든 자리 죽석(竹席)이다. 연석(筵席)의 연(筵)도 이러한 대자리다. 요사이는 이 '대자리'가 중국에서 많이 들어와 대가 흔치 않은 우리 주변에서도 흔히 볼 수 있다.

'돗자리'는 앞에서 말한 바와 같은 어원을 지니는 말로, 오늘날은 왕골이나 골풀의 줄기를 잘게 쪼개서 친 자리, 석자(席子), 석천(席薦)을 의미한다. 이는 장판을 깔기 이전 방바닥에 흔히 깔던 것이나 요사이는 보기가 힘들어졌다. 그러기에 이 '돗자리'를 못 본 사람도 있을는지 모른다. 돗자리는 전라도 특산인 기계로 짠 인피석(靭皮席)과, 손으로 맨 강화석(江華席)이 일찍부터 알려졌다. 이에는 꽃의 모양을 수놓은 것이 있는데, 이를 '꽃돗자리', 또는 '꽃자리'라 한다. 한자말로 화문석(花紋席)이라 하는 것으로, 강화도에서 나는 화문석이 유명하다. 화문석처럼 무늬가 있는 것으로는 용문석(龍紋席), 호문석(虎紋席), 별문석(別紋席) 등도 있다. 이 가운데 용문석은 전라도 보성(寶城)에서 생산하여 궁중에 바쳤던 것이다.

'등메 자리'는 헝겊으로 가에 선을 두르고 자리 뒤에 부들자리를 대서 만든 돗자리다. '부들자리'는 포석(蒲席)으로, 부들 줄기나 잎으로 엮어서 만든다. '삿자리'는 갈대를 엮어서 만든 것이라, 방언으로는 '갈자리'라 하기도 한다. 한자어로는 노점(蘆簟)이라 한다. '왕골자리'는 왕골기직으로, 왕골을 굵게 쪼개서 엮어 만든 것이다. '기직'은 왕골껍질이나 부들 잎으로 짚을 싸서 엮은 자리다. 이는 '기직자리'라고도 한다. '짚자리'는 볏짚 따위로 엮어 만든 것으로, 한자어로는 초석(草席)이라 한다.

이 밖에 '거적자리'가 있는데, 이는 깔개로 쓰는 거적이다. '거적'은 짚으로 엮거나, 새끼와 짚으로 결어서 자리처럼 만든 것이다. 그리고 여기 덧붙일 것은 '자리틀'과 '이부자리'란 말이다. '자리틀'은 가마니 짜는 틀을 '가마니틀'이라 하듯, 자리를 짜는 틀을 말한다. '틀'이란 물론 기계를 뜻하는 우리 고유어다. '이부자리'는 '이블-자리'의 합성어로, '자리'는 침구로 요(褥)다. '자리를 펴라'의 자리가 그것이다.

다음엔 위치와 장소를 의미하는 '자리'를 몇 개 보기로 한다.

그것은 '개자리, 벼슬자리, 보금자리, 술자리, 자리갈이, 자리걷이, 자리끼, 자리낚시, 자리보전, 자리옷, 진자리'와 같은 것이다. '개자리'는 조금 생소한 말이다. 이는 건축 용어로, 구들 윗목 아래 불기를 빨아들이고, 연기를 머무르게 하려고 깊이 판 고랑이다. 개가 웅크리고 앉아 있을 자리처럼 생겼다 하여 붙여진 이름이겠다. '벼슬자리'는 관위(官位), 곧 벼슬의 직위다. 사람은 명예욕이 있어 항상 높은 벼슬자리에 오르고 싶어한다.

'보금자리'는 둥지를 의미하는 말이나, '신혼의 보금자리'처럼 포근하고 아늑한 곳의 비유로 쓰이기도 한다. '술자리'는 물론 주석(酒席)이다. '자리갈이'는 양잠(養蠶) 용어로, 누에의 똥을 치고 밑에 깔아 놓은 것을 새 것으로 바꾸어 놓는 일을 말한다. 이에 대해 '자리걷이'는 민속 관계 용어로, 장례를 지낼 때 관이 집 밖으로 나간 뒤에 관이 놓였던 자리에 음식을 차려 놓고 죽은 사람의 명복을 비는 일이다. 집에서 치르는 마지막 고별제(告別祭)인 셈이다.

'자리끼'와 '자리옷'의 '자리'는 '잠자리'의 준말이다. '자리낚시'는 한 곳에 자리를 잡고 앉아 하는 낚시질이다. 낚싯줄을 흘리는 견지낚시와 비교된다. '자리보전'은 자리를 빼앗기지 않으려 노력하는 자세가 아니라, 비유적 표현으로 병석에 눕는 것을 말한다. 이런 '자리보전(保全)'은 가능한 한 사양할 일이다. '진자리'는 '진자리 마른자리 갈아 뉘시며'의 '진자리'다. 이는 아이를 갓 낳은 그 자리, 또는 사람이 갓 죽은 그 자리까지 의미한다.

이 밖에 '땅자리, 생자리' 등은 흔적이 남은 자국과 관련된 말이다. '땅자리'는 호박이나 수박 따위 열매가 땅에 닿아서 빛이 변하고 험하게 된 부분을 뜻한다. 이에 대해 '생자리'는 오히려 손을 대거나 건드린 적이 없는 자리다.

나는 엽전 한 푼 범용한 일이 없다고 생자리를 떼면 무슨 증거가 있을 터인가? 〈이해조, 『昭陽亭』〉

여기 쓰인 '생자리'는 '생자리(를) 떼다'란 관용어로, '시치미를 떼다'를 뜻하는 경우다.

'자리'는 이 밖에 '사자자리, 작은곰자리'와 같이 '별자리'의 준말로 쓰이는가 하면, '임자자리(主格), 부름자리(呼格)'와 같이 문법용어로 격을 나타내기도 한다.

선거 철이 다가온다. 한 자리 해보겠다고 어중이떠중이가 천방지축 날뛴다. 우리 조상은 예부터 누울 '자리'를 보고 다리를 펴라 하였다. 분수를 알아야 한다.

새우잠 아닌 발편잠을……
잠

서양의 동화 가운데 「잠자는 숲 속의 미녀」가 있다. 공주의 생일 축하연에 초대받지 못한 마녀(魔女)의 저주로 궁전의 모든 사람이 100년 동안 깊은 잠의 수렁에 빠진 사건을 그린 이야기다.

'잠'은 죽음과 밀접한 관계를 갖는다. 그도 그럴 것이 '잠'은 눈이 감기고 의식활동이 중단된 무의식(無意識)의 상태를 의미하기 때문이다. 그래서 우리말의 '잠들다'는 '죽다'의 완곡한 의미로 쓰인다. 이기영(李箕永)의 『봄』에 보이는 "동이 틀 무렵에 애처럽게도 그의 짧은 인생이 영원히 잠들고 말았다."의 '잠들고'가 이러한 것이다. 여기서처럼 '영원히 잠들다'가 되면 한자어의 경우도 마찬가지다. '영면(永眠)'은 바로 죽음을 의미한다. 영어의 경우도 같은 발상이다. 'sleep'은 '죽어 묻혀 있다, 영면하다'를 의미하기도 한다.

'잠'은 이렇게 죽음과 직결된다. 그러나 그것이 전부는 아니다.

평화, 또는 사랑의 고뇌와도 밀접한 관련을 갖는다. 평화는 흔히 어린이의 자는 모습에서 발견된다. 사랑의 고뇌는 문학 작품에서 '잠 못 이루는 밤', '잠 따간 님'으로 그려진다. 고려 속요 「이상곡(履霜曲)」에도 이런 내용이 전한다.

비오다가 개어, 아 눈이 많이 내린 날에/ 무성한 숲, 좁고 굽이 도는 길에/ 잠 따간 내 님을 생각하여/ 저런 지옥과 같은 험한 길 에 자러 오겠습니까.

그리고 '잠'은 남녀의 성적 관계를 나타내기도 한다. 「이상곡」의 '자러'에도 이런 냄새가 짙게 풍긴다. '잠자리'도 남녀의 성적 관계를 완곡하게 이르는 말이다. 그래서 '잠자리하다, 잠자리를 같이하다'도 이런 뜻을 나타낸다.

우리말에는 '잠'을 나타내는 말이 참으로 많다. 잠자는 때, 잠든 정도, 잠자는 모양 등에 따라 여러 가지로 일러진다.

잠자는 때에 따른 잠으로는 '새벽잠, 아침잠, 늦잠, 낮잠, 초저녁잠, 저녁잠, 밤잠'과 같은 것이 있다. 이로 보면 우리 조상들은 시각에 구애하지 아니하고 잠을 즐겼다 하겠다.

잠든 정도에 따른 잠의 이름은 더욱 다양하다. 대강 살펴보아도 '겉잠, 귀잠, 단잠, 선잠, 속잠, 수잠, 여윈잠, 토끼잠, 풋잠, 한잠1, 한잠2, 헛잠'과 같이 열 가지가 넘는다. 이 가운데 '겉잠, 선잠, 수잠, 풋잠, 토끼잠'은 깊이 들지 않은 잠을 뜻한다. 특히 '겉잠, 수잠'은 가매(假寐)를, '선잠'은 깊이 들지 못하거나, 흡족하게 이루지 못한 잠을 가리킨다. 그래서 선잠을 깬 아이는 잠투정을 한다. '풋잠'은 잠든 지 얼마 안 되어 깊이 들지 못한 잠을 이르고, '토끼잠'은 놀란 토끼라 하듯, 깊이 들지 못하고 자주 깨는 잠을 말한다.

'한잠1'은 잠시 자는 잠을 이른다. 고민이 있어 '밤새 한잠도 못 잤다'고 할 때의 '한잠'이 그것이다. '헛잠'은 자는 둥 마는 둥 한 잠을 가리킨다. 이는 또 거짓으로 자는 체하는 잠을 뜻하기도 한다. 잠은 푹 자야 한다. 그래야 피곤이 풀리고, 그것이 살로 간다. 그런데 우리 조상들은 무슨 근심 걱정이 그리 많았던지 이렇게 많은 선잠을 잤다.

이와는 달리 '귀잠, 단잠, 속잠, 한잠2'는 깊이 든 잠을 가리킨다. 숙면(熟眠)과 관련된 말이다. '귀잠, 속잠'은 아주 깊이 든 잠이고, '단잠'은 다 잘 알 듯, 아주 달게 곤히 자는 잠, 감면(甘眠)을 의미한다. '한잠2'도 '한잠 늘어지게 잤다'와 같이 깊이 든 잠을 말한다.

잠자는 모양에 따른 잠도 다양하다. '개잠, 나비잠, 돌꼇잠, 등걸잠, 말뚝잠, 새우잠, 시위잠, 앉은잠, 쪽잠' 따위가 이런 것이다. '개잠'은 개처럼 머리와 팔다리를 오그리고 옆으로 누워 자는 잠이다. 이는 개가 깊이 잠들지 않듯이, 깊이 자지 못하고 설치는 잠을 비유적으로 이르기도 한다. '나비잠'은 갓난아이가 두 팔을 머리 위로 벌리고 자는 모습이 나비 같다하여 붙여진 이름이다. 나비처럼 두 팔을 벌리고 자는 어린이의 모습은 더 할 수 없이 귀엽고 평화롭다. '등걸잠'이란 옷을 입은 채 아무 것도 덮지 아니하고 아무 데나 쓰러져 자는 잠이다. 이는 '말뚝잠'과 대조된다. '말뚝잠'은 꼿꼿이 앉은 채 자는 잠을 의미하기 때문이다. '말뚝잠'처럼 앉은 채 자는 잠은 일반적으로 '앉은잠'이라 한다.

'새우잠'은 비교적 잘 알려진 말로, 새우처럼 등을 구부리고 자는 잠을 말한다. 방이 춥거나 좁을 때 이런 잠을 자게 마련이다. '시위잠'은 활시위 모양으로 웅크리고 자는 잠이다. '쪽잠'은 틈을 타서 불편하게 자는 잠을 말한다. 이는 틈에 초점을 맞추게 되면 잠자는 때와 관련되는 말이 된다. '돌껫잠'은 잠의 정태(情態)가 아니라, 동태(動態)를 나타내는 말이다. 이는 한 자리에 누워 얌전히 자는 것이 아니고, 이리저리 굴러다니면서 자는 잠이다. 흔히 이런 사람은 잠버릇이 험하다고 하는 핀잔을 듣게 된다.

이 밖에도 잠을 나타내는 말이 많다. '개잠(改-), 그루잠, 도둑잠, 두벌잠, 발칫잠, 발편잠, 첫잠, 한뎃잠' 따위가 그것이다. '개잠'은 '그루잠', '두벌잠'과 함께 깨었다가 다시 드는 잠을 가리킨다. '개잠'의 '개'는 개 견(犬)의 '개'가 아니라, 고칠 개(改)자의 '개'다. 대체로 이런 때 '늦잠'을 자 허겁지겁하게 된다. '도둑잠'은 '도적잠'이라고도 하는 것으로, 자야 할 시간이 아닌 때에 남의 눈에

띄지 않게 몰래 자는 잠을 말한다. 수업시간에 선생 몰래 숨어 자는 것이 이런 잠이다.

'발칫잠'은 남의 발치에서 불편하게 자는 잠이다. 누울 자리보고 다리를 뻗으라고 했지만, 잠자리가 없을 때는 '발칫잠'도 고마울 노릇이다. '발편잠'은 근심이나 걱정이 없어져 그야말로 마음 놓고 편안하게 자는 잠이다. 나라나, 가정이나 개인이나 다 근심 걱정이 없어 발을 펴고 자는, '발편잠'을 잘 수 있다면 얼마나 좋을까? 태평성대(太平聖代)라면 그럴 수 있을까? '첫잠'은 막 곤하게 든 잠을, '한뎃잠'은 노숙(露宿), 한둔을 의미한다.

우리말에는 다른 나라 말에 비해 실로 '잠'에 관한 말이 풍부한 것 같다. 영어, 일어, 중국어, 어느 나라 말도 따라오지 못한다. 잠의 천국이다. 이는 그만큼 우리 민족이 '잠'을 즐긴 증거라 할 것이다.

장사 웃덮기
장사

　지난날의 봉건사회에서는 사농공상(士農工商)이라고 하여 신분 차
별이 심했다. 상인은 가장 낮은 신분이었다. 그러나 오늘날은 상
황이 바뀌어 기업인이 동경의 대상이 되고 있다. 우리나라가 경
제 대국이 된 것도 바로 이들 기업인으로 대표되는 상공인(商工人)
덕분이다.

　상업에 종사하는 사람을 흔히 고유어로는 '장사치', 또는 '장사
꾼'이라 한다. 이들은 다 장사하는 사람을 낮잡아 이르는 말로,
전통사회에서 이들을 홀대하던 유풍(遺風)을 보여주는 언어화석(言語
化石)이다. 한자어 '상고배(商賈輩), 상로배(商路輩)'도 마찬가지다.

　상행위를 옛말로는 '댱ᄉ'라 하였다. 이는 '장사'에 연유하는
것으로 보인다. '댱(場)'은 '장에 간다, 장이 서다'와 같이 시장이
며, 'ᄉ(事)'는 일로, 장사란 시장에서 행해지는 매매행위인 것이다.
'장사'는 중국어로는 '셩이(生意)' 또는 '지엔샹(經商)'이라 하고, 일

본어로는 '아키나이(商い), 쇼바이(商賣)', 영어로는 'business, trade, commerce'라고 하여 우리말과 차이를 보인다.

'장사'는 상행위만이 아닌, 상인의 의미도 아울러 지녔었다. 오늘날 방언에서 '장사'가 '장수'의 의미로도 쓰이는 것은 이 때문이다. 상행위를 하는 사람은 '장사아지' 또는 '흥정바지'라고 하였다. '흥정바지'는 뒤에 '흥정바치'를 거쳐 '흥정와치>흥정아치'로 변하였다. '흥정'은 본래 물건을 사고파는 일, 매매를 의미하던 말이다. 물건을 사고팔기 위해 가격 등을 의논한다는 뜻은 뒤에 의미가 확장된 것이다. '바지'는 본래 장인(匠人), 장색(匠色)을 뜻하는 말이나, 접사로 쓰일 때 이는 흔히 어떤 일에 종사하는 사람을 뜻한다. 접사 '바지'는 '바치>와치>아치/치'로 변해 오늘에 이르고 있다. '치'는 '아치'의 준말이다. 이들의 예를 한두 개씩 들어보면 다음과 같다.

- 바지 : 흥정바지(商人)
- 바치 : 갖바치(皮革工), 노룻바치(才人)
- 와치 : 활와치(弓匠)
- 아치 : 벼슬아치(官員), 동냥아치(乞人), 장사아치(商人)
- 치 : 장사치(商人), 동냥치

따라서 '흥정바지'는 '장사아치/장사치'와 조어면에서 의미와 형태가 같은 말이다. 낮춤말 '장사치'에 대해 중립적인 '장수'는 후대에 '장수'에서 분화한 말이다. '도붓장수, 물장수, 방물장수, 엿장수'가 그 예다.

'장사', 곧 상행위는 여러 가지 업종이 있다. 이를 나타내는 대표적인 말이 '육주비전(六注比廛)' 또는 '육의전(六矣廛)'이라 하는 것이다. 뒤에 이는 '팔주비전'으로 바뀌었다. 선전(縇廛), 면포권, 면주전(綿紬廛), 지전(紙廛), 저포전(苧布廛) 등이 그것이다. 그러나 우리의 고유어는 이를 나타내는 말이 많지 않다. '밥장사, 방물장사, 술장사, 쌀장사, 물장사' 따위가 고작이다.

이 가운데 '방물장사'는 오늘날 거의 들을 수 없는 말로, 방물을 파는 것을 업으로 한다. '방물'이란 여자들이 쓰는 화장품, 바느질 기구, 패물 따위를 말한다. '물장사'는 "물장수 삼년에 궁둥이 짓만 남았다"는 속담에서 알 수 있듯, 물만이 아니고 술과 차를 파는 것도 속되게 이르는 말이다. 이는 일본어 '미즈쇼바이(水商賣)'가 유입된 것이라 하겠다.

'장사'란 말과 합성된 것으로 우리말에 가장 많은 것은 우리의 전통적 상행위를 보여 주는 말이다. '간거리장사, 도붓장사, 동무장사, 되넘기장사, 듣보기장사, 뜨내기장사, 뱃장사, 앉은장사, 어리장사, 얼렁장사, 외목장사'가 그것이다. '간거리장사'란 정해진 때를 한 차례씩 걸러서 하는 장사다. '간(間)거리'란 차례에서 일정한 사이를 거름을 의미하는 말이다.

이에 대해 '뜨내기장사'는 차례를 거르는 정도가 아니라, 어쩌다 한번 장사하는 것을 말한다. '도붓장사'는 '앉은장사'의 대가 되는 말로, 행상(行商)을 말한다. '도부(到付)'란 한자어로, 이리 저리 떠돌아다니며 물건을 파는 것을 의미한다. '방물장사'와 같이 행상이다. 이에 대해 '앉은장사'는 일정한 장소에 가게를 내고 하는 장사다. 한자어로는 좌고(坐賈), 또는 좌상(坐商)이라 한다.

'뱃장사'도 떠돈다는 면에서 '도붓장사'와 마찬가지로 행상이다. 이는 물건을 배에 싣고 다니며 파는 선상(船商)이다. 지난날에는 어엿한 가게를 가진 '앉은장사'보다는 장돌뱅이, 등짐장수와 같이 행상이 많았다. '동무장사'는 두 사람 이상이 동무가 되어 동업하는 장사다. '얼렁장사'도 이와 비슷한 장사다. 이는 여러 사람이 밑천을 어울러서 하는 장사로, 말하자면 합자(合資)해서 하는 장사다. '동무장사'가 사람에 초점이 놓였다면, '얼렁장사'는 합자에 초점이 맞추어진 말이라 할 것이다.

'되넘기장사'는 물건 따위를 사서 되넘기는 장사다. '되넘기기 장사'가 아닌 '되넘기장사'라 했다. 물건을 사서 즉시 넘겨 파는 일을 '되넘기'라 했기 때문이다. '되넘기장사'는 요샛말로 전매상 (轉賣商)에 해당한다. '들보기장사'란 한 군데에 터를 잡고 장사하는 것이 아니라, 시세를 들고 보아가며 요행으로 돈 벌기를 꾀하는 장사다. '떴다방'과 같은 투기상(投機商)이다. 그러기에 우리 속담에 "들보기장사 애 말라 죽는다"는 것이 있는데, 이는 요행수를 바라느라고 몹시 애를 쓰는 경우에 비유된다.

'어리장사'는 닭이나 오리 등을 어리에 넣어서 지고 다니며 파는 장사다. '외목장사'는 자기 혼자만 독차지하여 파는 장사, 곧 독점 판매하는 장사다. 이 밖에 '오그랑장사'란 말이 있는데, 이는 이익을 내지 못하고 밑천을 까먹어 들어가는 장사를 말한다. 장사 밑천이 오그라드는 장사란 말이다. 이는 줄여 '옥장사'라 하기도 한다.

  '장사'가 어두에 오는 대표적인 복합어에는 '장사치, 장사판, 장삿길, 장삿목, 장삿속' 같은 말이 있다. '장삿길'은 장사하러 나선 길로, 백제(百濟)의 「정읍사(井邑詞)」는 남편의 장삿길을 염려하고 있는 대표적인 노래다. 장사는 이익을 추구하는 상행위다. 따라서 장수는 좋은 '장삿목'을 찾게 마련이고, 이익을 추구하는 '장삿속'이 발동되게 마련이다. 그래서 예나 이제나 '웃덮기'를 했던 모양이다. '장사 웃덮기'란 장삿속으로 겉모양만 보기 좋게 꾸미는 것을 말한다. 위에 크고 좋은 사과를 벌여 놓고, 속에는 시원찮은 것으로 채워 넣은 사과 상자는 '장사 웃덮기'의 대표적 예라 할 것이다. 돈을 버는 것도 중요하나, 상도의(商道義)를 저버려서는 안 될 일이다.

장인들은 기예를 비밀로 하였다
장이1

역사적, 학술적, 그리고 예술적으로 가치가 크고 향토색이 두드러진 무형의 문화재가 있다. 이를 우리는 중요무형문화재라 한다. 이러한 것에는 구체적으로 연극, 무용, 음악, 공예, 기술 따위의 여러 분야가 있다. 이 가운데 특히 공예·기술에는 도자기, 금속, 화각(華角), 나전칠기(螺鈿漆器), 장신(裝身), 목공, 직물, 건축, 자수, 복식 공예(復飾工藝) 등이 있다. 그리고 이 분야에 종사하는 전문 기술자를 장색(匠色), 장인(匠人), 공장(工匠), 공인(工人)이라 한다. 이들은 또 '갓장이, 옹기장(甕器匠)이, 유기장이, 조궁장(造弓匠)이'와 같이 어떤 물건 이름이나 직종에 '장이'란 말을 붙여 이르기도 한다.

'장이'는 접미사로, 물건이나 직종에 붙여 그것을 만들거나, 그 직종에 종사하는 기술자임을 나타내는 말이다. 이들은 손재주가 있어 물품 만드는 일을 업으로 삼거나, 공사장에서 일하는 것을 업으로 삼거나 한다.

장인들의 특별한 기예(技藝)는 전통적으로 비밀을 지켜 남에게 전수하려 하지 않는다. 그래서 이런 재주는 자신들 사이에서만 전수되고 타 지역에는 잘 전해지지 않는다. 심한 경우에는 이러한 기예가 없어지고 만다. 유몽인(柳夢寅)의 『어우야담(於于野談)』에도 이런 기록이 보인다.

우리나라 서울의 사면(絲麵), 송도의 메밀국수(蕎麵), 전주의 백산자(白散子), 안동의 다식(茶食), 성주의 백자병(柏子餠), 인동(仁同)의 기름먹인 가죽 말다래(油皮障泥), 의주의 누철(鐵) 등자(鐙子) 등은 모두 그 신묘한 기예를 자신들 사이에서만 사사로이 전수하고 다른 읍에 전하지 않았다.

그런데 유독 맛이 최고인 충청도 여산(礪山)의 토속주 호산춘(壺山春)은 머나먼 평안도 삭주(朔州)에까지 전해지고 있는데 이는 삭주 군수의 첩, 여산 기생이 그 비법을 삭주에 전수했기 때문이라 하였다. '공장(工匠)이'의 위력을 실감하게 하는 대목이다.

'장이'는 크게 사물을 제조하는 제조자를 의미하는 말과, 사물의 제작, 또는 제조 과정을 나타내는 두 가지 의미로 쓰인다. 사물을 제조하는 사람을 나타내는 말에는 다음과 같은 것이 있다.

가구(家具)장이, 간판장이, 갓장이, 고리장이, 관곽(棺槨)장이, 망건(網巾)장이, 모의(毛衣)장이, 삿갓장이, 솔장이, 옹기(甕器)장이,

유기(鍮器)장이, 인석(茵席)장이, 장(欌)장이, 조궁(造弓)장이, 토기
(土器)장이, 통(桶)메장이

'가구장이'는 가구를 만드는 일을 업으로 하는 사람이다. '간판
장이'는 현대적 용어로, 이는 간판을 그리고, 만들어 파는 것을
업으로 하는 사람이다. '갓장이'나 '망건장이'는 각각 갓과 망건을
만드는 사람이다. '고리장이'는 고리버들로 키나 고리짝 만드는
것을 업으로 하는 사람으로, 유기장(柳器匠)이라고도 한다. 고리장
이는 천민의 신분이었다.

'관곽장이'는 시신을 넣는 관(棺)과 곽(槨), 곧 속 널과 덧널을 만드
는 사람이다. 이는 관곽색(棺槨色)이라고도 하였다. 『어우야담(於于野談)』
에는 '관곽장이'와 관련될 익살스럽고 재미있는 이야기가 전한다.

양응정(梁應鼎)이란 사람이 수령이 되어 관아를 수리하였다. 수
령은 손님과 술을 마시며, 상위의 해송자(海松子)를 사동에게 심
으라고 주며, 이렇게 말했다.

"후일 이게 자라면 내 관 재목으로 써야겠소"

그러자 손이 말하였다.

"나는 그 해송자가 자라 열매를 맺으면 그것을 심어, 그 나무
가 크게 자라길 기다려 내 관의 재목으로 쓰겠소"

그러자, 지붕 위에 있던 목수가 내려와 엎드려 절하고 이렇게
말했다.

"두 합하(閤下)께서 돌아가신 뒤, 소인은 두 합하를 위해 관을 짜 드리겠습니다."

　이 말을 들은 두 사람은 박장대소를 하였고, 수령은 말을 잘하였다고 목수에게 상을 주었다.

　이 소화(笑話)에서 목수는 장차 '관곽장이'가 되는 것이다. '모의장이'는 모물전(毛物廛)에서 갖옷붙이를 만드는 장인이고, 삿갓장이, 솔장이는 우장(雨裝) 삿갓(笠)과 풀칠하는 솔(刷)을 만드는 사람이다. '옹기장이'는 옹기를, '인석장이'는 왕골이나 부들로 된 돗자리인 인석(茵席) 만드는 일을 업으로 하는 사람이다. '유기장이'는 물론 유기를 만드는 사람이다. 유기(鍮器)는 '안성(安城)맞춤유기'가 전국적으로 유명하였고, '방자' 유기를 쳤다. 오죽하면 마음에 딱 드는 것을 '안성맞춤'이라고까지 하겠는가? '장장이'는 장롱 같은 것을 만들고, '토기장이'는 토기를 빚는 장인이다. '통메장이'는 통 메우는 일을 하는 장색(匠色)이다. 이는 줄여 '통장이'라고 한다. '조궁장이'는 활을 만드는 장색으로, 줄여 '궁장이'라고도 한다. 한자어로 '궁인(弓人)이라고도 하였다.

　'장이'는 장인(匠人)으로, 오늘날의 말로 하면 기능공이다. 자원이 부족한 우리는 무엇보다 기술을 개발하고 '장인', 기능공을 길러야 한다.

옛날보다 못한 칠장이

장이2

　'장이'는 어떤 사물을 만드는 장인(匠人)과 특정한 기예(技藝), 곧 기술과 재주를 지닌 기능공을 의미한다. 따라서 앞에서 생산자(生産者)로서의 '장이'에 대해는 살펴보았으니, 이번에는 기술과 재주 등과 관련된 '장이'를 보기로 한다.

　『흥부전』에서는 흥부 내외가 제비가 물어다 준 '보은(報恩)박'을 타고, 이른바 '대박'이 터진다. 이에 대해 놀부는 사람을 시켜 '보수(報讎)박'을 타고 패가망신을 한다. 사실 '박을 타다'라는 관용어는 '기대하던 일이 틀어져 낭패를 보다'를 뜻하는 말이다. 따라서 놀부 박의 결과는 당연한 것이라 하겠다. 아니, 이 관용어의 어원은 어쩌면 놀부 박에서 나왔을 가능성이 크다 하겠다. 이와 달리 '통일대박'이란 말까지 쓰이는 '대박 터지다'라는 말은 근자에 새로 생긴, 어원 불명의 말이다. 아마도 이 말은 운동회 때 장대에 매단 큰 박 모양의 초롱에 공을 던져 먼저 터뜨리는 편이 이기는 경기에서 유래했을 것으로 추정된다. '대박'을 터뜨리면 그 안에서 많은 보물, 곧 작은 모래 주머니가 쏟아지게 되어 있다.

놀부는 박이 쇠처럼 단단하기 때문에 힘깨나 쓴다는 언청이와 곱사등이에게 후한 품삯을 주기로 계약하고 박을 탔다. 지난날에는 톱질에도 장인(匠人)이 있었다. '톱장이, 큰톱장이'가 그들이다. '톱장이'는 톱질을 업으로 하는 사람으로, 오림장이와 큰톱장이가 있다. '오림장이'는 오리목 등을 켜는 일을 전문으로 하는 사람이다. '오리목'은 가늘고 길게 켠 건축용 목재다. 따라서 요새처럼 기계톱이 없는 시대이고 보니 일정한 기술을 필요로 했다. '큰톱장이'는 큰톱으로 큰 재목을 써는 일을 업으로 하는 사람이다. '큰톱'이란 두 사람이 양쪽에서 서로 마주 잡고 켜는 내릴톱이다. 놀부가 박을 탈 때도 이런 큰톱으로 탔다. 그래서 곱사등이가 '슬근슬근 톱질이야'하고 먹이고, 언청이가 이를 받았다.

이렇게 기능공과 관련되는 접사(接辭) '장이'가 붙은 말은 상당히 많다. 그 예를 들어보면 다음과 같다.

각수(刻手)장이, 갈이장이, 강도끼장이, 개초(蓋草)장이, 기와장이, 담장이, 대장장이, 도림장이, 도배(塗褙)장이, 도채(塗彩)장이, 돌도끼장이, 돌장이, 땜장이, 또드락장이, 마전장이, 마조(磨造)장이, 말장이, 무두장이, 미장이, 박배장이, 사토(莎土)장이, 소목(小木)장이, 앙토(仰土)장이, 염(殮)장이, 오림장이, 용정(舂精)장이, 은

(銀)장이, 조각장이, 칠장이, 큰톱장이, 토담장이, 톱장이, 통(桶)메
장이

'각수장이, 조각장이'는 조각을 업으로 하는 사람이다. '갈이장
이, 마조장이'는 성형이 된 물건을 연마하는 사람이다. '갈이장이'
는 목제품(木製品)의 가는 일을, '마조장이'는 도자기를 이리저리
매만져 맵시를 고치는 장인이다. '강도끼장이, 돌도끼장이'는 도
끼를 다루는 사람으로, '강(江)도끼장이'는 강대에서 뗏목이나 장
작을 패는 사람이고, '돌도끼장이'는 작은 도끼로 돌을 다루는 사
람이다. '개초장이, 기와장이, 담장이, 미장이, 박배장이, 앙토(仰土)
장이,'는 가옥(家屋)과 관련된 일을 하는 장인이다. '개초장이'는 집
을 짚으로, '기와장이'는 기와로 이는 일을 하는 사람이다. '미장
이'는 니장(泥匠)으로 흙일을 하는 사람이며, '앙토장이'는 미장이
의 하나로, 치받이를 바르는 사람이다. '도배장이'는 도배를 전문
으로 하는 사람이며, '박배장이'는 문짝에 돌쩌귀, 고리 등을 박
아 문얼굴에 맞추는 박배 일을 하는 기술자다. 이에 대해 '담장
이'는 '토담장이'의 준말로, 담을 치는 사람이다. '돌담 배부른 것'
을 바람직한 것이라 보지 않듯, 담을 치는 것도 기술이다. '대장
장이'는 다 알듯, 시우쇠를 달구어 온갖 기구와 연장을 만드는
야장(冶匠)이다.

'도림장이'는 실톱으로 널빤지를 도려 여러 가지 모양을 만드

는 일을 전문으로 하는 사람이고, '도채장이'와 '칠장이'는 채색을 올리는 장인이다. 지난날 이들은 우리 문화재(文化財)를 잘도 단청 (丹靑)하여 화려함을 드러냈다. 그런데 이번에 재건된 숭례문(崇禮門) 은 말도 많다. 현대문명이 발달했음에도 도채장이·칠장이는 옛 날보다 못 한 모양이다. '돌장이'는 석공(石工), '땜장이'는 깨진 솥 이나 그릇 따위의 땜질을 하는 사람이다. 전에는 '땜장이'가 동네 를 돌아다니며 이런 땜질을 하여 이들을 곧잘 볼 수 있었다. '또 드락장이'는 금박(金箔) 세공업자를 비하하는 말이다. '마전장이'는 피륙의 마전을, '무두장이'는 털과 기름을 뽑아 가죽을 부드럽게 다루는 일을 하던 장인이다. '마장이'는 조금 색다른 사람으로, 삯을 받고 말질을 하여 주던 '말감고, 말잡이'를 말한다. 한자어 로는 공두인(公斗人)이라 하였다. '염장이'는 공장(工匠)은 아니다. 시 체를 염습(殮襲)하는 일을 업으로 하는 사람이다. 공장 아닌 기술자 라는 의미에서 '쟁이' 아닌, '장이'를 표준으로 삼았다 할 것이다.

'사토(莎土)장이'는 구덩이를 파고 무덤 만드는 일을 업으로 하 던 사람이며, '소목장이'는 나무로 가구나 문방구 등을 짜는 일하 는 사람으로, 대목(大木)에 대해 소목(小木), 또는 소목장이라 하던 장인이다. '용정장이'는 곡식을 찧어서 쌀을 만드는 도정공(搗精工) 이다. '은장이'는 은만이 아닌, 금(金)·은(銀)·동(銅)으로 그릇 따위 를 만들던 장색이다.

끝으로 여기 덧붙일 말이 있다. 그것은 1998년 표준어를 개정

하면서 접사 '-장이'는 기술자에게는 '장이', 그 외에는 '-쟁이'가 붙는 말을 표준어로 삼았다는 것이다.(표준어규정 제9항) '장인(匠人)'의 뜻이 살아 있는 말은 '-장이'로 하고, 그 외에는 '-쟁이'로 하기로 했다는 말이다. 그래서 '갓장이'와 '갓쟁이', '양복장이'와 '양복쟁이'는 구별된다. 장인과 비장인(非匠人)을 구별한 것이다.

은진미륵(恩津彌勒)은 풍각쟁이
쟁이 1

은진미륵은/ 풍각쟁이/
솔바람 마시고/ 댓잎피리 불드래

진달래철에는/ 진달래 먹고/
동산에 달뜨면/ 거문고 뜯드래

　박용래 시인의 「먼 바다」란 시다. 석불(石佛) 은진미륵이 먼 바다를 향해 댓잎피리를 불고 거문고를 탄다.

　'풍각(風角)쟁이'란 장거리나 집집으로 다니며 해금(奚琴)을 켜거나, 노래를 부르면서 돈을 구걸하던 사람이다. '풍각쟁이'에 쓰인 '-쟁이'는 일부 명사 뒤에 쓰이는 접사로, 대체로 앞의 명사가 드러내는 속성을 가진 사람이란 뜻을 나타낸다. 곧 사람의 성질, 습관, 또는 행동이나 외모 등과, 일부 직종을 나타내는 말에 붙어

215

그러한 사람을 가리킨다. 따라서 '쟁이'가 붙은 말은 일정한 업종(業種)에 종사하는 사람, 또는 특정한 성질이나 습관을 가진 사람, 특정한 행동을 하거나, 외모를 지닌 사람을 나타낸다.

직업이나 업종과 관련이 있는 '쟁이'로는 '노구쟁이, 노래쟁이, 닦이쟁이, 뚜쟁이, 밭쟁이, 산쟁이, 소리쟁이, 싸개장이, 염장이, 월급쟁이, 일공쟁이, 점쟁이, 중매쟁이, 체쟁이, 침쟁이(鍼醫), 파자쟁이, 해자쟁이, 화주역쟁이, 화초(花草)쟁이, 환쟁이' 같은 것이 있다. '노구(老嫗)쟁이'는 뚜쟁이 노릇을 하는 노파다. '노래쟁이'나 '소리쟁이'는 노래를 업으로 하는 '가수(歌手)'를 하대하는 말이다. 오늘날 가수는 스타라 하거니와, 이는 지난날 예인(藝人)을 천시하던 시대상을 엿보게 하는 말이다. '닦이쟁이'는 닦는 일을 업으로 하는 사람이다. '뚜쟁이'는 요샛말로 성(性) 매매업을 하는 사람으로, '마담 뚜'라 하기도 한다. '뚜'는 '뚜쟁이'의 준말이다. 한자말로는 여쾌(女儈)라 한다. '밭쟁이'는 조어(造語) 구조가 좀 색다른 말이다. 이는 채소농사를 전업으로 하는 사람으로, 채소농사가 밭농사라 하여 '채소쟁이', 아닌 '밭쟁이'라 이름한 것이다.

'산(山)쟁이'는 '밭쟁이'와 조어 구조를 같이 한다. 이는 산속에서 사냥이나 약초 캐는 일을 업으로 하는 사람이다. 산척(山尺)이라고도 한다. '싸개쟁이'는 물건을 포장하는 일을 하는 사람이다. '일공(日工)쟁이'는 날품팔이고, '점쟁이'는 점치는 일을 업으로 하는 사람이다. '중매쟁이'는 중매를 업으로 하는 사람이다. 요사이는 지난날과 달리 여인천하라 하여도 좋은 세상인데, 결혼 상대자는 오히려 만나기가 힘든지 중매업이 기업화까지 되고 있다.

'체쟁이'는 체를 만드는 사람이 아닌, 체(滯) 내리는 일을 업으로 하는 사람이다. '파자쟁이'와 '해자쟁이'는 한자를 해자(解字)하거나 파자(破字)하여 점치는 일을 업으로 한다. 파자점의 한 예를 보면 이런 것이 있다. 지난날 임금이 미복(微服)으로 땅 위에 한 일(一)자를 그었다. 그러자 파자쟁이 왈, '토상(土上)에 가일(加一)하니 왕위지격(王位之格)'이라, 임금님께서 어인 일이십니까 한다. 이에 거지에게 옷을 말끔히 갈아입혀 점을 치게 하였다. '노상에 예장(曳杖)하니 걸인지상(乞人之相)이라.' 한다. 신통히도 마쳤다.

'화주역(畫周易)쟁이'는 주역으로 사주를 푸는 사람이고, '화초쟁이'는 화초 가꾸는 일을 업으로 하는 사람이다. '환쟁이'는 다 아는 바와 같이 화가(畫家)를 천시해 이르던 말이다.

특정한 성상(性狀)을 나타내는 '쟁이'에는 우선 성질과 관련된 것으로 '겁쟁이, 고집쟁이, 꼼꼼쟁이, 꼽꼽쟁이, 야발쟁이, 야살쟁이, 요변쟁이, 욕심쟁이, 용심쟁이, 트집쟁이' 같은 말이 있다.

'겁쟁이'나 '고집쟁이', '꼼꼼쟁이'는 다 아는 말이다. '꼽꼽쟁이'는 성질이 꽤 잘고 촉촉한 사람이다. '야발쟁이'는 성질이 야살스럽고 되바라진 사람이고, '야살쟁이'는 얄망궂고 잔재미가 있는 사람이다. '야살쟁이'는 줄여 '야살이'라고도 한다. '요변(妖變)쟁이'는 요사스럽고 변덕이 많은 사람이다. 이런 사람은 여자에 많다. '욕심쟁이'는 놀부처럼 욕심이 많은 사람이고, '용심쟁이'는 남을 시기하는 마음, 용심이 많은 용심꾸러기다. '용심'의 용례는 박경리의 『토지』에 "용심? 하모. 용심이 난다. 우찌 용심이 안 나꼬? 떡판 같은 아들." 같은 것이 있다. '트집쟁이'는 남의 조그마한 흠집을 들추어 불평하는 사람이다. 사회생활 하는 데 이런 사람이 끼면 분란이 일어난다.

성질까지는 가지 않고, 상태를 나타내는 말에는 '구식쟁이, 만만쟁이, 무식쟁이, 어림쟁이' 같은 말이 있다. '구식쟁이'는 구식 (舊式)을 지나치게 지키려는 사람, 또는 구식을 따르는 사람이다. 세상이 자꾸만 바뀌는데, 지나치게 고루한 사람은 곤란하다. '만만쟁이'는 세력이 없거나 못나서 남에게 만만하게 보이는 사람이다. 흔히 '왕따'를 당하는 사람에 이런 사람이 많다. '무식쟁이'는 물론 무식한 사람이고, '어림쟁이'는 일정한 의견이 없는 어리석은 사람이다. 『춘향전』에 나오는 목(睦) 낭청(郎廳) 같은 사람도 이런 사람이다.

멋쟁이 높은 빌딩 으스대지만

쟁이2

우리말에는 '쟁이'라는 말이 붙는 복합어가 적어도 80개 이상이나 된다. 이 가운데 직업이나 업종, 그리고 성상과 관계되는 것은 앞에서 살펴보았다. 이번에는 습관과 행동, 그리고 외모(外貌), 비칭(卑稱)과 관련되는 것을 보기로 한다.

습관(習慣)과 관련되는 말을 보면 품위 있는 말은 거의 보이지 않는다. '거짓말쟁이, 걸신쟁이, 게걸쟁이, 고자쟁이, 떼쟁이, 멋쟁이, 몽니쟁이, 변덕쟁이, 실없쟁이, 심술쟁이, 열없쟁이, 욕쟁이, 잔말쟁이, 주정쟁이, 콜록쟁이, 하리쟁이'가 이들 예다. 이 가운데 긍정적 의미를 지니는 것은 '멋쟁이' 하나라 할 수 있다. 이는 멋 있거나 멋을 잘 부리는 사람을 가리키는 말이기 때문이다. 이는 "멋쟁이 높은 빌딩 으스대지만, 나는 좋아, 나는 좋아, 님과 함께면, 님과 함께 산다면"이란 노래 가사에도 쓰이고 있다.

'거짓말쟁이'는 물론 거짓말을 잘하는 사람이다. '걸신쟁이'는 걸신(乞神)들린 사람을 가리킨다. '걸신(乞神)'이 들렸으니 탐식증(貪食症)이 오죽하겠는가? '걸신쟁이'보다 어감을 조금 약하게 표현할 때는 '갈신쟁이'라 한다. '게걸쟁이'는 불평을 품고 게걸거리기를 잘하는 사람이다. '고자쟁이'는 남의 허물이나 비밀을 잘 고자(告者)질 하는 사람으로, 우리 속담에는 "고자쟁이가 먼저 죽는다"고 고자질을 바람직한 것으로 보지 않았다. '몽니쟁이'는 음흉하고 심술궂게 욕심을 잘 부리는 사람이다.

'변덕쟁이'는 변덕이 죽 끓듯 하는 사람이다. '실없쟁이'는 실없는 말을 잘 하는 사람을 농조로 이르는 말이다. '심술쟁이'는 심술이 많은 사람이다. 이의 대표자는 『흥부전』의 흥부라 할 것이다. 『흥부전』에는 그의 심술보를 이렇게 묘사하고 있다.

　　술 먹고, 욕 잘 하고, 에테하고, 싸움 잘하고, 초상 난 데 춤추기, 불붙는 데 부채질하기, 해산한 데 개 잡기, 장에 가면 억매흥정, 우는 아이 똥 먹이기, 무죄한 놈 뺨치기와 빗값에 계집 빼앗기, 늙은 영감 덜미잡기, 아이 밴 계집 배치기며, 우물 밑에 똥 누워 놓기, 오려논에 물 터놓기, 자친 밥에 흙 퍼붓기, 패는 곡식 이삭 빼기, 논뚜렁에 구멍 뚫기, 애호박에 말뚝 박기, 꼽사등이 엎어놓고 밟어 주기, 똥 누는 놈 주저앉히기, 안질방이 턱살치기, 면례하는 데 뼈 감추기, 남의 양주 잠자는 데 소리 지르기, 수절과부 겁탈하기, 통혼하는 데 간혼 놓기, 만경창파에 배 밑 뚫기, 목욕하는 데 흙 뿌리기, 담 붙은 놈 코침 주기, 눈 앓는 놈 고추가루 넣기, 이 않는 놈 뺨치기, 어린 아이 꼬집기와, 다 된 흥정 파의하기, 중놈 보면 대테 메기, 남의 제사에 닭 울이기, 행길에 허공 파기, 비오는 날 장독 열기라.

'열없쟁이'는 소심(小心)한 사람이다. 김용만의 소설 「그리고 말씀하시길」에 보이는 "당신 정말 열없장이외다. 어찌 그리 앞뒤가 막혔소?"가 그 예다. '욕쟁이'는 욕을, '잔말쟁이'는 잔말을 많이 하는 사람이다. '하리쟁이'는 참소(讒訴)하기를 잘하는 사람이다. 무고죄에 걸릴 사람이다. '주정쟁이'는 '주정뱅이'나 '주정배기'와 같은 뜻의 말이고, '콜록쟁이'는 해수병(咳嗽病)으로 오랫동안 앓으며 콜록거리는 사람을 비유적으로 이르는 말이다.

외모(外貌)와 관련된 '쟁이'로는 '감투쟁이, 갓쟁이, 안경쟁이, 양복쟁이' 따위가 있다. 이들은 모두 의관(衣冠)과 안경과 같이 몸에 걸친 것을 들어 그 사람을 나타낸 것이다.

행동과 관련된 '쟁이'로는 '가살쟁이, 간살쟁이, 경쟁이, 말쟁이, 모쟁이, 미련쟁이, 빚쟁이, 솟대쟁이, 수선쟁이, 요술쟁이, 이야기쟁이, 익살쟁이, 입내쟁이, 지랄쟁이, 흉내쟁이' 같은 말이 있다.

'가살쟁이'는 가량스럽고 익살스러운 사람이고, '간살쟁이'는 간살스럽게 아첨하고 아양을 떠는 사람이다. '경쟁이'는 재앙이 없도록 경(經)을 읽어 주는 사람이고, '말쟁이'는 말수가 많은 사람, 또는 말을 잘 하는 사람이다. '모쟁이'는 농부(農夫)로, 모낼 때

모춤을 벌려 돌리는 일꾼이다. '미련쟁이'는 미련퉁이고, '빚쟁이'는 채무자(債務者)다. '솟대쟁이'는 민속놀이와 관련이 있는 것으로, 탈을 쓰고 솟대 꼭대기에 올라가 몸짓으로 온갖 재주를 부리는 연희자(演戱者)다. '솟대'는 '소도(蘇塗)'와 관련을 갖는 것으로, 민속놀이 행사에서 솟대쟁이가 올라가 재주를 부리는 장대다. '수선쟁이'는 몹시 수선을 떠는 사람이다.

'요술쟁이'는 물론 요술(妖術)을 부리는 사람이다. 요술이란 사람을 현혹시키는 술법, 또는 초자연적 능력으로 신기한 일을 해 내는 술법이다. 이는 마술(魔術)이라고도 한다. 문자 그대로 'magic show'다. '이야기쟁이'는 이야기를 잘 하거나, 잘 늘어놓는 사람이다. "옛날, 옛날 아주 옛날 호랑이가 담배 먹던 때에……" 이렇게 이야기를 늘어놓으면 자리를 뜨기가 어렵다. '익살쟁이'는 익살을 잘 부리는 익살꾼, 골계가(滑稽家)다. '입내쟁이'는 일종의 '흉내쟁이'로, 소리나 말로 흉내를 잘 내는 사람이다. '지랄쟁이'는 지랄 버릇이 있는 사람이거나, 마구 법석을 떨거나 분별없이 행동하는 사람을 욕하는 말이다.

'쟁이'는 직접 남을 하대하는 비어(卑語)로도 쓰인다. '개걸쟁이, 노래쟁이, 비부쟁이, 소리쟁이, 싸전쟁이, 주막쟁이, 콜록쟁이, 풍각쟁이, 할미쟁이' 같은 것이 그것이다. '개걸(丐乞)쟁이'는 거지나 비렁뱅이를 뜻하는 '개걸(丐乞)'의, '비부쟁이'는 '비부(婢夫)'의 비어이다. '소리쟁이, 노래쟁이, 풍각쟁이'는 음악인을, '환쟁이'는 화가를 낮추어 이르는 말이다. '싸전쟁이'는 '싸전(米廛)'의, '주막쟁이'는 '주막(酒幕)'의 주인을 낮추 이르는 말이다. '할미쟁이'는 '할미'를 하대할 때 쓰인다.

우리말에는 '쟁이'가 붙은 말이 많다. 이는 직업을 나타내는 말을 위시하여 행동·습관에 이르기까지 주로 비하하는 말이다. 계급차별이 무척이나 심했음을 새삼 느끼게 한다. 이는 일본어에서 친근감을 드러내는 호칭으로 'ちやん(짱)'이 쓰이는 것과 대조되는 우리말의 특징(特徵)이다.

절문안, 과세 안녕하십니까?

절(拜)

해가 또 바뀌려 한다. 송구영신의 인사를 해야 할 때가 다가온다. 우리는 단군 이래 가장 풍요를 누리며 산다고 한다. 그런데도 지난해는 언제나 '다사다난(多事多難)했던' 천덕꾸러기 해이고, 오는 해는 언제나 '희망의 새해'라 하여 반긴다. 그래서 연말이면 온 세상이 망년회(忘年會)로 북적댄다. 앞으로는 지난해가 보내기 아쉬운 한 해가 되기를 바라는 마음 간절하다.

남에게 공경하는 뜻으로 몸을 굽혀 인사하는 것을 '절'이라 한다. 우리 속담에 "절하고 뺨 맞는 법 없다"는 말이 있다. '절'은 자기를 낮추고 상대방을 공경하는 행위다. 뻣뻣하게 자기를 굽히지 않고 뻗댈 때 문제가 생긴다. 겸손하게 자기를 낮추게 되면 문제가 없다. '절'은 겸손하게 몸을 굽히겠다는 발상에 연유하는 말이다. 이 말의 어원은 한자 '절(折)'에 있는 것으로 해석한다. 이 때의 '折'은 '휘일 절(曲也)', '굽을 절, 굽힐 절(屈也)'의 의미다. '절'

은 '몸을 굽혀' 인사하는 것이기 때문에 '折'이 된 것이다. 이러
한 발상은 중국어에서도 '折腰(zheyao)'가 '허리를 굽혀 절하다'를
의미하는 데서 볼 수 있다. 이 '절'은 15세기 문헌에는 '졀·절'
로 나타난다.

衣冠ᄒ닌 紫宸을 졀ᄒᄂ니라(衣冠拜紫宸)『두시언해 초간본』
아바님 命엣 절을 天神이 말이ᅀᄫᆞᆯ씨『월인천강지곡』

　영어 'bow'가 절을 의미하는 것도 우리와 발상을 같이 하는 것
이다. 'bow'는 활을 의미하는 'bow'와 근원적으로 어근(語根)을 같
이 하는 것으로, '허리를 굽으리다>절하다·인사하다'를 의미하
게 된 말이다. 중국어의 鞠躬(jugong)도 마찬가지다. 이는 몸을 굽
히는 것을 의미한다. 이 말은 우리말에도 들어와 사극에서 '국궁
(鞠躬)'하는 것을 쉽게 볼 수 있다.
　이에 대해 '절'을 의미하는 중국의 '拜(bai)'나, 인사를 의미하는
일본어 '아이사쓰(挨拶)'는 발상과 문화를 달리하는 것이다. '拜'는
양손을 나란히 합쳐 앞으로 내민다는 뜻의 글자로, 경의를 나타
내는 동작을 의미한다. 이에 대해 '아이사쓰(挨拶)'는 불교에서 유
래하는 말이다. 선종(禪宗)에서는 문하의 중들이 그 깨달음이 얼마
나 되는지, 심천(深淺)을 시험하기 위하여 문답을 행하였는데 이를
'일애일찰(一挨一拶)'이라 하였다. 여기에서 일반의 문답이나 대답의

말, 편지의 왕복 등을 '아이사쓰(挨拶)'라 하게 되었고, 이것이 나아가 인사의 의미로 확대된 것이다. '挨'는 '밀 애(推也)', '拶'은 '서로 다닥칠 찰(相接排拶)'자로 이들은 본래는 '밀어부친다'는 의미였다.

'절'과 합성된 말은 많지 않다. 우선 '절'의 종류를 나타내는 말에 '맞절, 반절, 앉은절, 평절, 큰절' 따위가 있다. '절'은 일반적으로 아랫사람이 윗사람에게 하는 것이다. 그런데 그렇지 않은 것이 있다. '맞절'이 그것이다. 이는 마주 하는 절로 서로 동등한 예를 갖추어 하는 것이다. 신랑 신부가 절을 하는 것은 이 '맞절'이다. 동배(同輩)가 처음 만나 인사를 나눌 때도 이 '맞절'을 하게 된다. '반절'은 '큰절'에 대한 '半 절'이다. 허리를 굽혀 양손을 바닥에 짚고 앉아 고개를 숙여서 하는 여자의 절이 이런 '반절'이다. 이는 '中절'이라고도 한다. 훈장이 제자의 절을 받을 때처럼, 아랫사람의 절을 받을 때 완전히 바닥에 엎드리지 않고 앉은 채 윗몸을 반쯤 굽혀서 하는 절도 '반절'이다.

'앉은절'은 서서 하는 절의 대가 되는 것으로, 허리를 굽히고 꿇어앉으면서 정중하게 하는 절이다. '앉은절'에는 '평절'과 '큰절'이 있다. '큰절'은 혼례나 제례 따위의 의식이나, 웃어른에게 예의를 깍듯이 갖추어 할 경우에 하는 절이다. 이 때 남자는 두 손을 모아 바닥에 대고 허리를 굽히고 고개를 숙인다. 손을 여덟 팔자로 벌려서는 안 되고, 왼손을 오른손 위에 살짝 겹친다. 여자는 두 손을 이마에 마주 대고 앉은 뒤 허리를 굽힌다. '평절'은 '반절'처럼 '큰절'의 상대적인 개념으로 쓰이는 말이다. '선절'은 북에서만 복합어로 인정하고 있다.

전통적인 '절'은 나라나 민족마다 차이가 있다. 중국에는 '배도 (拜倒 : 엎드려 절하다), 배궤(拜跪·跪拜·頂拜 : 무릎을 꿇고 머리 숙여 절하다), 배배 (拜拜 : 왼쪽 가슴쪽에 두 손을 잡고 가볍게 위아래로 움직이다–여자의 절), 삼궤구고(三跪九叩 : 두 무릎을 꿇고 삼배하기를 세 번 하다), 국궁(鞠躬)' 같은 '절'이 있다.

'절'과 합성된 말에는 이 밖에 '절값, 절문안, 절인사' 같은 말이 있다. '절값'은 절을 받고 주는 돈이나, 그 밖의 어떤 구실이나, 노릇을 가리킨다. 가장 대표적인 것이 세뱃돈을 주는 것이고, 그 밖의 것으로는 덕담을 하거나, 장신구나 옷감 등을 주는 것이다. 이런 용례를 한두 개 보면 다음과 같다.

- 노신사가 절값으로 농담을 던졌다. 〈崔一男, 『거룩한 응달』〉
- 영초는 계섬월에게 묵은세배 절값으로 잘배잣감 한 벌을 문갑 속에서 꺼내 주었다. 〈朴鐘和, 『전야』〉

'절문안'은 절을 하면서 웃어른께 안부를 여쭙는 것을 말한다. 설에 절을 한 뒤 "과세 안녕하십니까?" 하는 것이 이런 것이다. 아랫사람이 "새해 복 많이 받으세요." 하는 것은 망발이다. 덕담은 어른이 하는 법이다. '절인사'는 절을 하며 드리는 인사다. 홍 명희의 『林巨正』에는 다음과 같은 용례가 보인다.

천왕동이가 허리가 아프도록 꾸벅꾸벅 절인사를 마치고, 방에 있던 다른 사람들과 모조리 입인사를 하였는데……

우리말에는 '예를 표하다'라는 뜻의 특이한 '인사(人事)'라는 말 이 있다. 이는 한자의 모습을 하고 있으나, 중국에도 일본에도 없 는 말이다. 우리는 사람이 해야 할 일의 대표적인 것으로 예(禮)를 생각했던 것 같다. 그러기에 이를 '인사(人事)'라 한 것이다. 앞의 『林巨正』의 예문 가운데 '절인사, 입인사'도 바로 이런 것이다. 그런데 '인사'가 이렇게 예를 표하는 것은 동양 삼국의 우리만의 표현이다. 이는 '남에게 증정하는 예물, 선물', 곧 '인사물(人事物)' 의 의미가 확대된 것이라 하겠다. 우리말에서는 '인사를 차린다' 고 할 때 이 두 가지 의미를 다같이 나타낸다.

사람으로서 마땅히 해야할 일이 '인사'다. 이를 갖추지 않을 때 '인사불성(人事不省)'이라고 욕을 먹게 된다.

곯아도 젓국이 좋고……

젓(醢)

어느 나라나 다 기후와 인종이 다름에 따라 그 나름의 문화적 특징을 드러낸다. 음식문화(飮食文化)도 마찬가지다. 나라와 민족에 따라 특징이 있다. 어느 학자는 우리 음식문화의 특징을 축제음식, 발효음식, 정성이라 했고, 다른 학자는 발효음식, 양념음식, 반찬의 다양성이라 했다. 또 어떤 사람은 개고기 선호, 과도한 음주, 발효식품의 발달, 쌀을 주식으로 하는 것이라 하기도 한다. 모두가 그럴 듯한 주장이다. 그런데 이들의 주장은 서로 다르면서 공통점이 하나 있다. 그것은 한국 음식문화의 특징의 하나가 발효식품(醱酵食品)이란 것이다.

한국의 대표적인 음식으로 불고기, 김치, 젓을 든다. 이 가운데 김치와 젓이 발효식품이다. 김치는 88올림픽 이후 세계화한 음식이고, 젓은 상차림의 기준이 될 정도로 중요한 우리의 음식이다. 이러한 발효식품은 저장식품이라는 특징을 지닌다. 계절에 따라

구하기 힘든 재료를 오래 저장해 놓고 먹기 위해 김치를 담그고 젓갈을 담근 것이다. 이러한 식품은 우리 민족의 생활의 지혜가 빚어 놓은 것이다.

'젓'은 '새우·조개·멸치 등의 생선의 살·알·창자 따위를 소금에 절여 삭힌 반찬'이라고 사전은 풀이하고 있다. 그러나 반드시 생선으로 담그는 것만은 아니다. 쇠고기로도 담그고, 개구리로도 담근다. 쇠고기로 담근 것은 '고기젓'이라 하고, 개구리로 담근 것은 '개구리젓', 또는 '뛰엄젓'이라 한다.

젓은 물론 한국 특유의 음식은 아니다. 일본에도 '시오카라(鹽辛)'라고 해서 젓이 있고, 중국에도 '해(醢)'라고 해서 젓이 있다. 그러나 영어 세계에는 젓이 없는 것 같다. 그러기에 '젓'을 나타내는 말이 따로 없다. 젓을 나타내려면 '간장에 담근 고기' 곧, 'meat preserved in soy'라고 풀어 표현해야 한다.

우리의 젓갈문화는 참으로 다채롭다. 재료로는 새우·조개·생선 및 그 밖의 것이 활용된다. 새우를 재료로 한 것에는 우선 '새우젓'이 있고, 이 밖에 '곤쟁이젓, 동백하젓, 생이젓, 세하젓, 오사리젓, 육젓, 중하젓, 추젓' 따위가 있다. '새우젓'은 잔 새우로 담근 것으로 백하해(白蝦醢)라고도 하며, 줄여 '새젓'이라고도 한다. 새우젓은 김장에 애용되는가 하면, 돼지고기 편육을 먹을 때 빼어 놓을 수 없는 것이다.

'곤쟁이젓'은 "곤쟁이 주고 잉어 낚는다"는 속담에 보이듯 작은 새우, 곤쟁이로 담근 것이다. '곤쟁이젓'은 곤쟁이젓 썩는 냄새라 하듯, 냄새가 심히 고약한 것으로 알려진다. 푹 삭힌 '곤쟁이젓'은 따로 '감동젓'이라 한다.

'생이젓'은 토하(土蝦)젓으로, 민물 새우인 새뱅이과의 한 종류인 생이로 담근 것이다. 이는 생이의 수염이 다 떨어지도록 문질러 담그며, 담근지 10여 일 후부터 먹을 수 있다. 초가을 반찬으로 매우 귀하게 여긴다.

'세하(細蝦)젓, 중하(中蝦)젓'은 담근 새우의 크기에 따라 구분한 것이다. '동백하(冬白蝦)젓, 오사리젓, 육젓'은 새우를 잡은 때에 따른 구분이다. '동백하젓'은 겨울에 잡은 새우로, '오사리젓'은 이른 철의 사리 때 잡은 새우로, '육젓'은 유월에 잡은 새우로 각각 담근 것이다. '추젓'은 가을에 담근 젓을 의미해 명명의 동기를 달리 한다. 새우젓은 '육젓'을 최고로 친다.

조개를 재료로 한 젓에는 우선 '조개젓'이란 잔 조갯살로 담근 젓이 있다. 이는 한자어로는 합해(蛤醢)라 한다. 이 밖에 '굴젓, 대합젓, 동죽젓, 맛젓, 바지락젓, 소라젓' 따위가 있다. '굴젓'은 생굴로 담근 석화해(石花醢)를 가리킨다. '굴젓'에는 '물굴젓, 어리굴젓, 장굴젓' 따위가 있다. '물굴젓'은 묽게 담가 국물이 많은 것이며, '어리굴젓'은 얼간으로 담근 굴젓이다. '장(醬)굴젓'은 간장을 부어 삭힌 것이다. '대합젓, 동죽젓, 맛젓, 바지락젓, 소라젓'은 각각 재료가 된 조개에 따라 이름이 붙여진 것이다. '대합(大蛤)젓'은 대합조개의 살로, '동죽젓'은 동죽조개로 담근 것으로, 고패해(沽貝醢)라고도 한다. '맛젓'은 맛살로 담근 것이며, '바지락젓'과 '소라젓'은 각각 바지락과 소라로 담근 것이다.

생선의 살로 젓을 담근 것은 '생선젓'이라고 한다. 이러한 것에는 '가자미젓, 게젓, 난사젓, 도미젓, 멸치젓, 뱅어젓, 잡젓, 조기젓, 조침젓, 황석어젓' 따위가 있다. '난사젓'은 양미리 새끼로 담근 것이며, '잡(雜)젓'은 여러 가지 생선으로 담근 것으로, 잡해(雜醢)라 하는 것이다. '조침젓'은 교침해(交沈醢)의 '교침'이 변한 것으로 보이는 말로, 잡해와 같은 것이다.

이 밖에 앞에서 말한 '개구리젓, 고기젓'이 있다. 개구리는 프랑스 사람만이 먹은 것이 아니다. 우리도 개구리의 다리에 붙은 살로 젓을 담가 먹었다. 이는 개구리의 특성에 따라 '뛰엄젓'이란 비유적 명칭도 가지고 있다. 고기젓은 쇠고기로 담갔다. 쇠고기를 소금과 볶은 쌀가루에 섞어담아 시큼하게 익혀서 잘게 썰고, 삶은 쇠가죽을 가늘게 썬 것과 함께 버무려 댓잎에 싸서 잿불에 말렸다가 항아리에 담아 꼭 봉해두고 먹었다.

젓에는 이러한 살이 아닌 알이나, 창자 또는 그 밖의 특별 부위로 담근 것도 있다. 알로 담금 젓은 '알젓'이라 하는데, 이러한 것에는 '게알젓, 명란젓 하란젓'이 있다. '명란(明卵)젓'은 알젓의 대표적인 것으로, 명태 알로 담근 것이다. '하란(蝦卵)젓'은 새우의 알로 담근 것이다. 내장이나 창자로 담근 것에는 '구제비젓, 대창젓, 또라젓, 속젓, 창난젓'과 같은 것이 있다. '구제비젓'은 생선의 내장으로 담근 젓이고, '속젓'은 특히 조기의 내장만 빼어 담금 젓으로 이해(裏醢)라 하는 것이다. '대창젓'은 대구의 창자, '또라 젓'은 숭어의 창자, '창난젓'은 명태의 창자로 담근 젓이다. 한자 어로는 태장해(太腸醢)라 한다.

특수 부위로 젓을 담근 것에는 '아감젓, 태안젓'이 있다. '아감 젓'은 생선의 아가미로 담근 젓으로, 어시해(魚顋醢)라 하는 것이며, '태안젓'은 명태의 눈으로 담근 젓으로, 태안해(太眼醢)라고도 한다.

젓을 담그는 방법에 따라서는 '물굴젓'과 같이 묽게 담그는 것 이 있고, '어리굴젓, 어리뱅어젓'과 같이 얼간으로 담그는 '어리 젓'이 있다. 이렇게 우리의 젓 문화 내지 젓갈 문화는 참으로다 양한 것이다. '어리뱅어젓'은 뱅어(白魚)로 담그는 것이다.

우리 속담에 "곯아도 젓국이 좋고, 늙어도 영감이 좋다"고 한 다. 비린내 나는 음식이 좋고, 늙었어도 내 낭군이 좋다는 말이 다. 눈치가 빠르면 절에 가도 새우젓을 얻어먹는다고도 한다. 세 상은 지혜롭게 살고 볼 일이다.

젖동냥하여 키운 효녀 심청(沈淸)

젖(乳)

요즘같이 우유가 흔하면 걱정할 것도 없다. 그러나 모유로만 아기를 키워야 했던 지난날에는 산모(産母)의 젖이 부족하다는 것은 큰 문제였다. 그래서 젖이 부족한 경우 산모와 가족은 삼신할머니에게 미역국을 한 그릇 끓여 놓고 빌거나, 약수터를 찾아가 병에 샘물을 담아 놓고 빌었다.

"비나이다, 비나이다. 삼신할머니께 비나이다. 산모(産母)의 유도(乳道)가 잘 돌아서 젖이 콸콸 쏟아지게 하옵소서. 아이가 그 젖 먹고, 놀고 싸고, 호박 크듯 오이 크듯, 사흘들이 똥을 싸고, 뿌득뿌득 젖살이 올라 잘 크게 하옵소서."

이렇게 비는 것을 '젖병 빈다'고 하였다. 그것은 민속에 젖이 모자라는 산모가 삼신에게 젖이 많이 나오게 해 달라고 빌 때 사용하는 병을 '젖병'이라 하였기 때문이다. 이는 목이 길게 생긴, 흰 사기병(沙器瓶)이었다.

'젖'은 여성의 상징이요 모성, 생명, 생식의 상징이기도 하다. 지난날에는 사람들이 보는 앞에서 아낙네가 젖을 꺼내 아이에게 물리는 것이 조금도 흉이 아니었다. 이는 배고파하는 아이에게 베푸는 모성적인 행위, 그것이었기 때문이다. 그러던 것이 요사이는 젖이 수유의 기능보다 미(美)와 성(性)의 대상으로 바뀌면서 이런 성스러운 모습을 볼 수 없게 되었다.

'젖'은 본래 신체 부위의 일부인 유방(乳房)을 의미하던 말이나, 뒤에 여기에서 분비되는 유백색(乳白色)의 액체, '젖(乳)'까지 의미하게 되었다. 또한 이 '젖'은 사물의 불룩 나온 부분을 비유적으로 지칭하게도 되었다. '목젖, 귀젖, 쥐젖'은 신체 부위와 관련된 말이다. '목젖'은 물론 현옹수(懸壅垂)로, 목구멍의 뒤로부터 아래로 내민 둥그스름한 살을, '귀젖'은 귀나 그 가까이에 젖꼭지 모양으로 불룩 나온 군살을 가리킨다. '쥐젖'은 사람의 살가죽에 생기는, 젖꼭지 모양의 사마귀다.

이밖에 '귀웅젖'과 다른 하나의 '귀젖'도 사람의 신체부위와 관련되는 말이다. '귀웅젖'은 유방을 의미하는 말이나, 불룩 나온 것이 아니라, 오히려 젖꼭지가 우묵하게 들어간 젖을 의미한다. 그것은 '귀웅'이 구유를 의미하는 말로 구유처럼 젖꼭지가 함몰

된 것을 의미하기 때문이다. '귀웅젖'은 남편이 빨아 유두가 밖으로 나오게 하거나 수술을 받아야 한다. 동음이의의 '귀젖'은 젖의 형태가 아니라, 유백색의 액체 젖(乳)과 관련되는 말이다. 이는 귓속에 염증이 생겨 나오는 고름을 가리킨다. 흔히 여름철에 물놀이를 한 뒤 '귀젖'이 나오는 현상을 보게 된다.

'솥젖, 통젖'은 신체 부위 아닌 사물과 관계되는 말이다. '솥젖'은 솥이 걸리도록 솥 몸의 바깥 중턱에 붙은 세 개의 좁은 쇳조각을 말한다. 솥이 아궁이에 빠지지 않게 부뚜막에 걸리도록 바깥으로 내민 조각이다. '통젖'은 통꼭지로, 통의 바깥쪽에 달린 손잡이다.

이와는 달리 '찰젖, 물젖, 참젖'은 생명수로서의 젖(乳)과 관련되는 말이다. '찰젖'은 진하고 양분이 많은 젖을, '물젖'은 이와 반대로 농도가 묽어서 영양이 적은 젖을 말한다. '참젖'은 사람의 젖을 다른 동물의 젖에 상대하여 이르는 말로, 영양분이 많고 좋은 젖이란 의미를 지닌다. '참젖'에는 또 다른 젖이 하나 있는데, 이는 '참(站)젖'으로, 시간을 정해 두고 먹이는 젖, 또는 참참이 얻어먹는 남의 젖을 의미한다.

남의 젖을 얻어먹는 것은 따로 '동냥젖'이라 한다. 우리의 고전소설의 하나인 『심청전(沈淸傳)』의 주인공 심청이는 '동냥젖'을 먹고 자랐다. 심청의 아버지 심 봉사는 이집 저집 '젖동냥'을 다녔다.

"현철한 우리 아내 인심으로 생각하나, 눈 어두운 나를 본들,
어미 없는 어린 것이 이 아니 불쌍하오? 댁 집 귀한 아기 먹고
남은 젖 잇거든, 이 애 젖 좀 먹여 주오"

　심 봉사는 태어나 칠일 만에 어미 잃은 청이를 안고, 이렇게
'젖동냥'을 하여 출천지효(出天至孝)의 심청이를 길러 내었다.

　'젖'은 이 밖에 양분의 저장조직, 또는 유액(乳液)과 같은 식물의
즙을 나타내기도 한다. '배젖, 씨젖, 젖미수, 젖버섯' 같은 것이
그것이다. '배젖(胚-)'은 씨 속에 싹을 틔우기 위해 양분을 저장하
고 있는 부분을 뜻하며, '씨젖'은 '배젖'과 동의어로, 한자어로 '胚
乳'라 하는 것이다. '젖미수'는 '젖미시'가 변한 말이다. 이는 쉽
게 말해 발효시켜 만든 미숫가루다. 구덩이에 묻어 발효시킨 멥
쌀가루의 즙으로 다른 쌀가루를 반죽하여 쪄서 볕에 말린 가루
다. 꽤 복잡한 과정을 거쳐 만들던 미숫가루다. '젖버섯'은 고무
나무처럼 상처를 내면 젖 같은 액체가 흐르는 버섯이다.

　'젖'과 합성된 말로 색다른 것에는 '젖꽃판, 젖몸살, 젖무덤, 젖
밸, 젖비린내, 젖주럽, 젖형제' 같은 말이 있다. '젖꽃판'은 유륜(乳
輪)을, '젖몸살'은 젖의 분비로 생기는 몸살이다. '젖무덤'은 그 속
에 젖이 저장되었다 하여 '젖(乳)-묻(埋)-엄(接辭)'의 구조로 이루어
진 말이다. 젖이 들어 있는 '젖통이'와 '유방'에 해당한다. 그런데
이 말은 묘(墓)가 연상되어서인지 흔히 '젖가슴'으로 대치되어 쓰

인다. '젖밸'은 젖 먹던 때의 배알이란 뜻으로, 심한 부아를 속되게 이르는 말이다. 밸이 꾀는 것이 아니라, '젖밸'이 꾀게 되면 상황은 심각해질 것이다.

'젖비린내'는 '젖내'에 '비리다'가 덧붙어 그 의미가 강화된 말이다. 이는 구상유취(口尚乳臭)와 같은 '유취'에 대응된다. '젖주럽'은 젖이 모자라 아이가 잘 자라지 못하는 상태를 이른다. '주럽'은 생물체가 쇠해지는 상태를 이르는 '주접'의 방언이다. 곧 젖주접 드는 것이 '젖주럽'이다. 동냥젖을 먹는 아이는 젖배를 채우지 못해 흔히 이 '젖주럽'이 들게 된다. '젖형제'는 젖을 얻어먹는 아이와 젖어미의 소생과의 관계를 나타내는 말이다. 유모가 낳은 아들이나 딸은 따로 '젖동생'이라 한다.

부전조개 이 맞듯

조개

봄철에는 입맛이 없고 나른해진다. 어린애들은 파리해지기까지 한다. 이를 우리는 '봄을 탄다'고 한다. 이런 때에는 입맛을 돋우는 음식을 먹고, 기운을 차려야 한다. 우리 속담에 '봄 조개 가을 낙지'라는 말이 있다. 봄에는 조개, 가을에는 낙지가 제철 음식이다. 이 봄에 시원한 조개탕이라도 훌훌 들이키며 원기를 차려볼 일이다.

'조개'는 민물과 바닷물에 사는 연체동물(軟體動物)로 그 종류가 다양하다. 조가비에 싸인 속살은 일찍부터 식용해 호반(湖畔)이나 해변에는 곳곳에 조개더미(貝塚)가 석기시대의 유적으로 남아 있다.

'조개'는 이렇게 일찍부터 식용되었다. 그리고 이는 양(洋)의 동서를 가리지 않고 예로부터 여근(女根)을 상징하고, 탄생의 이미지를 드러내었다. 보티첼리의 <비너스의 탄생>은 이러한 이미지를 드러내는 대표적인 그림이다.

우리말의 '조개'는 몇 가지 다른 문맥에서 사용된다. 그것은 첫째 패류의 명칭으로 쓰이는 것이고, 둘째 요리나 음식 이름으로, 셋째 조개 모양의 사물 이름으로, 넷째 패각(貝殼) 곧 조가비와 관련된 것을 나타낸다는 것이다.

첫째의 패류(貝類) 명칭으로 쓰이는 민물조개에는 '말조개(馬蛤), 바지락조개, 섭조개, 피조개' 같은 것이 있고, 바다조개에는 '가막조개(黑蛤), 개량조개(=명주조개), 대합조개(=무명조개), 마당조개(=백합(白蛤)), 맛조개(竹蛤), 모시조개(가막조개, 가무락조개, 玄蛤), 밥조개, 살조개(꼬막), 새조개(鳥蛤), 진주조개(眞珠貝), 펄조개, 함박조개' 같은 것이 있다.

이 가운데 '밥조개'는 함경도 연안에서 나는 것으로, 밥 대신 먹는대서 '밥조개'란 이름이 붙은 것이다. 이는 고려(高麗) 때에 원나라의 수탈이 혹심해 백성들이 바다에 독즙을 풀어 조개가 나지 않게 했다는 슬픈 이야기가 전하는 조개이기도 하다.

둘째의 요리나 음식 이름으로 쓰이는 예로는 '조개깍두기, 조개밥, 조개어채, 조개저냐, 조개젓, 조개찌개, 조개탕, 조개회, 조갯국, 조갯살' 등을 들 수 있다. '조개깍두기'는 깍두기를 만들 때 조갯살을 넣어서 담근 것이다. 이는 한자어로 합홍저(蛤紅菹)라 한다. '조개밥'은 멥쌀에 조갯살을 넣고 간장을 쳐서 지은 밥이다. 한자어로 합반(蛤飯)이라 한다. '조개어채'는 조갯살로 만든 어채, 합어채(蛤魚菜)이고, '조개저냐'는 조갯살로 만든 저냐, 합전유어(蛤煎油魚)다. 전유어, 곧 저냐는 고기나 생선을 얇게 저며 둥글납작하게 만들고, 이에 밀가루나 계란을 입혀 튀긴 음식이다. '조개젓'은 조갯살로 담근 합해(蛤醢)다.

고양이에게 생선 가게를 맡긴 격이란 속담이 있지만, '조개젓 단지에 괭이 발 드나들 듯'이란 속담도 있다. 이는 한번 맛을 들여서 잊지 못하고 자주 드나듦을 비유적으로 나타내는 말이다. '조개찌개'는 쇠고기를 간장과 고추장을 탄 물에 넣어 끓이다가 조갯살을 넣어 만든 찌개다. '조개탕'은 모시조개를 맹물에 삶아서 먹는 것이다. 국물째 먹는 것으로 그 맛이 그렇게 시원할 수 없다. 이는 달리 '조갯국'이라고도 한다. '조개회'는 술안주로, 조개의 살을 고추장에 찍어 먹는 것이니, 한자어로는 합회(蛤膾)라 한다. '조갯살'은 조개의 살이란 의미 외에 그 살을 말린 것을 가리키기도 한다.

셋째, 조개 모양의 사물을 나타내는 말로는 '조개구름, 조개도련, 조개뜨기, 조개볼, 조개봉돌, 조개송편, 조개탄, 조개턱' 같은 것이 있다. '조개구름'은 조개 모양의 구름인 권적운(卷積雲)으로 가을 하늘에 떠 있는 것이다. '조개도련'은 저고리 자락의 끝 둘레를 앞과 뒤는 약간 길고, 옆은 짧게 하여 곡선(曲線)을 완만하게 만든 도련이다. 우리 문화의 특질의 하나인 곡선의 멋을 옷에 살린 것이다. '조개뜨기'는 코바늘을 뜰 때 조가비꼴의 무늬를 내는 것이다.

'조개볼'은 보조개와 반대로, 조가비 모양으로 가운데가 불쑥하게 나온 볼이다. 이는 '보조개'의 방언으로도 쓰인다. '조개봉돌' 은 낚시가 물속에 가라앉게, 낚싯줄에 물리도록 납으로 만든 조 개 모양의 봉돌을 가리킨다. '조개송편'은 모시조개 모양으로 생 긴 송편이다. '조개탄'은 조가비 모양으로 만든 연탄으로 난로 등 난방용으로 쓰인다. '조개턱'은 좀 색다른 말로, 끝이 뾰족하게 생긴 턱이거나, 그런 턱을 가진 사람을 이르는 말이다. 한설야(韓 雪野)의 소설 『탑』에 다음과 같은 용례가 보인다.

'턱판이 뾰족하게 빠지지 않았소 저게 조개턱이란 게요'

넷째, 패각(貝殼)과 관련된 것으로는 '부전조개, 조갯속게, 조개 춤, 보조개'를 들 수 있다. '부전조개'는 여자 애들의 장식품인, 조개로 된 노리개(裝飾品)다. '부전'이란 색 헝겊으로 만들거나 수 를 놓아 끈을 매어 여자 애들이 차는 노리개다. 따라서 '부전조 개'가 조개 노리개가 된다. 이는 모시조개 따위의 껍데기 두 짝 을 서로 맞추어 여러 가지 색깔의 헝겊으로 알록달록하게 바르고 끈을 달아 허리띠 같은 데 차는 것이다. '부전조개'는 "부전조개 이 맞듯"이란 속담도 보여 주는데, 이는 두 짝이 잘 어울려 서로 의가 좋은 사람을 이르거나, 사물의 이가 빈틈없이 꼭 들어맞는 것을 이르는 말이다. 세상사 모두가 어긋나고 꼬이는 판에 "부전 조개 이 맞듯" 하는 세상은 동경의 대상이라 하겠다.

'조갯속게'는 몸이 연약하고 가냘파서 일을 감당치 못하게 생긴 사람을 비유하는 말이다. 이 말이 이러한 뜻을 지니게 된 것은 '조갯속게'가 '속살이게'를 의미해, 조개나 해삼 따위에 기생하는 등딱지가 1cm 내외인 작은 갑각류이기 때문이다. '조개춤'은 조가비 한 쌍씩을 두 손에 들고 그것으로 박자를 맞추며 추는 춤이다.

소인(笑印)을 뜻하는 '보조개'는 흔히 '볼-조개'가 변한 말로 아나 그런 것이 아니다. 소인은 '보죠개-우물'이 본래의 말이다. '보죠개'란 본래 볼(頰)을 의미하던 말이다. 조선조의 중종 때 최세진이 지은 『훈몽자회』의 '보죠개 협(頰)'이 그 구체적인 실례다. '보죠개'가 소인을 의미하게 된 것은 뒤에 그 의미가 바뀐 것이다.

끝으로 덧붙일 것은 패각(貝殼)을 '조개껍질'이라 하는데, 이는 '조개껍데기'라는 것이다. '껍질'은 각(殼)이 아닌 피질(皮質)을 뜻하는 말이다.

주머닛돈이 쌈짓돈

주머니

연말에는 백화점마다 푸짐한 사은품을 내걸고 유객행위(誘客行爲)를 한다. 이때 일본에서는 '후쿠부쿠로(福袋)'라는 사은품을 주기도 한다. 서로 다른, 복권 같은 주머니다. 우리의 '복주머니'는 이와 다르다. 우리는 정초에 복 받으라고 어린이의 옷고름에 주머니를 매어 준다. 이를 '복주머니'라 한다. 그 속에는 쌀·깨·조·팥 따위 곡식을 넣는다. 해가 바뀌려 한다. 새해에는 모두가 인생의 '복주머니'를 받게 되길 바란다.

'주머니'란 말은 네댓 가지 뜻을 지닌다.

① 자질구레한 물건이나 돈 따위를 넣는 물건.
② 옷에 돈·소지품 따위를 넣도록 만든 부분.
③ 일부 명사에 붙어 무엇이 유난히 많은 사람.

④ 생물체의 기관을 비유적으로 이르는 말.

'주머니'의 어원은 '쥐다(握)'의 옛말 '주다'의 명사형 '줌'에 접미사 '-어니'가 붙은 것이다. '쥐다'의 옛말이 '주다'인 것은 주먹을 쥘 만한 분량을 '한 줌, 두 줌'의 '줌'이라 하는 데서 알 수 있다. '주먹(拳)'도 '쥐다(握)'의 '주(握)-ㅁ'에서 온 말이다. 이로 볼 때 '주머니'는 한 줌의 물건을 넣을 만한 기구를 이른다 하겠다. 이는 '주머니'의 동의어(同義語)에 '줌치'라는 옛말이 있어 더욱 분명하다. '줌치'는 '줌(握)'에 사물을 나타내는 접미사 '-치'가 붙은 말이기 때문이다.

'주머니'가 쓰인 낱말을 그 뜻에 따라 보면 다음과 같다.

첫째, 물건을 넣는 기구로서의 '주머니'로는 '귀주머니, 도장(圖章)주머니, 돈주머니(錢囊), 두루주머니, 묵주머니, 사그랑주머니, 수주머니(繡囊), 얼음주머니, 연장주머니, 전동주머니' 같은 것이 있다. 한복에는 자질구레한 물건을 넣을 호주머니가 없다. 그래서 우리 겨레는 남녀노소 할 것 없이 이 주머니(囊)를 애용했다. 이런 주머니의 대표적인 것이 '두루주머니'다. 이는 염낭(-囊)이라고도 하는 것으로, 아가리에 잔주름을 잡고, 끈 두 개를 좌우로 꿰어서 여닫게 된 주머니다. 끈을 훑치면 둥근 모양이 된다. 이에 대해 '귀주머니'는 네모지게 만들어 아가리께로 절반을 세 골로 접어 아래의 양쪽에 귀가 나오게 만든다. '묵주머니'는 묵물을 짜는 데 쓰는 주머니다. 이는 마구 뭉개어 못 쓰게 된 물건에 비유되기도 한다. '사그랑주머니'는 다 삭은 주머니라는 말로, 속은 다 삭고 겉모양만 남은 물건을 말한다. '얼음주머니'는 빙낭(氷囊)이고, '연장주머니'는 목공(木工)이나 미장이 등이 연장을 넣어 가지고 다니는 주머니다. '전동(箭筒)주머니'는 활의 부속품 주머니다.

'주머니떨이, 주머니밑천, 주머니칼, 주머닛돈'의 '주머니'는 염낭일 수도 있고, 의낭(衣囊) 포켓일 수도 있다. '주머니떨이'는 주머니의 돈을 몽땅 떨어서 술이나 과일 등을 사 먹는 장난이고, '주머니밑천'은 주머니에 늘 넣어 두고 쓰지 않는 비상금이다. '주머니칼'은 달리 낭도(囊刀)라 한다. '주머닛돈'은 '주머닛돈이 쌈짓돈'이란 속담에 보이는 것이다. 이 속담은 집안의 것은 이러나저러나 결국 마찬가지란 뜻을 나타낸다. 그러나 근자에는 세태가 하도 변해 이 속담의 진정성(眞正性)이 자못 의심스럽게 되었다.

둘째, 옷에 붙어 있는 주머니는 염낭과 구별하여 '호주머니'라고도 한다. '호(胡)-주머니'의 기본적 의미는 중국 북방에 살던 호인(胡人)들의 옷에 붙어 있는 주머니를 뜻한다. 이로 볼 때 우리의 포켓 문화는 서양문화 이전에 호복(胡服)과 관련을 갖는다. 호주머니를 방언에 '개홧주머니, 갯주머니'라고 하는 것은 '개화(開化)-ㅅ-주머니'가 변한 말이다. 이는 개화장(開化杖), 개화경(開化鏡)과 마찬가지로 포켓이 개화기에 염낭에 비해 '개화된 주머니'로 인식되었음을 말해 준다.

셋째, 사람에 비유된 주머니는 '가린주머니, 고생주머니, 꾀주머니, 똥주머니, 밥주머니, 병(病)주머니, 음흉주머니, 이야깃주머니, 허영주머니' 등 여럿이 있다. 이들은 '주머니'란 말 앞에 쓰인 명사에 해당한 것이 많은 사람임을 나타낸다. '가린주머니(←간린(慳吝–))'는 재물에 인색한 사람을 이르는 말로, '충주 결은 고비' 같은 사람이다. '고생주머니'는 평생 고생만 하는 사람이고, '꾀주머니'는 꾀가 많은 사람 꾀쟁이고, '똥주머니'는 지지리 못나 아무 짝에도 쓰지 못할 사람이다. '밥주머니'는 반낭(飯囊)으로, 기본적 의미 외에 밥만 축내는 쓸모없는 사람을 가리킨다.

넷째, 생물과 관련된 주머니는 주로 생물체의 낭(囊), 또는 샘(腺)과 관련된 것으로, '공기주머니, 꿀주머니, 눈물주머니, 모래주머니, 쓸개주머니(膽囊), 알주머니, 염통주머니(心囊), 정주머니, 털주머니(毛囊), 주머니곰, 주머니쥐' 등이 그 예다. '공기주머니'는 기낭(氣囊)으로, 호흡작용 및 새 등의 부상작용(浮上作用)을 돕는 기구다. '꿀주머니'는 식물의 밀선(蜜腺)이 있는 자루 모양의 돌기(突起)다. '모래주머니'는 조류의 갈라진 위의 뒷부분으로, 조류는 삼킨 모래나 잔돌을 여기에 채워둔다. 그리고 이가 없는 새들은 모래주머니로 먹은 것을 으깨어 부순다. 생물체의 오묘한 구조다. '정주머니'는 정액 주머니로 정낭(精囊)의 다른 이름이다. '주머니곰'이나 '주머니쥐'의 '주머니'는 육아낭(育兒囊)이다. '거지주머니'는 이들과 좀 달라 여물지 못한 열매의 헛껍데기를 이른다.

다섯째, 노리개 기타를 나타내는 말도 있다. '괴불주머니'는 어린아이가 차는 노리개로, 색 헝겊을 귀나게 접어서 속에 솜을 넣고 수를 놓아 색 끈을 단다. 모양은 세모꼴이다. '자주괴불주머니'는 식물 만다라화(蔓多羅華)를, '주머니그물'은 아랫부분의 죔줄을 당기면 주머니 모양으로 둥그렇게 오그라지는 그물이다. '주머니코'는 주먹코의 유의어로, 몽톡하고 볼품없이 생긴 코, 또는 그런 코를 가진 사람을 놀려 이르는 말이다.

이 세상에는 참으로 주머니도 많다. 모든 사람에게 이런저런 주머니는 다 그만 두고 '복주머니' 하나씩만 매어주었으면 좋겠다.

● ● ●

죽사발이 웃음이요, 밥사발이 눈물이라

죽

한국인의 주식(主食)은 밥이다. 그러나 밥 이전의 주식은 죽이었다. 죽은 밥 이전의 곡물로 된 음식의 원초형이라 할 수 있는 것이다.

'죽'은 우리들에게 독특한 언어적 감각을 가지게 한다. 첫째, '죽'을 고유어라 생각하게 한다. 그러나 이는 엄연한 한자말이다. '죽 죽(粥)'자가 그것이다. 중국어로 저우(zhou)라 하는 粥자는 중고(수·당)음이 tsiuk이었다. 우리의 '죽'은 수·당 시대의 tsiuk과 같은 말이다. 둘째, 우리는 죽도 밥과 같이 '먹는다'고 한다. 중국에서는 '허 저우(喝粥)'라고 먹는 것이 아닌, '마신다'고 한다. 죽을 두고 중국인과 우리는 마시느냐, 먹느냐로 발상을 달리 한다. 셋째, 죽을 이르는 한자어에는 '죽 죽(粥)'자 외에 '죽 전(饘)'자가 더 있다. 粥은 미음 또는 묽은 죽을 가리키고, 饘은 된 죽을 가리켜 구분된다. 『예기』의 '厚曰饘 希曰粥'이 그것이다. 넷째, '粥'자가 동

249

사로 쓰일 때 우리는 그 음을 '육'이라 한다. 판다는 '육매(粥[鬻]賣)'나, 관작을 판다는 '육작(粥[鬻]爵)'이 그것이다. 다섯째, 죽은 가난을 상징한다. 보리죽이 그 대표적인 것이다. '죽사발이 웃음이요, 밥사발이 눈물이라'도 이런 예다. 이는 죽이 밥에 대해 가난을 의미하나, 가난하게 살더라도 근심 없이 사는 게 좋다는 속담이다. 사실 먹는 것은 변변치 않은 것을 먹더라도 근심없이 살수 있어야 한다.

'죽'을 빈민의 음식이라 하나, 딱 그런 것만은 아니다. 지난날 궁중에서는 대전(大殿)에 조반을 올리기 전에 죽을 올렸다. 이를 초조반(初朝飯)이라 하였다. 게다가 요사이는 미식가들이 죽 가게를 즐겨 찾는다. 이렇게 죽은 빈부귀천 없이 먹는 음식이다. 다만 그 죽이 무슨 죽이냐가 문제될 뿐이다. 죽은 그 용도가 다양하다. 별미식, 환자식, 보양식, 구황식(救荒食) 등이 그것이다. '잣죽·매화죽(梅花를 넣어 쑨 죽)·상이(桑栮)죽'은 별미식, '흰죽·닭죽·깨죽'은 환자식이라 하겠다. '녹신(鹿腎)죽·붕어죽·삼미(三米)죽(좁쌀·멥쌀·율무쌀에 산약·부추·돼지의 콩팥을 넣고 쑨 죽)'은 보양식, '겨죽, 피죽 시래기죽'은 구황식이라 할 것이다.

'죽'은 국어사전에 표제어로 오른 것이 40여종 된다. 그러나 실제로는 80종이 넘는다. 죽의 대국이다. 그래서 속언에 훌륭한 집안의 며느리는 스무 가지 죽을 쑬 줄 알아야 한다고 했다. 재료에 의해 죽의 종류를 살펴보면 다음과 같다.

- 곡물 : 강피죽, 겨죽(糠粥), 귀리죽, 깨죽, 녹두죽, 묵물죽(綠豆乳粥), 보리죽, 암죽, 양원죽(멥쌀과 찹쌀의 날 것과 볶은 것을 섞어서 쑨 죽), 오뉘죽(멥쌀에 간 팥을 섞어 쑨 죽), 율무죽, 조죽, 차조기죽, 콩죽, 팥죽, 풋좁쌀죽, 피죽, 흰죽
- 채소 : 무죽, 박죽(匏粥), 방풍죽(防風粥), 부추죽, 아욱죽, 진잎죽(푸성귀 잎을 넣어 쑨 죽), 콩나물죽, 팥잎죽, 호박죽
- 열매 : 감인죽(가시연밥 죽), 개암죽(榛子죽), 땅콩죽, 마름죽(菱實죽), 밤암죽, 밤죽, 산사(山査)죽, 삼선죽(실백잣·복숭아씨·산앵두 씨를 넣고 쑨 죽), 상자죽(상수리나 도토리를 넣고 쑨 죽), 소마죽(볶은 차조기 씨와 삼씨를 쌀과 함께 쑨 죽), 소행죽(차조기와 살구 씨를 갈아서 쑨 죽), 어미죽(양귀비의 씨로 쑨 죽), 연밥죽, 연인(蓮仁)죽(연밥·감인·백복령을 넣고 쑨 죽), 잣죽, 진군죽(흰쌀에 씨를 뺀 살구를 넣고 쑨 죽), 행인(杏仁)죽, 호두죽
- 과일주 : 모과죽, 홍시죽
- 구근류 : 문동주(율무·맥문동·생지황·강즙을 넣고 쑨 죽), 산약죽(마를 갈아 넣고 쑨 죽), 선인죽(새박뿌리 죽), 황정죽(죽대의 뿌리로 쑨 죽)
- 육류 : 녹신(鹿腎)죽, 닭죽, 양고기죽, 양신(羊腎)죽, 장국죽, 장묵죽(쇠고기와 파를 다져 넣고 쑨 죽)
- 어패류 : 굴죽, 대구죽, 백합죽, 북어죽, 붕어죽, 비웃죽(청어의 살로 쑨 죽), 생선죽(魚粥), 섭죽(섭조개를 넣어 쑨 죽), 전복죽, 조기죽, 홍합죽

- 약재 : 구기자죽, 녹각(鹿角)죽, 변두죽(백변두와 인삼을 넣고 쑨 죽), 복령(茯笭)죽, 산수유죽, 삼미죽, 지황죽
- 기타 : 갈분(葛粉)죽, 국묘(菊苗)죽(甘菊의 싹으로 쑨 죽), 김치죽, 달걀죽, 매화죽, 비지죽, 송엽죽, 송기(松肌)죽, 재강죽(술찌끼 죽), 죽엽(竹葉)죽, 타락(駝酪)죽

　죽은 위에 보이듯 재료 면에서 볼 때 열매 및 씨앗 류가 제일 많다. 죽과 관련이 있는 말 가운데 대표적인 성어는 '조반석죽(朝飯夕粥)'이라 할 것이다. 그런데 이는 한자성어의 형식을 취하고 있으나 한어의 성어는 아니다. 이는 아침에 밥을 먹고 저녁에 죽을 먹는다는 뜻으로, 보릿고개를 겪던 우리의 어려운 삶을 비유한 말이다. 그러기에 이 말은 중국어에도 일본어에도 없다. 이의 이미지를 나타내는 한어는 오히려 조제모염(朝虀暮鹽)이라 할 것이다. 아침에 냉이를 먹고 저녁에 소금을 핥는다는 말로 매우 궁색한 생활을 나타내기 때문이다.

　이 밖의 죽과 관련되는 말로 '죽떡, 죽반승, 죽술연명, 죽식간에, 죽젓개, 팥죽동옷, 팥죽할멈' 같은 것이 주의를 끈다. '죽떡'은 죽이 아닌, '정성이 부족해서 호박떡이 설었느냐?'는 호박떡이다. 이는 찹쌀가루에 청둥호박을 썰어 넣어 시루에 찐 것이다. '죽반승(粥飯僧)'은 밥만 축내는 중이란 말로 무능한 사람을 비유한다. '죽술연명(延命)'은 적은 양의 죽으로 근근이 목숨을 이어간다는

말이다. 여기 '죽술'이란 '밥술'과 같은 구조의 말로, 몇 숟갈의 죽, 곧 적은 양의 죽을 나타낸다.

'죽식간(粥食間)에'는 '죽밥간'을 한자어로 나타낸 것이다. 이는 둘 중 무엇이나, 또는 선택의 의미를 나타낸다. '죽젓개'는 죽을 쑬 때 고르게 끓이려고 죽을 휘젓는 나무방망이다. '죽젓광이'라고도 한다. 죽은 밥과 달리 뜸을 드려 가며 쑨다. 그러기에 '죽젓개'의 구실은 막중하다. '팥죽동옷'은 팥죽을 끓여 먹는 동지(冬至) 빔으로, 어린 아이들이 입는 자줏빛 또는 보랏빛 동옷[胴衣]이다. '팥죽할멈'은 유동식이나 먹을 이 빠진 노파를 익살스럽게 일컫는 말이다.

죽(粥)은 한자어이면서 고유어인듯 하고, 빈부귀천(貧富貴賤)을 넘나드는 우리의 대표적 음식 가운데 하나이다.

줄밥에 매로구나

줄

요즘의 인생(人生)이란 '줄서기'란 생각이 든다. 실력이 아니라, 인간관계, 사회관계에 의해 인생의 성패가 갈리기 때문이다. 진학이 그렇고, 취업이 그렇고, 정계의 계파 만들기가 그러하다.

우리말의 '줄'은 본래 무엇을 묶거나 동이는 데 쓰는 기다란 물건을 가리킨다. 한자어로 바꾸면 승(繩)에 해당한다. 이는 여러 가지 의미로 분화되어 쓰인다. 사전에는 선(線), 현(弦), 열(列), 행(行), 사회관계 등의 의미를 나타내는 것으로 되어 있다. 앞의 '줄서기'란 마지막의 비유적 의미 '사회관계'를 나타내는 것이라 하겠다. 이 말은 또 의존명사로도 사용된다. 이러한 '줄'의 많은 의미 분화는 영어나 일본어 및 중국어에는 보이지 않는 것이다.

승(繩)을 뜻하는 '줄'은 흔히 볏짚, 삼, 철사 등을 재료로 하여 이루어진다. 이러한 줄 가운데는 '고무줄, 밧줄, 빨랫줄, 새끼줄'과 같이 우리에게 익숙한 것이 있는가 하면 '계줄, 고팻줄, 기름줄, 망건당줄, 물렛줄, 벌이줄, 설렁줄, 용총줄, 칠정겹줄'과 같이 조금은 생소한 문화적 어휘가 있다.

'게줄'은 줄다리기 할 때 사용되는 줄이다. 굵은 줄의 양쪽에 게의 다리처럼 여러 가닥을 맨 줄을 말한다. 이렇게 함으로써 여러 사람이 쉽게 쥐고 당길 수 있게 한 것이다. '고팻줄'은 도르래 고리인 고패에 걸치는 줄이다. 깃발이나 두레박을 달아 올리고 내릴 때 사용한다. '기름줄'은 기름틀로 기름을 짤 때, 기름 짤 재료를 보자기에 싼 덩어리가 눌리어 터지지 않게 이를 빈틈없이 둘러 감은 줄이다. '망건당줄'은 망건(網巾)에 달아 상투를 동여매는 줄이다. 이는 줄여 '당줄'이라고도 한다. '영감의 상투 굵어서는 무엇 하나, 당줄만 동이면 그만이지'가 그 예다. 이는 사물이 적당하면 그만이지 쓸데없이 클 필요가 없다는 뜻이다.

'물렛줄'은 가락을 돌게 하기 위하여 물레의 몸과 가락에 걸쳐 감은 줄이다. '벌이줄'은 흔히 보면서도 그 이름을 잘 모르는 것이다. 이는 물건이 버티도록 이리저리 얽어매는 줄로, 나무를 심고 한쪽으로 쓰러지지 않게 묶어놓는 것이 그 대표적인 것이다. '설렁줄'은 '현령(懸鈴)줄'이 변한 말이다. 설렁(懸鈴)은 처마 끝 같은 데 달아 사람을 부를 때 줄을 잡아당겨 소리가 나게 되어 있는 방울이다. '설렁줄'은 이 설렁(懸鈴)에 연결된 줄이다. 따라서 이는 요샛말로 하면 초인종의 줄이 된다.

상여를 한쪽에 7명씩 모두 14명이 메도록 꾸미는 방식을 칠정

(七井)이라 한다. '칠정겹줄'은 칠정의 양쪽에 세로줄 하나씩을 더해 28명이 메도록 꾸민 상여 줄을 말한다. 영구차만 보게 되는 현대인에게는 '칠정겹줄'은 지난날의 문화유산이 되고 말았다. 승(繩)의 뜻으로 쓰이는 '줄'은 이 밖에 연(鳶)과 농업에 관련된 것이 많다. '꽁숫줄, 머릿줄, 통줄' 같은 것은 연과 관련된 것이고, '가랫줄, 못줄, 봇줄, 베리줄' 같은 것은 농업과 관련된 말이다. 이 밖에 '줄'이 접두사처럼 쓰여 승(繩)의 뜻을 나타내는 말도 많다.

'줄다리기, 줄띄기, 줄밥, 줄사닥다리, 줄타기, 줄팔매' 따위가 그것이다. '줄띄기'는 건축용어로, 집을 지을 때 대지에 줄을 띄워 건물 배치 등을 알기 쉽게 나타내는 것이다. '줄밥'은 갓 잡은 매를 길들이기 위해 줄의 한 끝에 매어 주는 밥이다. 그래서 '줄밥에 매로구나'는 재물에 욕심을 내다가 남에게 이용되는 것을 비유적으로 나타낸다. 새해에는 '줄밥에 매로구나!'라고 탄식하게 하는 욕심 사나운 정·관계인이 많이 나타나지 않기를 바란다. '줄타기'는 줄광대가 줄 위에서 재주를 부리는 것으로, 중요무형문화재 제58호로 지정되어 있는 것이다. 이는 한자어로 승기(繩技), 승희(繩戲), 답색(踏索)이라 한다.

'줄'이 선을 의미하는 말로는 '덧줄, 먹줄, 밑줄, 외줄, 이음줄'과 '줄나비, 줄마노, 줄무늬, 줄바둑, 줄참외' 등 많은 말이 있다. '덧줄'과 '이음줄'은 음악용어이고, '줄바둑'은 일자로 늘어놓기만 하는 서툰 바둑이다.

현(弦)을 의미하는 말에는 '거문고줄, 기타줄, 줄풍류' 같은 것이 있다. '줄풍류'는 현악기를 연주하는 풍류를 말한다. 열(列)을 나타내는 '줄'에는 '가로줄, 세로줄, 줄가리, 줄남생이, 줄버들, 줄향' 같은 말이 있다. '줄가리'는 벼를 말리는 방법의 하나로, 이삭 쪽을 위로 하여 맞대고, 뿌리 쪽은 띄워서 줄을 세워 말리는 것이다. '줄남생이'는 물가 양지바른 곳에 죽 늘어앉은 남생이를 말한다.

'줄향'은 염주 모양으로 꿴 각색 구슬 속에 넣은 사향(麝香)으로, 부녀자들이 이를 치마 속에 차던 것이다. 행(行) 곧, 글줄을 나타내는 말로는 '가로줄, 세로줄, 쳇줄'이 있다. '쳇줄'은 습자(習字)하는 종이의 왼편에 스승이나 선배가 써 주는 본보기가 되는 한 줄의 글씨를 말한다.

사회관계, 또는 인연을 나타내는 '줄'에는 '셋줄, 잇줄, 연줄, 줄 닿다' 같은 말이 있다. '셋줄'은 세도가(勢道家)의 힘을 빌려 쓸 수 있는 연줄이고, '연줄'은 서로의 인연(因緣)이 맺어지는 길을 말한다. 그래서 연줄이 닿는 사람끼리 결혼하는 것은 '연줄혼인'이라 한다. 기업인이 기업인과, 법조인이 법조인과 사돈 관계를 맺는 것이 이런 것이다. '잇줄'은 이익을 얻는 길, 또는 이익이 될 만한 연줄을 가리킨다. '줄닿다'는 관계가 지어지는 것을 말한다. 앞에서 언급한 '줄서기'란 바로 이 '줄닿기'나 '줄대기'에 의해 이루어진다.

'줄'은 이밖에 관(管), 광맥을 의미하기도 하고, 접두사처럼 쓰여 계속성을 나타내기도 한다. '밥줄, 탯줄, 핏줄' 같은 것은 관을 나타내는 말이다. '낌줄, 선줄, 쇳줄, 이불줄, 줄버력, 줄홈, 참줄'은 지층(地層), 그 가운데도 광맥(鑛脈)과 관련되는 말이다. '맥(脈)줄'은 혈맥과 광맥에 다 같이 쓰인다. '낌줄'은 광산의 광맥이 거의 끊어진 곳에 탐광(探鑛)의 실마리가 되는 매우 가는 줄이고, '선줄'은 광맥이 세로로 박혀 있는 것이다.

'이불줄'은 광맥이 이불이 깔려 있는 것같이 뻗어 있는 것이고, '줄버력'은 광맥과 평행하여 뻗은 암석이다. '줄홈'은 광석과 맥석(脈石)이 섞인 변변치 못한 광맥이고, '참줄'은 이와 달리 채산이 맞을 만한 광맥을 말한다. 이 밖에 '줄달다, 줄달음, 줄담배, 줄도망, 줄방귀, 줄번개, 줄씹, 줄행랑'은 줄의 연속성에서 '줄'이 '잇달아 계속되는 것'을 비유적으로 나타내는 말이다.

가지가 줄기보다 크면……

줄기

밤새도록 천둥이 울었다

줄기줄기 비는 쏟아지고

창문이 환히 살아났다가 다시 어둠이 내린다. 〈차현수, 「천둥소리」〉

 천둥이 치고 명암(明暗)이 교차하는 가운데 세차게 비가 내리는
광경을 묘사한 시다. 여기 쓰인 '줄기줄기'는 줄이 진 것처럼 굵
고 세차게 내리는 빗줄기를 말한다. '줄기'는 본래 고등식물에서
의 기본기관을 뜻하는 말이다. 따라서 '빗줄기'란 비유에 의한 상
징적 표현이다.

 '줄기'라는 말은 여러 가지 뜻을 지닌다. 그러나 앞에서 언급한
바와 같이 '고등식물에 있어서 기본기관의 하나'라는 것이 주가
되는 뜻이다. 이러한 뜻의 말로는 다음과 같은 것이 있다.

감는줄기(纏繞莖), 곧은줄기(直立莖), 기는줄기(葡匐莖), 꽃줄기
(花莖), 나무줄기(木莖), 댓줄기, 덩굴줄기(蔓延莖), 덩이줄기(塊莖),
땅속줄기(地下莖), 땅위줄기(地上莖), 땅줄기(地莖), 밑줄기, 비늘줄
기(鱗莖), 뿌리줄기(根莖), 알줄기(球莖), 어린줄기(幼莖), 잎줄기(葉
狀莖), 줄기마름병(胴枯病), 줄기줄기, 탈바꿈줄기, 풀줄기(草本莖)

우리말에서는 풀의 줄기 초경(草莖)과 나무의 줄기 목간(木幹)을
다 같이 '줄기'라 한다. 생물의 기능으로 보면 같거나, 비슷하지
만, 풀과 나무의 '줄기'는 큰 차이를 보이는 것이 사실이다. 그래
서 중국어에서는 풀과 나무의 줄기를 jing(莖)과 gan(幹)으로 구분하
며, 일본어에서는 kuki(莖)와 miki(幹)로 구분한다. 영어의 경우도 대
체로 풀의 줄기는 a stalk, stem, stipe라 하고, 나무의 줄기는 the
trunk, stock, bole, body, shaft라 하여 구분한다.

따라서 풀의 줄기와 나무의 줄기를 구분하지 않는 것은 우리
말, 우리 문화의 한 특징이다. 언어의 구조적인 면에서 볼 때 이
는 우리말이 종합적이라 한다면, 중국어나, 일본어, 영어는 분석
적이라 할 수 있는 것이다.

이에 우리말의 '줄기'를 초경과 목간에 따라 구별해 본다면 '감
는줄기, 기는줄기, 덩굴줄기, 줄기마름병, 풀줄기'는 풀의 줄기(莖)
에, '나무줄기, 댓줄기(竹幹)'는 나무의 줄기(幹)에, '곧은줄기, 꽃줄
기, 잎줄기, 탈바꿈줄기'는 풀과 나무의 양쪽에 다 속하는 말이라

할 수 있다. 특히 '탈바꿈줄기'는 변태경(變態莖)으로 초목에 다 나타나는 것으로, 줄기의 가시·덩굴손 따위가 특수작용을 하기 위하여 변한 것을 말한다.

줄기(莖·幹)는 뿌리(根), 혹은 가지(枝)와 대조된다. 그런데 뿌리(根)에 해당할 '줄기'를 나타내는 말도 많다. '덩이줄기(塊莖), 땅속줄기(地下莖), 땅줄기(地莖), 밑줄기, 비늘줄기(鱗莖), 뿌리줄기(根莖), 알줄기(球莖)' 등이 그것이다. 이들은 한자어에서 보는 바와 같이 줄기가 경(莖)자에 대응되고 있다. 그런 면에서 이는 우리만의 색다른 발상의 말이 아니다. 줄기와 가지가 대조되는 복합어는 따로 보이지 않는다. 다만 '줄기'에 대한 '졸가리'란 말이 하나 보일 뿐이다. '졸가리'는 잎이 다 떨어진 나뭇가지를 나타내는 말이다. 나뭇잎보다 졸가리를 땔 때 불땀이 좋아 '불이 마디다'고 하는 '졸가리'다.

'줄기'는 잇대어 뻗어나가는 물이나 산 따위의 갈래를 의미하기도 한다. 이것은 우리만의 표현이다. '강줄기, 물줄기, 산줄기' 같은 복합어가 이들의 예다. 불이나 비 따위가 길게 뻗어 나가는 형세를 이르는 '불줄기, 빗줄기'도 우리만의 표현이다.

'줄기'와의 복합어에는 사전(국립국어원, 『표준국어사전』)의 풀이에 보이지 않는 의미도 보인다. 그것은 사람이나 동물과 관련된 '줄기'와 문법용어로서의 '줄기'다.

사람이나 동물과 관련이 있는 '줄기'에는 '등줄기, 불줄기(불줄),

물통줄기, 여린줄기, 혓줄기' 등이 있다. '등줄기'는 한자말로 척주(脊柱)라 한다. 일본말로는 '세스지(背筋)라 한다. '불줄기'는 음낭 밑에서 항문까지 잇닿는 힘줄(筋)이다. 이는 줄여 '불줄'이라고도 한다. '물통줄기'는 소나 양과 같은 반추동물에서 새김질하는 것이 넘어가는 길을 말한다.

'여린줄기'는 물고기의 지느러미를 이룬 연한 뼈, 곧 연조(軟條)를 말한다. '혓줄기'는 혀의 밑동, 곧 설본(舌本)으로, 이를 속되게 이를 때에는 '혓줄때기'라 한다. 이렇게 볼 때 사람이나 동물에 쓰이는 '줄기'는 근(筋)이나, 선을 의미하는 것이라 볼 수 있다. 문법용어로서의 '줄기'는 어간(語幹)이며, '도움줄기'는 보조어간이다. '줄기'란 씨끝(語尾)과 대조되는 말로 용언의 활용에서 변하지 않는 부분을 말한다. 이는 학술용어로 새로 만든 말이다.

이 밖에 '대줄기, 원줄기, 외줄기'란 말도 눈여겨볼 말이다. '대줄기'란 '大-줄기'로 '大줄거리'와 동의어다. '줄기'란 어떤 일이나 이야기 따위가 진행되어 가는 흐름의 뜻도 지니기 때문이다. '대줄기'는 어떤 사실의 중요한 골자를 나타낸다. '원줄기'는 근본이 되는 줄기로 초목의 줄기(莖·幹)만이 아니라, 물(水)·사상·학문 등의 원류(源流)를 의미한다. '외줄기'는 일조(一條), 단선(單線)을 의미하는 말로, 이것도 역시 식물의 줄기(莖·幹)와 함께, 갈라지지 않은 물이나 길 등의 흐름과 이어짐 따위를 두루 의미한다.

속담에 가지 많은 나무 바람 잘 날이 없다고 한다. 더구나 '가지가 줄기보다 크면 반드시 찢어지게 마련(枝大本必披)'이라고 한다. 지엽적 문제가 기본이 되는 문제보다 더 커지게 되면 사단이 나게 마련이다. 근간을 바로잡고, 중심을 제대로 잡아야 나라나 사회의 기강이 바로 서게 된다.

　(참고 : 우리말의 고어에서는 줄기 간(幹)의 幹을 웃듬 간(『훈몽자회』)이라 하고 있고, 그루 주(株)의 株도 웃듬 쥬(『훈몽자회』)라 하고 있다.)

죽은 중에 곧장 익히기

중(僧)

우리 시조(時調)에는 다음과 같은 익살스러운 노래가 있다.

중놈은 승(僧) 년의 머리털 잡고, 승(僧) 년은 중놈의 샹토(상투)
쥐고

두 쓰니 맛밋고 이 윈고, 져 윈고 쟉쟈공이 쳔눈듸, 뭇 쇼경(소
경)이 구슬(굿을) 보니

어듸셔 귀머근(귀먹은) 벙어리는 외다 올타(옳다) 흐느니.

남자 중과 여자 중이 상투와 머리털을 잡고 마주 매고 다투는
데, 뭇 소경이 굿을 보고, 귀먹은 벙어리는 남승이 옳다, 여승이
옳다 시비(是非)를 가린다는 내용이다. 이는 외관(外觀)상으로 보나
의미상으로 보나 익살스럽고 허황하다. 우선 중은 머리칼이 없는
가 하면, 소경은 볼 수 없고, 벙어리는 들을 수 없는 사람이다.

264

그런데 이들이 머리를 잡고 싸우는가 하면, 싸우는 광경을 보고 듣고 시비한다. 있을 수 없는 일로, 폭소를 자아낼 노릇이다. 이는 세상을 풍자한 시조다.

시조에서는 남녀 승(僧)을 '중놈', '승년'이라 비하하고 있다. 속담에서도 마찬가지로 '중놈, 승년'이라 한다. '스님'이란 말은 거의 볼 수 없다. 현대소설에서도 이러한 말이 많이 보인다. 중노릇은 '중질', '중노릇하는 것은 '중질한다'고 했고, 중처럼 빡빡 깎은 머리를 '중대가리'라 하였다. 신라(新羅)시대에는 호국불교(護國佛教)로 중이 추앙을 받았는데, 조선(朝鮮)시대에 접어들어 숭유억불(崇儒抑佛) 정책으로 중을 천시한 결과다. 오죽하면 '죽은 중에 곤장 익히기'라고 '사승습장(死僧習杖)'이란 말까지 생겼겠는가? 언어와 문화의 불가분한 관계를 실감하게 한다.

중을 나타내는 말은 여러 가지가 있다. '경산중, 굿중, 노장중, 동냥중, 동자중, 땡땡이중, 땡추중, 먹중, 승중, 신중'이 그것이다. '경산(京山)중'의 경산(京山)이란 서울 부근의 산을 가리킨다. 따라서 '경산중'이란 서울 부근 절의 중이란 말이다. '굿중'은 집집으로 꽹과리를 치고 다니며 시주를 청하던 걸립하는 중이다. '노장(老長)중'이란 나이가 많고, 덕행이 높은 중을 말한다. 줄여 '노장'이라 한다. '노장'은 봉산탈춤, 강령탈춤, 송파산대놀이, 양주 별산대놀이 등에 등장하는 파계승의 이름이기도 하다. 봉산탈춤에서는 '노장'이 파계를 하고 '소무(小巫)'와 놀아난다. 그는 긴 염주를 목에 걸고, 부채를 들었으며, 검은 바탕에 흰 점을 찍고 금지(金紙)를 붙인 탈을 썼다. 이 '노장'이 바로 파계한 '노장중'이다. '동냥중'은 자미승(慈米僧), 재미승(齋米僧)이라고도 하는 중으로 동냥을 다니는 중이다. '땡땡이중'은 꽹과리를 치면서 동냥을 다니는 탁발승(托鉢僧)이다. '동자중'은 동자승(童子僧)으로 어릴 때 출가하여 중이 된 동자삭발(童子削髮)한 중이다. '동자삭발'은 그래서 아예 어릴 때 출가하여 중이 되는 것을 이르는 불교용어가 되었다.

'땡추중'은 주색을 즐기고 육식을 멋대로 하는, 중답지 아니한 가짜 중이다. 이런 파계승을 조롱하는 것은 탈춤의 단골 메뉴다. 양주 별산대놀이의 다음과 같은 대사가 그것이다.

> 목중 : 얘, 얘. 우리들은 겉은 중이라도 속은 멀쩡한 오입쟁이
> 중인데, 염불이고 고뿔이고 다 고만두고 백구타령이나
> 한 번 부르자.

그런데 여기 하나 덧붙일 것이 있다. 그것은 중국 소림사(小林寺) 중들은 고기를 먹는다고 한다. 당 태종(唐太宗) 이세민(李世民)이 건국을 도와 준 승군(僧軍)에 대한 보답으로 무력을 기르려면 육식(肉食)을 하여야 한다고, 육식을 해도 좋다는 교서를 내렸다는 것이다. 불법(佛法) 위에 왕권이 작용한 것이다. '땡추중'은 줄여 '땡추'라 한다. '먹중'은 먹장삼을 입은 중이다. 이는 또한 양주 별산대

놀이나, 봉산탈춤 따위에 나오는 탈, 또는 그 탈을 쓰고 나오는 사람을 가리킨다. '승중'은 신중을, '신중'은 여승, 비구니를 이르는 말이다.

'중'은 놀이와 관련된 용어에도 여러 군데 쓰이고 있다. '굿중놀이, 먹중잡이, 먹중춤, 먹중탈, 중굿, 중타령'이 그것이다. '굿중놀이'는 굿중패가 꽹과리를 치면서 요란하게 염불하는 것으로, 아이들이 시끄럽고 소란스럽게 몰려다니는 것을 비유적으로 이르기도 한다. '야단법석(惹端法席)'이 떠들썩하고 부산스러운 것을 이르거니와 굿중놀이도 염불을 하되, 꽤나 요란스러웠던 모양이다. '먹중잡이'는 남사당패 탈놀음의 넷째 마당으로, 외래문화·종교를 배격하는 장면이다. '먹중춤'은 봉산탈춤의 팔목중춤에 등장하는 먹중들이 추는 춤으로, 이는 노승을 놀리고 꾀기 위하여 먹중들이 하나씩 나와서 익살스러운 춤을 추는 것이다.

'먹중탈'은 탈의 하나로, 적갈색, 또는 적흑갈색 바탕에 상하좌우의 주름살은 붉은 색으로, 눈은 흰색, 눈의 양쪽은 붉은 색, 눈썹은 희고, 검은 점을 찍었다. 머리가 뾰족하고, 코는 크게 생겼다. 이는 '먹중가면', 혹은 '먹중, 먹승'이라고도 한다. '중굿'은 제석(帝釋)굿으로, 무당의 열두 거리 굿 가운데 하나다. 무당이 모시는 제석신(帝釋神)을 받들기 위해 하는 것으로 불교적 색채가 강하다. 불사굿, 제석풀이라고도 한다. '중타령'은 두 가지가 있다. 하나는 흥부가, 심청가, 숙영낭자전에 나오는 중에 관한 내용을 엇모리 장단에 맞추어 부르는 노래다. 바라타령, 승타령이라고도 한다. 다른 하나는 서울지역의 굿에서 굿거리장단에 창부타령조로 부르는 노래다.

이밖에 중과 관련되는 말로는 '중바랑, 중살이'와 같은 것이 있다. '중바랑'은 중이 등에 지고 다니는 주머니인 '바랑'의 원말이다. 이는 걸낭(乞囊)이라고도 한다. '중살이'는 중노릇을 하면서 사는 일이다. 현진건의 『무영탑』에 보이는 "자자분한 중살이를 하더니만 사람까지 잘게 되는 모양일세그려."가 그 예다.

오늘날 우리나라 중은 종교의 자유로 말미암아 복권되었다. 불교는 신자수로 볼 때 우리나라 제일의 종교다.

혼자 가면 도망질, 둘이 가면 마전질

질(접미사)1

금년 여름은 유난히도 덥다. 기상이변이다. 시원하자고 부치는 부채질이 오히려 더위를 더하는 것 같다.

우리말에는 '부채질, 손가락질, 서방질'과 같이 '-질'이란 접미사가 붙는 말이 참으로 많다. 약 400개나 된다.

그러면 먼저 접미사 '질'자로 운을 단 타령을 하나 보기로 한다. 이는 이천(伊川) 지방의 「질타령」이다.

혼자 가면 도망질/ 둘이 가면 마전질/
셋이 가면 가래질/ 넷이 가면 화토(花鬪)질/
화토 끝에 싸움질/ 싸움 끝에 정장(呈狀)질/
정장 끝에 징역질.

이는 사람 수에 따라 달라지는 행위를 노래한 것이다. 혼자,

둘, 셋과 같은 숫자는 노래의 행위에 필요한 인원의 필요충분조
건을 나타낸 것이다.

『표준국어대사전』(두산동아, 1999)에는 이 접미사 '-질'의 뜻을 다
음과 같이 풀이하고 있다.

> ① (도구를 나타내는 일부 명사 뒤에 붙어) '그 도구를 가지고
>   하는 일'의 뜻을 더하는 접미사.
> ② (신체 부위를 나타내는 일부 명사 뒤에 붙어) '그 신체 부위
>   를 이용한 어떤 행위'의 뜻을 더하는 접미사.
> ③ (일부 명사 뒤에 붙어) '그런 일', 또는 '그런 행위'의 뜻을
>   더하는 접미사.
> ④ (물질을 나타내는 몇몇 명사 뒤에 붙어) '그것을 가지고 하
>   는 일', 또는 '그것과 관련된 일'의 뜻을 더하는 접미사.
> ⑤ (몇몇 의성어 또는 어근 뒤에 붙어) '그런 소리를 내는 행
>   위'의 뜻을 더하는 접미사.

접미사 '-질'은 크게 행동(짓)과 역할(노릇)이란 두 가지 뜻을 나
타내는 것으로 볼 수 있다. '낚시질, 뒷걸음질, 비질'은 행동·동
작을, '도둑질, 미장이질, 훈장질'은 역할·노릇을 나타낸다. '질'
은 '짓(동작)'이 변한 말로, 이는 본래 의미 중립적(中立的)인 말이다.
'군것질, 땜질, 소꿉질, 저울질'이 그 예다. 북한이나, 중국 조선족
사회에서 비하의 개념이 없이 '임금질, 서기질, 선생질'이라 하는

것도 이러한 맥락의 표현이다. 그런데 우리 사회에서는 이 말이 비하의 의미를 많이 지니게 되었다.

'-질'은 또한 형태적으로 '다듬질, 마름질, 솎음질'과 같이 동작을 나타내는 동사의 명사형 뒤에 붙어 파생어를 만드는 경우도 많다. 따라서 '-질' 관계 파생어의 의미 유형은 위의 사전 풀이와 달리 좀 더 세분하는 것이 바람직하다.

그 한 방법으로 ① 도구+질型 ② 사람+질型 ③ 신체부위+질型 ④ 일부 명사+질型 ⑤ 물질명사+질型 ⑥ 명사형+질型 ⑦ 동작성(動作性) 명사+질型 ⑧ 의성어+질型 등으로 나누는 것이다. 이렇게 보면 '-질' 관계 파생어(派生語)는 ①형이 가장 빈도가 높고, 그 다음이 ⑥형, ③형의 순으로 빈도가 낮아진다.

제1유형인 도구+질형의 말은 이 도구를 사용하여 하는 일을 뜻한다. 도구 가운데는 가구(家具)가 가장 많고, 그 다음이 농기구다. 가구류에 '-질'이 붙은 단어로는 '가위질, 곁쇠질, 글겅이질, 다리미질, 됫박질, 두레박질, 마치질, 말[斗]질, 망치질, 메질, 바느질, 방망이질, 비질, 빗질, 솔질, 인두질, 자[尺]질, 저울질, 절구질, 조리(笊籬)질, 죽젓개질, 체질, 칼질, 키질, 함지질' 같은 것이 있다. 이 가운데 '곁쇠질, 글겅이질, 죽젓개질, 함지질'은 조금 낯선 말이다. '곁쇠질'은 제 짝이 아닌 다른 열쇠로 자물쇠를 여는 것을 말한다. 염상섭의 『삼대』에는 다음과 같은 용례가 보인다.

"열쇠 가져오너라." 시아버지는 반색을 하며 비로소 생기가 난다. "집에 두고 다니지는 않아요." 영감은 다시 낙심이 되었다. 어린애가 장난감 만적거리듯이 대그럭거리며 곁쇠질을 하려 한다.

'글겅이질'은 글겅이로 빗는 동작이다. '글겅이'란 '긁-엉-이'로 긁는 기구를 말한다. 이는 의미가 확장되어 지방관리나 세력 있는 자가 약한 사람의 재물을 긁어 챙기는 짓을 의미하기도 한다. 가렴주구(苛斂誅求)다. '죽젓개질'은 죽을 쑬 때에 죽젓광이로 눌어붙지 않게 죽을 젓는 행동이다. 이는 남이 하는 일을 휘저어 방해하는 짓을 비유하기도 한다. '함지질'이란 함지로 복대기나 감흙을 일어 금을 채취하는 동작이다. 이기영(李箕永)의 『두만강』에 보이는 "그는 물을 돌리고, 바닥 흙을 파내다가 함지로 일었다."는 '함지질'이 이것이다.

농기구에 '-질'이 결합된 말로는 '가래질, 갈퀴질, 걸기질, 겨리질, 괭이질, 낫질, 도끼질, 도리깨질, 바디질, 번지질, 부뚜질, 써레질, 자리개질, 자새질, 쟁기질, 지게질, 풀무질, 호리질' 따위가 있다. 이 가운데 '겨리질, 번지질, 부뚜질, 자리개질, 자새질, 호리질'이 좀 생소한 말이다. '겨리질'은 소 두 마리가, '호리질'은 소 한 마리가 끄는 쟁기질이다. '번지질'은 흙을 고르거나, 곡식을 긁어 모으는 번지를 사용하여 하는 일이다. '부뚜질'은 타작마당에서 곡식의 티끌을 없애려고 풍석(風席) 부뚜(봊-돛)를 흔들어 바람을 일으키는 것이다. '자리개질'은 짚으로 만든 굵은 줄, '자리개'로 묶어서 타작하는 것이다. '자새질'은 줄 따위를 꼬기 위해 자새를 돌리는 일이다. 이는 손 아닌 기계로 꼬는 것이므로 능률적이다.

이 밖에 '가리질, 견지질, 그레질, 끌질, 낚시질, 남포질, 대패질, 달구질, 물장구질, 배질, 붓질, 상앗대질, 엄대질, 자귀질, 주살질, 채찍질, 흙손질' 등도 이 유형에 속하는 말들이다. '가리질, 견지질, 낚시질'은 물고기를 잡는 행위와 관련된 말이고, '그레질, 끌질, 대패질, 달구질, 자귀질, 흙손질'은 건축과 관련된 말이다. '배질'은 노를 저어 배를 가게 하는 동작이고, 또 앉아서 끄떡끄떡 조는 것을 놀림조로 이르는 말이기도 하다. 끄떡끄떡 조는 것을 '배질'이라 하는 것은 익살스러운 비유다. '붓질'은 붓을 놀려 그림을 그리는 것이다. '엄대질'은 대를 에어(刻) 외상거래를 하는 것이며, '주살질'은 줄에 맨 살을 쏘는 동작으로, 고래잡이 등에서 볼 수 있는 광경이다. '주살'은 '줄-살'의 줄(繩)의 'ㄹ'이 탈락된 말이다.

난질 간 암탉

질(접미사)2

앞에서 접미사 '-질'의 제1유형에 대해 살펴보았다. 다음에는 제2유형 이하를 보기로 한다.

제2유형은 직능인(職能人)을 나타내는 말 뒤에 '-질'이 붙어 그러한 역할을 하는 것을 나타낸다. '강도질, 도둑질, 미장이질, 선생질, 수적(水賊)질, 역적(逆賊)질, 종질, 훈장질'이 그것이다. 이들은 흔히 선호하지 않는 직종에 쓰여 비하하는 의미를 지닌다. 그래서 바람직한 직종에는 이런 말이 쓰이지 않거나 꺼린다. '임금질'이 안 쓰이고, '선생질'을 꺼리는 것이 그것이다.

제3유형은 신체부위에 '-질'이 붙어 그 신체 부위를 이용한 행위를 나타낸다. '곁눈질, 군입질, 발길질, 손가락질, 손질, 입질, 주먹질' 같은 것이 그것이다. 특별히 매만지거나, 함부로 때리는 것을 나타내는 '손질'의 경우는 여러 가지 접두사가 붙어 다양한 동작을 나타낸다. '군손질, 뒷손질, 선손질, 잔손질, 잡손질, 헛손

질'이 그것이다. 이 가운데 때리는 동작은 '선손질'과 '헛손질'의
둘 뿐이다.

　제4유형은 일부 명사에 붙어 '그런 일', 또는 '그런 행동'을 나
타낸다. '가댁질, 개다리질, 계집질, 귓속질, 꼴뚜기질, 나비질, 뜸
베질, 마당질, 무두질, 밴대질, 분대질, 붓방아질, 서방질, 소꿉질,
옆질, 용골때질, 용두질, 태질, 팔매질, 푼거리질' 따위가 그 예다.

　이들 가운데는 잘 쓰이지 않아 생소한 말이 많다. '가댁질'은
서로 피하고 잡고하며, 뛰노는 아이들의 장난을 말한다. 이효석의
「들」에 "깊은 곳에 들어가 물장구와 가댁질이다."가 그 예다. '개
다리질'은 주책없이 발을 흔드는 발질로, '개다리질'을 하면 재수
가 달아난다고 옛 어른들은 이를 제지하던 것이다. '꼴뚜기질'은
다른 손가락은 꼬부리고 가운뎃손가락만 펴서 내미는 욕(辱) 동작
이다. 가운뎃손가락 치켜 세우기는 서양에서도 모욕을 나타내는
욕 동작이다. '나비질'은 타작 때 쭉정이나 검부러기 등을 날리기
위해 두 줄로 서서 키로 나비가 날개 치듯 부쳐 바람을 일으키던
동작이다. 이때 발까지 버쩍버쩍 들며 '나비야 훠얼훨'하고 소리
를 먹인다. 요사이는 추수의 기계화로 이런 모습을 볼 수 없게
되었다.

　'뜸베질'은 소가 뿔로 물건을 마구 들이받는 짓이고, '무두질'
은 가죽을 부드럽게 다루는 일이다. '밴대질'은 여자끼리 성교 흉
내를 내는 짓이고, '분대질'은 수선스러운 짓으로 남을 괴롭히는

것이다. '옆질'은 물 위에서 배가 좌우로 흔들리는 일이다. '용골때질'은 심술을 부려 남의 부아를 돋우는 짓으로 청나라 장수 용골대(龍骨大)와 관련이 있는 것으로 보인다. 용골대는 인조(仁祖) 때 사신으로 와 군신(君臣)의 의(義)를 맺자고 제안했다가 거절을 당하자 병자호란(丙子胡亂)을 일으킨 장본인이다.

'태질'은 자리개로 볏단을 묶어 개상이나 탯돌에 내리쳐 벼를 떠는, 타작의 한 방법이다. 여기서 "성난 비바람은 하루 종일 빗줄기를 유리창에 태질을 쳤다."와 같이 세계 메어치거나 내던진다는 뜻이 파생되었다. '푼거리질'은 몇 푼 안 되는 돈으로 땔나무나 물건을 사서 쓰는 영세민의 삶을 반영하는 말이다.

제5유형은 물질명사에 '-질'이 붙어 그 물질과 관련된 일이나 행동을 나타낸다. '군것질, 돈질, 돌멩이질, 맞담배질, 매질, 맥질, 못질(釘), 부레질, 부침개질, 불질, 쪽매질, 풀질(糊), 흙질' 같은 것이 있다. '돈질'은 노름판에서 건 돈을 주고받는 것이고, '부레질'은 부레풀로 물건을 붙이는 일이다. '부레풀'은 색다른 풀로, 이는 민어의 부레를 끓여 만든 어표교(魚鰾膠)를 말한다.

'불질'은 총포(銃砲) 등을 쏘는 일로, '선불 맞은 호랑이 뛰듯'의 '불'이 그것이다. '쪽매질'은 조각조각의 나무를 모아 목기를 만드는 일이며, '흙질', 또는 '맥질'은 '매흙질'의 준말로, 잿빛의 보드라운 매흙을 벽이나 방바닥에 바르거나, 이기는 것을 말한다.

제6유형은 용언의 'ㅁ'명사형에 '-질'이 붙은 것으로, 용언이 뜻하는 행위를 나타낸다. 대표적인 것 몇 가지만 보면 '갈음질(磨), 감침질, 까붐질(箕), 다듬질(整), 도림질(削), 땜질, 뜸질(炎), 마름질(裁), 바꿈질, 박쌈질, 보쌈질, 박음질, 붙임질, 새김질(刻), 솎음질, 시침질, 싸움질, 업음질(負), 죄암질, 찜질' 따위가 있다.

이 가운데 '박쌈질'은 음식을 박쌈으로 도르는 일을 뜻하는데, '박쌈'이란 남의 집에 보내려고 함지박에 음식을 담고 싸는 것을 말한다. '죄암질' 또는 '쥐엄질'은 젖먹이가 두 손을 쥐었다 폈다 하며 재롱을 부리는 동작이다. 흔히 손을 쥐라고 '죄암죄암', 또는 '쥐엄쥐엄'하며 어린이의 동작을 유도한다.

제7유형은 동작성 명사에 '-질'이 붙은 것으로, 그 명사의 동작을 나타낸다. 이러한 것에는 접미사 '-개, -이' 등이 붙은 것, 명사 아닌 어근으로 된 것도 있다. '갈이질(耕), 난질, 누비질(納), 다듬이질, 단근질(烙刑), 더듬이질(觸), 닦달질, 덧거리질(額外添加), 동냥질, 뒤집개질(轉), 뜨개질, 무꾸리질(占), 봉창질, 숨바꼭질, 싸개질, 씨양이질, 오입질, 외상질, 외욕질, 욕지기질, 욕(辱)질, 이간질, 자맥질, 투정질, 훔치개질(拭)' 같은 것이 그것이다.

이 가운데 '난질'은 여자가 정을 통한 남자와 도망하는 짓을 의미한다. '난'은 '나다(出)'의 전성명사(轉成名詞)로, '드난살이, 드난하다'의 '드난(出入)'의 '난'이다. '드난살이'는 임시로 남의 집 행랑에 붙어 지내며, 주인집의 부엌일을 '들고 나며' 도와주는 고용살이다. '난질'의 예는 채만식의 소설 「용동댁」에 "이 암탉이 이웃

집의 장닭을 따라 난질을 간 것을 미워하는 자기의 마음을 만약 의식했다면……" 같은 것이 보인다. '무꾸리질'은 '巫-굿거리-질'이 변한 말이며, '씨양이질'은 한창 바쁠 때 쓸데없는 일로 남을 귀찮게 구는 짓이다. '외욕질'은 속이 좋지 않아 욕지기를 하는 짓이며, '해작질'은 무엇을 들추거나 헤적이는 행동이다.

제8유형은 의성어에 '-질'이 붙어 그런 소리와 관련된 짓을 나타낸다. '도리질, 딸꾹질, 발버둥질, 부라질, 소드락질, 짝짜꿍질, 투레질, 호락질' 같은 것이 그것이다. '부라질'은 부라부라 하며 젖먹이의 겨드랑이를 잡고 좌우로 흔들며 다리를 번갈아 떼게 하는 것이고, '소드락질'은 남의 재물을 빼앗는 짓인데 '소드락소드락'하는 의태어에서, '호락질'은 남의 힘을 빌리지 않고 가족끼리 농사를 짓는 일을 뜻하는데, 이는 '호락호락'이란 의태어에서 파생한 말이다.

우리말은 조사와 어미가 발달되어 정확하고 논리적인 표현을 하게 한다. 이는 중국어와 다른 점이다. 접미사나 접두사는 조사와 어미와 같이 우리말을 보다 풍성한 표현성을 갖게 하는 구실을 한다.

집도 절도 없다
집1

　　우리 속담에 "집도 절도 없다"는 말이 있다. 아무 데도 몸을 붙일 곳이 없고, 의지할 데가 없다는 말이다. 사람이 비바람과 한서(寒暑)를 피해 살아가자면 우선 제 '집'이 있어야 한다. 그렇지 않으면 동가식서가숙(東家食西家宿)해야 한다. 그래서 형에게 쫓겨난 흥부도 우선 집부터 짓는다. 그런데 이것이 걸작이다.

　　흥부는 집도 없어 집을 지으려면 집 재목을 마련하려 만첩청산 들어가서 소부동 대부동을 와드렁퉁탕 베어다가 안방 대청 행랑 몸채 내외분합 물림퇴에 살미살창 가로닫이 입구자로 짓는 것이 아니라, 이놈은 집 재목을 마련하되 수수밭 틈으로 들어가서 수숫 대 한 뭇을 베어다가 안방 대청 행랑 몸채 두루 지어 말집을 딱 짓고 도라보니 수숫대 반 뭇이 그저 남았구나. 방안이 넓든지 마든지 양주가 들어누워 기지개를 켜면 발은 마당으로 가고 대가리 는 뒤꼍으로 가고 엉덩이는 울타리 밖으로 나가니 동리 사람이

출입하다가 이 엉덩이 불러들이소 하는 소리를 흥부가 듣고 깜짝
놀라 대성통곡 우는 소리, 애고 답답 설은지고

제 몸 하나 누이지 못할 조그마한 집, 두옥(斗屋)을 지었다는 것
인데, 그것이 매우 익살스럽게 그려져 있다. 그런데 요사이는 수
요에 비해 물량이 달려 서민은 이런 집마저도 마련하지 못해 한
숨을 짓는가 하면, 졸부(猝富)들은 투기로 한탕 벌겠다고 난리를
쳐 시끄러운 세상이다.

'집'은 사람이 그 속에 들어가 살기 위해 지은 물리적 공간이
다. 이는 일본어의 '家屋', 중국어의 'fangji(房子)', 영어의 'house'에
해당된다. 이 '집'이 가정을 이루고 생활하는 '집안'을 의미하는
것은 그 의미가 확장된 것이다. 이는 일어의 '이에(家)', 중국어
'jia(家)', 영어의 'home'에 해당된다. 따라서 우리의 '집'은 다른 나
라에 비해 '건물'이란 의미가 강하다. '집'은 또 '새집', '벌레집'
과 같이 동물의 깃(巢), 곧 보금자리를 의미한다. 이것도 일본어나,
중국어, 영어와는 발상을 달리하는 것이다. 이들 언어에서는 '집'
이라고는 하지 않는다. 그런가 하면 '집'은 또 '칼집, 벼룻집'과
같이 끼거나 담아둘 수 있게 된 기구를 가리키는가 하면, 마작·
바둑과 같은 놀이의 용어로도 사용된다.

'집'은 주거문화(住居文化)를 반영하는 대표적인 것이다. 이는 그
시대나 사회를 반영하여 갖가지 형태로 지어진다. 멀리 움집에서

부터 시작하여 초가삼간을 거쳐 오늘날의 호화 아파트에 이르는 것이 그것이며, 널판을 쌓은 대(臺), 집 위에 집을 지은 누(樓), 사방이 툭 트인 정(亭)도 이러한 것이다. 전통적인 한식 가옥에는 맞배집, 삿갓집, 팔작(八作)집, 호두각(虎頭閣)집, 고주(高柱)집, 날개집, 정자(丁字)집, 디귿(ㄷ)자집 등이 있다. 이들은 독특한 건축 양식을 보여주는 것으로, 우리의 건축문화(建築文化)를 반영하는 구체적인 예들이다.

'맞배집'은 맞배지붕으로 된 집을 이른다. 이는 지붕의 완각(側面)이 잘린 듯, 'ㅅ'자 모양으로 된 집을 가리킨다. '맞배집'은 '팔작집'과 비교할 때 쉽게 이해된다. '팔작집'은 팔작지붕으로 된 집으로, 네 귀에 모두 추녀를 달아지은 집이다. '팔작지붕'은 팔각지붕, 또는 합각(合閣)지붕이라고도 하는 것으로, 지붕이 팔각으로 되어 있음을 말한다. 이는 측면에서 볼 때 '맞배지붕'과 달리, '八'자 모양으로 꺾임이 있다. '삿갓집'은 지붕이 네 면인 삿갓모양의 집으로, 요사이 들판에 세워 놓은 정자형의 건축 양식에서 쉽게 볼 수 있는 것이다. '호두각집'은 대문 지붕이 가로 되지 않고, 의금부의 호두각을 본떠 용마루의 머리빼기 밑에 문을 낸 집을 이른다. '고주(高柱)집'은 대청 한복판에 높은 기둥을 세워, 복판이 높게 되어 있는 집이고, '날개집'은 주가 되는 집채 좌우로 부속 건물이 죽 뻗쳐진 집을 이른다. '정자집'은 종마루가 정(丁)자 모양으로 된 집으로, 흔히 왕릉 앞에 세워져 있는 것이다.

'디근자집'은 집의 구조가 'ㄷ'자 모양으로 된 것이다. 디근자의 터진 입을 막은 것이 '입구(ㅁ)자집'이다. 사면을 에둘러 집을 짓고 가운데 마당을 둔 집이다. 위의 『흥부전』의 보기에도 보이는 것이다.

이 밖에 '귀틀집, 모말집, 겹집, 홑집'과 같은 양식의 집도 있다. '귀틀집'은 큰 통나무를 우물 정(井)자 모양으로 귀를 맞추어 층층이 얹고, 틈을 흙으로 메워 지은 집을 가리킨다. 황석영의 『장길산』에는 "동쪽에도 역시 귀틀집의 망루가 있었으며, 퇴로를 차단하려는 것이었다."고 이의 용례가 보인다. '모말집'은 '말집'이라고도 하는 것으로, 추녀가 사방으로 뺑 돌아가게 지은 집을 가리킨다. 여기서 '모말'이란 네모진 도량형기(度量衡器) 말을 가리킨다.

'겹집'은 한 채만으로 된 '홑집'에 대가 되는 말로, 여러 채가 겹으로 되거나 잇달린 집을 말한다. '겹집'은 고관대작의 즐비한 기와집이요, '홑집'은 가난한 서민의 초라한 초가집이다. '겹집'은 또 한 개의 종마루 밑에 두 줄로 방을 들인 집을 가리키기도 한다. '홑집'의 용례는 이문열의 『변경』에 다음과 같은 것이 보인다.

대개 한 일(一)자로 지어진 홑집이고, 손바닥 같은 채마밭을 끼고 있는데, 그 집들에는 하나같이 타성받이들만 살았다.

이 밖에 집의 구조와 관련이 있는 말로 '다락집, 달개집, 닫집, 뾰족집, 오량(五樑)집, 칠량(七樑)집, 층집, 평집' 같은 말이 있다. '다락집'은 누각이고, '달개집'은 원채에서 달아낸 집을 말한다. '닫집'은 감실(龕室), 또는 당가(唐家)를 이르는 것으로, 법전 안의 옥좌(玉座) 위나, 법당의 불좌 위에 만들어 단 집의 모형을 가리키는 말이다. '뾰족집'은 말할 것도 없이 지붕 끝이 뾰족한 성당 같은 집을 가리킨다. '오량집', '칠량집'은 각각 들보를 다섯, 또는 일곱 개를 놓아 지은 집을 이른다. '층집'은 여러 층으로 지은 집이고, '평집'은 평가(平家)로, 도리를 셋이나 넷 얹어 지은 집이다. '도리'는 기둥과 기둥 위에 돌려 얹는 나무를 말한다.

'집들이'할 때 '집알이'를 한다

집2

앞에서 집의 구조와 관련된 말을 살펴보았다. 그런데 '집'은 이 밖에 자재, 용도, 주체, 위치 등에 의해서도 다양하게 구별되는 것을 볼 수 있다.

우선 자재(資材)와 관련된 것에 '기와집, 돌집, 판잣집, 초가집, 양철집, 너와집' 같은 것이 있다. 용도와 관련된 것에는 '객줏집(客主), 마방(馬房)집, 상엿집(喪輿), 셋집(貰), 꽃집, 물집, 술집, 주막(酒幕)집, 요릿집, 체곗집(遞計)'과 같이 다양하다. 이 가운데 '객줏집'은 객주 영업을 하는 집이고, '마방집'은 말을 두고 삯짐 싣는 일을 업으로 하는 집이다. '물집'은 북청 물장수의 집이 아니고, 피륙을 물들이는 집, 염색소를 이른다. '체곗집'은 돈놀이하는 집이다.

'배다릿집, 과녁배기집, 상두받잇집'은 집의 위치와 관련된 말이다. '배다릿집'은 주교(舟橋)를 건너 드나들게 된 집이고, '과녁배기집'은 화살의 과녁처럼 똑바로 건너다보이는 곳에 있는 집이다.

아파트 단지에는 이 과녁배기집이 많다. '상두받잇집'은 상여가 그 집 대문을 마주친 뒤에야 돌아나가게 된 집을 이른다. 이런 집은 풍속에 꺼린다. 이 밖에 '가시집(妻家), 시집(媤家), 작은집, 둘쨋집, 부잣집, 기생집, 여염집' 같은 말은 그 집에 사는 사람과 관련된 것이다. 이 밖에 '목롯집, 벗집'은 각각 목로와 벗이 있는 집이란 말이니, '목로(木壚)'는 선술집에서 쓰이는, 널빤지로 좁고 기다랗게 만든 상을 가리킨 말이고, '벗'은 친구가 아니라, 염전(塩田)에서 소금을 굽는 가마를 이르는 말이다. '날밤집'은 좀 색다른 말로, 밤새도록 영업을 하는 집이다. 요샛말로 24시간 영업하는 집이다.

이상 사람이 거처하는 곳이거나, 사물의 수납처(收納處)로서의 '집'을 살펴보았다. 이 밖에 '집'은 '새집', '벌집'과 같이 동물의 서식처거나 보금자리도 의미한다. 이는 비유적 표현으로, '깃(巢), 굴(窟, 窩), 구멍(穴), 우리(圈)'를 대신하는 말이다. 일어나 영어에서는 흔히 'す(巣)'나 'nest(깃)'로 표현된다.

'집'은 또 '갓집(笠), 거울집, 벼룻집, 수젓집, 안경집, 칼집'과 같이 사람의 집이 아닌, 어떤 물건을 끼거나 넣어 두게 되어 있는 기구를 나타낸다. 이들은 우리말의 독특한 것이다. 영어에서 흔히 case라 일러지는 것이다. 그런가 하면 '똥집, 병집'과 같이 '집'은 무엇이 그 속에 들어 있는, 주머니와 같은 것을 이르기도 한다. '똥집'은 대장, 위, 체중(體重)의 속어이며, '병집'은 병소(病巢)를 의미한다. 이러한 말로는 또 '알집, 정집, 아기집, 새끼집' 같은 말이 있다. '알집'은 난자를 만들어 내는 기관 난소(卵巢), '정집'은 정소(精巢), '아기집'은 자궁(子宮), '새끼집'은 동물의 자궁을 이른다. 이 밖에 '대팻집, 바디집, 잇집'의 '집'은 본체를 의미한다. 그래서 '대팻집'은 대팻날을 박게 되어 있는 나무틀을, '바디집'은 바디틀, 곧 바디를 끼우는 테를, '잇집'은 이틀(齒槽)을 의미한다. '몸집, 살집, 뱃집'은 각각 그 대상의 부피를 가리킨다. 이에 대해 '맷집'은 매를 견디어 낼 만한 몸집을 이른다. 흔히 뚱뚱한 사람을 보고 '맷집 좋다'고 하는 것이 그것이다.

그리고 여기 하나 덧붙일 말은 '중국집'이란 말이다. "뭘 먹을까? 중국집에 갈까?" 이렇게 중국요리를 파는 식당을 '중국집'이라 한다. '중국요리집'이나 '청요리집'이란 말이겠으나 다른 나라 요리집과는 명명을 달리하는 특별한 호칭이다.

형태적으로 '집'이 어두에 오는 복합어는 뒤에 오는 말에 비해 많지 않다. 이러한 말 가운데 우리 문화를 반영하는 말로는 '집가심, 집굿, 집돌림, 집들이, 집불이, 집알이' 같은 것이 있다.

'집가심, 집굿, 집돌림, 집불이'는 다 같이 우리 민속과 관련이 있는 말이다. '집가심'은 초상집에서 상여가 나간 뒤에 무당(巫堂)을 불러 집안의 악한 기운을 깨끗이 가시도록 물리치는 일을 가리킨다. 특정한 종교적 신념을 갖지 못한 우리 조상들은 죽음을 악귀(惡鬼)의 장난으로 보아 두려워했기 때문에 집안의 악한 기운을 무당의 힘을 빌어 없애려 한 것이다. '집굿'은 집안이 평안하고 부유하기를 비는 굿이고, '집돌림'은 집집마다 돌며 지신(地神)밟기를 하는 것을 말한다. 이는 음력 정월 대보름날 농악대(農樂隊)를 앞세우고 각 집을 돌며 땅을 다스리는 신령(神靈)을 달래어 연중무사를 비는 것이다. '집불이'는 음력 정월 열나흗날 집집마다 콩을 넣고 호주(戶主)를 표시한 수수깡을 우물에 넣었다가 이튿날 새벽에 꺼내어 콩이 붇고 붇지 않은 것을 보아 그 집 운수를 점치는 것이다. 이 말은 '집(家)-콩(豆)-붇이(潤)'의 구조로 된 것이다. 민속과 관련되는 말에는 또 '집'이 뒤에 오는 '달집'도 있다. 이는 음력 정월 보름 달맞이할 때 불을 질러 밝게 하기 위하여 생솔가지 따위를 묶어 집채처럼 쌓은 무더기를 가리킨다. 그러니 '달집'이란 집채같은 화목(火木)의 무더기인 셈이다. '달집'에 불을 질러 밝게 하는 것은 '달집-태우기'라 하였다. 이들의 용례는 이문열의 『변경』에 다음과 같은 것이 보인다.

그러다가 정월 대보름 동네 청년들이 볏짚과 청솔 가지로 마음먹고 만든 커다란 달집을 태우는 것으로 놀이는 마감했는데, 그때 쥐불 넣은 깡통을 돌리며 까닭없이 신이 나 달집 주위를 뛰어다니던 일은 지금도 기억에 생생하다.

'집들이'는 오늘날에도 행해지는 의식이다. 새로 집을 지었거나, 이사를 한 뒤에 이웃과 친지를 초대하여 집을 구경시키고 음식을 대접하는 행사다. 이는 '집(家)-들이(入)'로 '집에 들어가는 것'을 의미한다. '집알이'는 '집들이'의 대가 되는 말로, 새 집을 구경할 겸 인사로 찾아보는 것을 뜻한다. '집(家)-알이(知)', 곧 집이 어디에 있는, 어떤 집인지 알아본다는 뜻의 말이다. 그리하여 이렇게 새집을 인사차 찾아보는 것은 '집알이하다'라 한다. 따라서 집주인이 '집들이'를 하게 되면, 방문객은 '집알이'를 하는 것이 된다. 그런데 오늘날 많은 사람들은 '집알이'란 말을 잘 몰라, 주객이 다 '집들이한다'는 이상한 언어 풍속도(風俗圖)를 만들어 내고 있다. 일본에는 '집알이'에 해당한 '이에미(家見)', '이에미마이(家見舞)'라는 말은 있으나, '집들이'에 해당한 말은 따로 없는 것 같다. 우리처럼 '집들이' 잔치를 안 해 주는 모양이다.

손짓은 문화에 따라 다르다
짓(行動)

행동하는 지성은 세상을 바꾸어 놓는다. 그런데 우리는 움직이는 것을 별로 좋아하지 않았다. 아니 천시했다. 개화기에 서양 사람들이 정구(庭球)하는 것을 보고 양반들이 "왜 하인들을 시키지 않고, 직접 하느냐?"고 했다는 이야기는 유명하다. 광대를 불러다 즐기는 연희(演戱)나 창(唱)쯤으로 생각한 모양이다.

몸을 놀려 움직이는 동작을 고유어로 '짓'이라 한다. '짓'은 '모습·모양·태도'를 의미하는 '즛'이 형태와 의미가 모두 변한 말이다. 이의 용례를 서너 개 들어보면 다음과 같다.

- 貌 즛 모 俗稱模樣 又曰 樣範…… 容 즛 용 『訓蒙字會』
- 態 즛 태 『新增類合』
- 선왕(先王)이 아니 겨시다고 이 즈술 흐며 『閑中錄』
- 蹁躚(편선) 엇게즛흐고 가는 모양 『漢淸文鑑』

이들 용례에 보이듯 이미 영조 때의 『한중록』에 '즛'이 행동을, 정조 때의 『한청문감(漢淸文鑑)』에 '어깨즛'이 '어깻짓'을 나타내고 있다. 재미있는 예로는 처첩의 시샘을 묘사한 시조에 '행위·태도가 밉고'란 뜻의 말을 '즛 밉고'라 노래한 것도 보여준다.

　　　져 건너 月仰 바희 우희 밤중마치 부헝이 울면
　　　녯 사룸 니론 말이 눔의 싀앗 되야 즛밉고 양긔와 百般 巧詐ᄒ
　　는 져믄 妾년이 急煞 마자 죽는다 ᄒ데
　　　妾이 對答ᄒ되 안해님겨오셔 망녕된 말 마오 나는 듯ᄌ오니
　　家翁을 薄待ᄒ고 妾시옴 甚히 ᄒ시는 늘근 안히님 몬져 죽는다데

그런데 이렇게 변한 '짓'은 오늘날 주로 좋지 않은 행위나 동작을 나타낸다. 이는 고유어의 비하, 행위를 천시한 태도의 결과라 할 것이다.

'짓'이란 말은 크게 두 가지 형태로 나타난다. 그 하나는 신체어(身體語)에 '짓'이 붙는 것이고, 다른 하나는 주로 행위·동작을 나타내는 말에 '짓'이 붙는 것이다.

먼저 신체어에 '짓'이 붙은 것을 보면 '고갯짓, 궁둥잇짓, 눈짓, 몸짓, 발짓, 손짓, 엉덩잇짓, 어깻짓, 입짓, 턱짓, 팔짓, 활갯짓' 같은 것이 있다. 이들은 누구나 잘 아는 동작어다. 그런데 이러한 동작은 비언어 행동(非言語行動)으로서 서로 다른 문화를 나타내기

도 한다. '고갯짓'은 고개를 흔들거나 끄떡이어 흔히 긍정과 부정
을 나타낸다. 우리는 고개를 끄떡이어 긍정을, 가로 저어 부정을
나타낸다. 그런데 그리스와 불가리아에서는 우리와 반대라 한다.

방향을 지시할 때는 흔히 '손짓'을 한다. 그런데 인도에서는
'턱짓', 영국에서는 '머릿짓'을 한다. 검지로 지칭하는 것을 필리
핀, 몽골, 말레이시아, 태국, 싱가포르 등 많은 지역에서는 무례한
동작으로 보아 우리와 달리 손바닥을 사용한다. '활갯짓'은 활개
가 새의 두 날개와 사람의 두 팔을 뜻해, 날개를 치는 동작이나,
사람이 두 팔을 힘차게 내저으며 걷는 행동을 의미한다. "마침
옆집 노마네가 안대문으로 기웃이 들여다보더니 유모 혼자 있는
것을 보고 활갯짓을 하면서 안마당으로 들어선다."는 채만식(蔡萬
植)의 소설에 보이는 「활갯짓」이다.

행위·동작 등과 관련된 말에 '짓'이 붙는 말에는 '곤댓짓, 군
짓, 말짓거리, 말짓일치, 배냇짓, 손사랫짓, 손짓춤, 웃음엣짓' 등
이 있다. '곤댓짓'은 저 잘났다고 뽐내어 우쭐거리며 하는 고갯짓
이다. 홍명희의 『林巨正』에는 다음과 같은 용례가 보인다.

유복이의 이야기를 듣는 동안에 오주는 줄곧 유복이의 입을 바
라보고 있었는데,…… 원수의 목을 잘라 가지고 부모 무덤에 오
는 토막에는 곤댓짓을 하며 싱글거리고, 또 귀신의 마누라를 가로
채는 토막에는 너털웃음을 내놓았다.

'군짓'은 쓸데없는 짓이고, '말짓거리'는 사람의 생각이나 느낌을 입으로 나타내는 소리나 행위를 가리킨다. 이는 흔히 버릇처럼 하는 행위나 동작의 낮춤말이다. '말짓일치'는 언행일치(言行一致)를 뜻한다. '배냇짓'은 갓난아이가 자면서 웃거나 얼굴을 찡그리는 동작이다. '배내-'가 접사로, '배안에 있을 때부터의'라는 뜻을 나타내기 때문이다. '손사랫짓'은 조용히 하라거나 어떤 일을 부인할 때 손을 펴고 휘젓는 동작이다. '손짓춤'은 조금 차원을 달리 한다. 농악에서 소구(小具)를 들지 않은 손으로 하는 여러가지 춤사위다. '웃음엣짓'은 남을 웃기느라하는 행동이다. 어린애를 웃기느라 어른이 몸을 숨겼다 '끼꿍'하고 나오는 것과 같은 것이다.

'짓'이 어두에 오는 말에는 '짓거리, 짓둥이, 짓속, 짓시늉, 짓시늉말, 짓짓이, 짓쩍다, 짓하다' 같은 말이 있다. '짓거리'는 '이게 무어하는 짓거리냐?'와 같이 짓을 낮추어 하는 말이다. 이는 '흥에 겨워 멋으로 하는 짓'도 나타낸다. '짓둥이'는 몸을 놀리는 모양새를 낮추어 이른다. '짓속'은 북한에서 쓰는 말로 짓의 속내를 나타낸다. '짓속은 꽹매기 속이다'란 관용어도 있는데 이는 하는 짓의 속내가 꽹과리 속과 같다는 뜻으로, 어떤 행동이 요란하나 속은 비어 있다는 말이다. 허장성세(虛張聲勢)의 행동이다.

'짓시늉'은 의태, '짓시늉말'은 의태어(擬態語)다. '짓짓이'는 하는 짓마다를 뜻한다. '짓짓이 미운 짓만 골라 한다'와 같이 쓰인다.

'짓쩍다'는 '멋쩍다'와 같이 명사 뒤에 '쩍다'란 접미사가 붙어 형용사가 된 말이다. 그런데 뜻은 조금 색달라 부끄러워 면목이 없다를 나타낸다. '짓하다'는 행동하다를 낮잡아 하는 말이다. 『林巨正』에서 "총각이 말하는 것과 짓하는 것이 밉지 않아서 총각을 그대로 곱게 보냈는데……"가 그 예이다.

이 밖에 '짓을 내다, 짓이 나다'라는 관용어도 있다. '짓을 내다'는 흥에 겨워 마음껏 멋을 내거나, 어떤 버릇 따위를 행동으로 드러내는 것을 의미한다. 이에 대해 '짓이 나다'는 '짓을 내다'의 자동사로 쓰이는 말이다.

'눈짓' 하나가 백 마디 말을 능가하는 경우도 있다. 종래에는 얕보던 행동문화(行動文化)이나 많은 관심을 기울여야 한다.

사슴은 가을철에 짝을 짓는다
짝

어린 제 같이 놀든 그 동무들 그리워라
어데 간들 잊으리오 그, 뛰놀든 고향 동무

　이은상의 「가고파」란 시다. 이 시에 쓰인 '동무'란 참으로 정겨
운 말이다. 그런데 이 말이 조국의 분단(分斷)으로 말미암아 퇴색
되고 말았다. 그리하여 남쪽에서는 이 말을 '친구'로 대치하고 있
다. 아무래도 '친구'는 제 맛이 나지 않는다. 거리감이 느껴진다.
　'동무'와 함께 또 하나의 정겨운 말에 '짝'이 있다. 여기에 '단'
이 붙어 '단짝'이 되면 그 강도가 배가(倍加)된다. '짝'은 둘이 서로
어울려 한 쌍이나 한 벌이 되는 것을 의미한다. 그래서 '짝 잃은
기러기 같다'거나, '짝 잃은 원앙'이라 하게 되면 고독하거나, 불
행한 경우를 떠올리게 마련이다. 짝을 갖추어야 한다. 짝은 맞추
어져야 한다.

'짝'의 기본적 의미는 아무래도 '한 벌이나 한 雙을 이루는 것'이라 하겠다. 『춘향전』에서 이 도령이 광한루에 경치 구경 나왔다가 그네 뛰는 춘향을 보고 방자를 시켜 그녀를 불렀다. 이때 춘향이는 '안수해(雁隨海) 접수화(蝶隨花) 해수혈(蟹隨穴)'이라며 완곡하게 청을 거절한다. 기러기는 바다를 따르고, 나비는 꽃을 따르고, 게는 구멍을 찾는다고 한 것이다. 여기서 말하는 기러기와 바다, 나비와 꽃, 게와 구멍이 '짝'이다.

'짝'이란 본질적으로 상대적인 것을 전제로 한다. 춘향의 말 속의 '짝'도 이러한 대칭(對稱)을 이룬 것이다. 전후(前後), 좌우(左右), 내외(內外), 시비(是非), 곡직(曲直), 희비(喜悲) 같은 것이 이런 것이다. '짝'의 이러한 구체적 예가 '밑짝-위짝, 아래짝-위짝, 안짝-바깥짝, 외짝-두짝, 왼짝-오른짝, 이짝-저 짝, 제짝-다른 짝, 한 짝-두 짝'이다. '외짝'과 '두짝'의 대응은 '외짝열개'와 '두짝열개'에 보인다. '외짝열개'는 두 짝으로 된 문에서 한 짝은 고정되고 다른 짝을 여닫게 된 것이다. 이에 대해 '두짝열개'는 두 짝을 다 여닫게 된 문이다. 이밖에 '외짝다리'는 외다리, '외짝사랑'은 짝사랑을 의미한다. 이에 대해 '이짝저짝'은 성격을 달리하는 말로, 방향을 나타내는 '이편짝저편짝'을 의미한다. '양지짝-음지짝'도 마찬가지다. 그러나 이는 '양지쪽-음지쪽'의 방언으로 본다.

'짝'은 이와 같이 한 쌍이 같다기보다는 다르다는 것을 전제로 한 말이 많다. 그런데 그 다른 것이 결격(缺格)이 있음을 나타내는 경우도 있다. '짝귀, 짝눈, 짝불알, 짝젖'이 그것이다. 이들은 귀와 눈, 불알 그리고 젖의 생긴 모양이나 크기가 달라 '짝짝이'인 것을 나타내거나, 그런 사람을 말한다. '짝버선, 짝신'은 한 짝이 제짝이 아닌 '짝짝이'를 나타낸다. '짝사랑'도 결격을 전제로 한 말이다. 자기를 마음에 두지 않은 이성에 대한 사랑이기 때문이다. '짝사랑에 외기러기'란 속담은 짝사랑을 하여서는 일이 이루어질 수 없음을 나타낸다. 따라서 이때의 '짝'은 쌍을 이루는 것과 조화되지 아니함을 나타낸다.

이와 달리 '제짝, 짝꿍, 짝나인, 짝두름, 짝문, 짝별, 짝쇠, 짝짓기, 짝패' 같은 말은 짝을 짓거나, 짝을 이룬 것을 나타낸다.

'제짝'은 한 쌍이나 한 벌을 이루는 쌍이다. '짝꿍, 짝나인, 짝두름, 짝쇠, 짝짓기, 짝패'는 사람의 쌍과 관련된 말이다. '짝꿍'은 짝을 이루는 동료나, 뜻이 맞거나 매우 친한 사람이다. '짝지'도 같은 뜻의 말이다. '짝나인'은 서로 짝을 지어 자매처럼 가깝게 지내는 궁녀이고, '짝두름'은 농악놀이에서 상쇠와 중쇠가 서로 번갈아 가락을 치는 일을 뜻한다. '짝쇠'는 가면극이나 꼭두각시 놀음에서 두 등장인물이 재담이나 장단을 주고받으며 잘 맞추는 것이다.

'짝짓기'는 '짝'과의 복합어를 이루는 말 가운데 가장 생산적인 말이다. 이는 첫째, 짝을 짓는 일을 뜻한다. 소학교에 들어가면 선생님이 남녀 아동을 짝지어 준다. 둘째, 동물의 암수가 교미하는 것을 뜻한다. 이는 동물적 속성을 완화하기 위한 완곡적(婉曲的) 표현이다. 동물의 세계를 보면 이들 삶의 목적이 짝짓기에 있는 것이 아닌가 할 정도로, 발정기의 암놈을 놓고 죽기 살기로 결투하는 것을 보게 된다. 과연 그래야 하는 것일까? 종족보존(種族保存)을 위해서라 하지만 그것이 자신에게 가져다주는 이득이란 무엇인가? 반포조(反哺鳥)라면 몰라도 이렇다 할 실리가 있는 것 같지 않다. 짝짓기를 위한 혈투(血鬪)는 개체로 볼 때 무모한 본능적 투쟁인 것 같다. '짝짓기'는 결혼을 뜻하기도 한다. '배필'을 속되게 '짝'이라 하기 때문이다. 관용적으로는 '짝을 맞추다'라 한다. '이웃 총각과 짝을 맞추기로 했다'가 그 예다.

동물의 발정기(發情期)는 일반적으로 봄이다. 그러기에 봄이 되면 날 새(飛鳥)나 들짐승의 구애(求愛)의 울음소리가 야단스럽다. 일본의 만요슈(萬葉集)에는 '가을에 사슴이 슬피운다'고 노래한 구절이 있다. 이는 가을을 슬퍼하는 인간의 감정을 이입한 것이라 하겠으나, 사실은 그렇지 않은 것으로 알려진다. 사슴은 가을이 발정기라 슬퍼 우는 것이 아니라, 이는 구애(求愛)의 사랑노래인 것이다. '짝'을 찾는 사슴이 들으면 황당해 할 일이다. '짝패'는 짝을 이룬 패를 말한다. 이는 카드놀이에서 짝이 아닌 패를 이르기도 하나 이러한 말은 아직 사전에 올라 있지 않다. '짝문'은 외짝 문이 아닌 '두짝문'이고, '짝별'은 동반성(同伴星)이다.

이밖에 '짝돈, 짝수깃골겹잎, 짝지느러미' 등이 있는데, '짝돈'

은 백 냥쯤의 돈이고, '짝수깃꼴겹잎'은 '우수우상복엽(偶數羽狀複葉)'이다. '짝지느러미'는 짝수로 된 지느러미다. '홑지느러미'의 상대적인 말이다. '짝진각, 짝진변, 짝진점'의 '짝진'은 '대응(對應)'을 풀어 쓴 말이다. '대응각, 대응변, 대응점'이 원말이다.

'짝'은 한 쌍이나, 한 벌이 아닌, 외짝, 한 짝을 의미하기도 한다. 따라서 '짝나인, 짝두름, 짝문, 짝쇠'와 같은 경우 그것이 외짝, 한 짝인지, 아니면 한 쌍, 한 벌인지 제대로 알지 못할 때는 혼란이 빚어지게 된다.

철 묵은 색시 가마 안에서 장옷 고름 단다

철(季節)

요즘 들어 곧잘 우리나라가 아열대(亞熱帶)가 된 것이 아니냐고 한다. 그러더니 마침내 이번 여름에는 35도 이상의 고온과 열대야가 10여일씩이나 계속되는 이변이 일어나고, 생태계도 몸살을 앓는 모양이다. 녹조(綠藻)가 심각한가 하면, 어류는 폐사하는 등 이변이 일어나고 있다.

8월 8일자 신문에는 '철도 안 바뀌었는데…… / 철없는 도루묵' 이란 기사가 실렸다. 대표적 '겨울 생선'인 도루묵이 폭염 속에 대거 잡히고 있다는 기사다. 전문가들에 의하면 기후변화로 해류(海流)에 변화가 생겨, 깊은 바다의 차가운 해수가 동해안으로 올라온 때문이라 한다.

기사의 표제는 제철 '겨울'이 아닌 여름철에 도루묵이 동해안에 올라와 잡히니 철이 없다는 의미다. 여기에는 '철'과 '철없다'란 말에 '철'이란 동음이의의 말이 같이 쓰여 독자의 관심과 흥미를 끌고 있다. '철도'의 '철'은 계절이란 말이고, '철없는'의 '철'은 분별력이란 말이다. 그런데, '철없는'은 '제철이 아닌'이란 뉘앙스마저 풍겨 더욱 흥미롭다.

여기서는 이러한 동음어 가운데 계절을 뜻하는 '철'에 대해 살펴보기로 한다. 이는 흔히 한자어 계절(季節), 영어 Season에 대응된다.

'철'은 첫째 '봄철, 여름철, 가을철, 겨울철'과 같이 계절을 나타낸다. '봄철'은 꽃이 피는 '꽃철'이다. '여름'은 한 마디로 '피서철'이라 하겠으나, 지난날에는 '농사철'이라 하였다. 농사를 짓는 시기, 농기(農期)란 말이다. 옛날에는 여름을 '녀름'이라 하였고, 농사짓는 일을 '녀름지이(<녀름짓이)'라 하였다. 농사는 여름에 짓는다는 말이다.

'철'의 둘째 뜻은 한 해 가운데서 어떤 일을 하기에 좋은 시기나 때, 절기를 의미한다. 앞에서 언급한 피서 철이나, 농사철이 그것이다. 이밖에 독서 철, 등산 철, 여행 철, 결혼 철 같은 것도 있다.

'철'의 셋째 뜻은 '제철'과 같은 뜻을 나타낸다. '제철'은 알맞은 때, 당철(當-)을 의미한다. '당철'은 사전에 의하면 꼭 알맞은 시절, 당절(當節)이라 풀이하고 있다. 사실 '제철'이란 '저의 철', 자기의 철, 자기의 계절을 의미하는 말이다. 진달래꽃이나 유채꽃은 봄이 제철이고, 국화나 단풍은 가을이 제철이다. 딸기나 수박은 여름이, 사과와 배는 가을이 제철이다. 제철보다 이른 것은 '철

이르다'라 하여 희귀성으로 인해 사랑을 받는다. 조생(早生)의 꽃과 과실을 귀히 여기는 것은 이 때문이다. 이와 달리 제철보다 늦은 것은 '철 늦다'고 한다.

제철이 지난 것은 '철 지났다'고 한다. 무엇이나 제철, 전성기 가 지나면 사람의 관심에서 멀어지게 마련이다. 철 지난 해수욕 장, 철 지난 유행이 이런 것이다. 그래서 사람들은 철철이 '철음 식'을 즐기고, '철복(服)'을 입는 호사를 누리고자 한다. '철음식'이 란 철에 따라 특별히 해먹는 음식이다. 봄날의 화전(花煎), 한여름 의 콩국수, 겨울의 동치미 냉면 같은 것이 그것이다. '철복'은 제 철에 알맞은 옷, 시복(時服)을 말한다. 여름의 항라 옷이나, 겨울의 담비나 밍크와 같은 털옷은 그 대표적인 것이다.

'철'의 넷째 뜻은 어떤 현상이 많이 발생하는 때를 의미한다. '선거철, 이사철, 장마철' 같은 것이 그 예이다. 요사이는 비 안 오는 장마철도 있다 하나, '장마철'은 여름날 장마가 지는 계절을 의미한다.

'철'과 합성된 말은 앞에서 논의한 것 외에 '철겹다, 철다툼, 철 새, 철새족, 철찾다' 같은 말이 있다. '철겹다'는 '철겨운 옷차림' 과 같이 '철 늦다, 철 지나다'와 비슷한 뜻의 말로, 제철에 뒤져 맞지 않다를 의미한다. 이의 용례로는 "철겨운 부채질 하다 봉변 안 당하는 놈 없다"란 속담이 보인다. 이는 경우에 어긋난 짓을 하면 으레 망신을 당하게 된다는 말이다. 현진건의 『적도』에도

"남산의 푸르던 소나무는 가지가 휘도록 철겨운 눈덩이를 안고 함박꽃이 피었다."는 용례를 보여 준다.

'철다툼'은 철을 놓치지 아니하려고 서둘러대는 것을 뜻한다. 지난날 꽃들은 다 저 나름의 피는 철이 있었는데, 요사이는 이상 기온으로 '철다툼'을 하며 한꺼번에 피는 이상한 현상이 일어나고 있다. '철새'는 물론 텃새의 대가 되는 후조(候鳥)다. '철새족'은 우리 정치인에게서 많이 볼 수 있는 것이다. 이는 철새처럼 계절이나 주변의 여건에 따라 이리저리 옮겨 다니는 무리를 낮잡아 이르는 말이다. 이들은 흔히 돈과 권력이란 미끼를 따라 옮겨 다닌다.

이 밖에 계절을 뜻하는 '철과 관계가 있는 말로는 '철을 찾다, 철이 그르다'란 관용어와, "철 그른 동남풍, 철 묵은 색시, 철 묵은 색시 가마 안에서 장옷 고름 단다"란 속담이 있다. '철을 찾다'는 제철을 찾다, 곧 제철을 따져 가리거나 고르다를 의미하는 말이다. 박종화의 『금삼의 피』에는 다음과 같은 용례가 보인다.

보병목과 베옷일망정 여름과 겨울에 철찾아 병이 아니 나도록 제철 옷을 제대로 입어야 할 것이다.

'철 그르다'는 어떤 현상이 제철이 아닌 때에 그릇되게 일어나는 것을 뜻한다. 속담의 "철 그른 동남풍"이 그것이다. 이는 제철이 아닌 때에 동남풍이 분다는 말이니, 어떤 현상이 필요한 때는 나타나지 않다가 철지난 뒤 생겨나는 경우를 이르거나, 얼토당토 않은 흰소리를 할 경우를 이르는 말이다.

'철 묵은 색시'는 혼인만 해 놓고 오래도록 시집에 가지 않고 친정에 머물러 있는 색시를 말한다. 그리고 "철묵은 색시 가마 안에서 장옷 고름 단다"는 속담은 충분한 시간이 있었음에도 대비를 하지 않고 있다가 일이 닥친 다음에 허둥지둥 다급하게 서두르는 경우를 비꼬아 이르는 말이다. 사람은 참 묘한 존재다. 유비무환(有備無患)을 잘 알면서도 흔히 이렇게 일이 닥친 다음에 서두른다. 딱한 인생이다.

이 겨울에는 손돌이추위가 없기를……

추위

입동(立冬)도 지났으니 이제 머지않아 '추위'가 몰아닥칠 것이다. 그러나 근년(近年)에는 날씨가 그다지 춥지 않다. 지난날에는 김칫 독이 얼어터지고, 아이들의 손등이 터서 갈라지고 피가 흘렀다. 요사이는 이런 혹독한 추위를 볼 수 없다.

요즘은 매서운 추위를 흔히 강추위라 한다. 전에는 '손돌이추 위'라 하였다. 이는 본래 음력 10월 20일경의 혹독한 추위로, 손 돌(孫乭)이란 뱃사공과 얽힌 설화가 전해지는 추위다.

조선 영조(英祖) 때 각 도(道)의 읍지(邑誌)를 한데 모은 전국 지리 지(地理誌)인 여지도서(輿地圖書)에 의하면 고려의 공민왕(恭愍王)은 몽 고 병사에 쫓겨 해도(海島)로 피신하게 되었다. 이때 손돌(孫乭)이란 뱃사공이 왕을 모셨다. 배가 갑곶나루에서 광성(廣城)에 이르자 풍 파가 심하게 일었다. 왕은 손돌이가 일부러 험난한 해로를 택한 것이라 의심해 그의 목을 베었다. 그 뒤 손돌이가 죽은 10월 20

일경이면 해마다 심한 바람이 불고, 날이 몹시 추웠다. 그래서 사람들은 억울하게 죽은 손돌이의 원한이 사무쳐 날씨가 사나워지는 것이라 여겨 그를 위해 제사를 지내게 되었다.

이 이야기는 뒷날 호사가(好事家)가 지어낸 것으로 보인다. '손돌'은 사람의 이름이 아닌, 강화도(江華島) 인근의 해협(海峽) 이름이다. 이 지명은 세종 때 지어진 『용비어천가(龍飛御天歌)』에도 보여, '손돌'을 '착량(窄梁)'이라 한자로 표기하고 있다. '좁은 돌'이란 말이다. '손돌'의 '손'은 '좁다, 협소하다'란 뜻을 나타내는 '솔다'의 관형어이고, '돌'은 '돌 량(梁)'의 '돌'로, '도랑(渠)'을 의미한다. 따라서 여기 '손돌'은 '좁은 물목(窄梁)', '좁은 해협'을 뜻한다. '손돌이추위'의 '손돌'은 해협 이름을 뱃사공 '손돌'로 바꾸어 극적인 이야기로 꾸민 설화다. 더구나 공민왕은 몽고 병사에 쫓겨 강화도로 피신한 적이 없으며, 있다면 홍건적(紅巾賊)을 피해 경상도 복주(福州)로 피난간 적이 있을 뿐이다. 고려 때 강화도로 피난간 임금은 오히려 고종(高宗)과 충렬왕(忠烈王)과 희종(熙宗)이었다.

'손돌이추위'와 관련된 것에는 또 '손돌바람, 손돌이바람'과 '손돌풍(孫乭風), 손석풍(孫石風)' 같은 말도 있다. 이들은 음력 10월 20일경에 부는 몹시 매섭고 추운 바람을 가리킨다.

'추위'와 관련된 속담에 '삼청 냉돌'이란 말이 있다. 이는 몹시 찬 방을 가리킨다. 삼청(三廳)이란 임금을 호위하던 군대, 금군(禁軍)의 세 기관으로, 내금위(內禁衛)·겸사복(兼司僕)·우림위(羽林衛)의 셋이다. 이들 기관은 겨울에도 방에 불을 때지 않아, '삼청'은 매우 추웠다. 온돌 아닌, 냉돌이었다. 그래서 추운 방을 '삼청 냉돌(三廳 冷埃)'이라 하게 된 것이다. 이를 '삼척(三陟) 냉돌'이라 하는 것은 이 말이 와전된 것이다. '강원도 아니 가도 삼척'이란 속담도 몹시 춥다는 것을 나타내는데, 이것도 '삼청'이 '삼척'으로 잘못 바뀐 것이다. '삼척'이 추운 지역을 대표할 이유가 없다.

추위를 나타내는 속담에는 또 "옥동(玉洞)같이 춥다"가 있다. 이는 비유적 표현으로 서슬이 시퍼런 권세를 나타낸 말이다. 그래서 서민에게는 죄 없이 오들오들 떨리는 추위다. '옥동'은 지금의 서울 종로구 옥인동(玉仁洞)으로 중앙청 옆에 있는 동(洞) 이름이다. 여기에는 조선조 말엽 세도가(勢道家) 안동 김씨(安東 金氏)가 살았고, 이완용(李完用) 등이 살아 그 서슬이 추상같았기 때문에 이런 속담이 생긴 것이다. 힘없는 서민은 세도가 앞에 오금도 제대로 펴지 못하고, 무서워 벌벌 떨어야 했음을 비유적으로 나타낸다.

이밖에도 '추위'를 나타내는 속담이 두어 개 있다. 그 하나는 "소한 추위는 꾸어다가라도 한다"는 것이다. 이는 소한 때는 반드시 추운 법이라는 말이다. 다른 하나는 "추운 소한(小寒)은 있어도 추운 대한(大寒)은 없다"란 것이다. 이는 대한보다 소한이 언제나 더 춥다는 말이다.

'추위'라는 말이 쓰인 복합어는 많지 않다. '강추위, 꽃샘추위, 늦추위, 봄추위, 첫추위, 한추위, 추위막이' 같은 것이 있을 뿐이다.

'강추위'는 두 가지 다른 뜻의 말이 있다. 하나는 고유어 '강추위'로, 이는 눈도 오지 않고 바람도 불지 않으면서 몹시 추운 추위다. 윤흥길의 '완장'에 보이는 '겨울 날씨가 눈발이라곤 거의 비치지 않은 채 마른하늘에 강추위로만 일관되는 걸 보고, 사람들은 다음 농사가 흉년이 들 조짐이라고 은근히들 걱정을 했었다'가 그 예다. 이에 대해 혼종어(混種語) '강(强)추위'는 눈이 오고 매운바람이 부는 심한 추위를 뜻해 고유어와 거의 정반대의 의미를 나타낸다. 일반 대중은 이들 가운데 혼종어를 많이 쓴다. 따라서 동음어인 고유어는 사어(死語)가 될 가능성이 높다.

'꽃샘추위'는 꽃을 시샘하는 봄추위다. '봄추위'는 물론 봄날의 추위, 곧 춘한(春寒)이다. 이는 그 이름 때문에 그리 추우리라고 생각지 않는다. 그러나 사실은 뼛속으로 스며드는 것이 '봄추위'다. 그래서 노인들은 이 '봄추위'를 견뎌내지 못하고, 해동할 때 저세상으로 가는 사람이 많다. 북(北)의 속담에는 "봄추위와 늙은이 건강"이란 색다른 것이 보인다. 여기 쓰인 '봄추위'는 우리와 다른 문맥적 의미를 지닌다. 이는 계절의 변화를 나타낸다. 그래서 이 속담은 당장은 대단한 것 같아도 이미 기울어진 기세라 오래 가지 못함을 비유적으로 나타낸다. '늦추위'는 제철보다 늦게 드는 추위거나, 겨울이 다 가도록 가시지 않는 추위다. '첫추위'는 '늦추위'의 상대적인 말로, 겨울 들어 처음 찾아든 추위, 초한(初寒)이다. '한추위'는 한창 성한 추위, 성한(盛寒)이다. 여기 쓰인 '한'은

'한가락 한다'는 '한'이다. 요즘은 '한 노래 한다'는 유행어까지 생겼다. '추위막이'는 추위를 막는 일, 또는 그런 물건이다. 달동네 서민들의 '추위막이'는 무어니 무어니 해도 연탄(煉炭)이라 할 것이다.

추울 때는 추워야 한다. 그러나 '손돌이추위'나, '삼청냉돌'이나, 또 '옥동추위'는 가난하고 힘없는 민중에게는 커다란 고통이다. 새해에는 훈풍으로 서민을 감싸 안는 따뜻한 나날들이 이어졌으면 좋겠다.

(참고 : '추위'의 고어는 '치위'였다. 옛말에 '춥다'는 보이지 않고 '칩다'만 보인다. '칩이 > 치뷔 > 치위 > 추위'로 변화하였다.)

동서(同壻) 춤추게
춤(舞)

『시경(詩經)』의 대서(大序)에 의하면 마음에 피어오르는 생각을 말로 차탄(嗟歎)하거나, 노래로 다 표현할 수 없을 때는 부지불식간에 수족이 움직이는데, 이것을 '무답(舞踏)', 곧 '춤'이라 한다. 말이나 노래로 다 나타내지 못한 것을 표현하는 것이 춤이라는 말이다.

'춤'은 장단에 맞추거나 흥에 겨워 팔다리와 몸을 율동적으로 움직여 뛰노는 동작이다. 이는 우리의 조상들도 일찍부터 음악·무용·시가가 동시에 행해지는 종합예술 형태(ballad dance)로서 즐긴 것이다. 그것은 종교적 제전, 정치적 의식, 유흥 오락 및 육체적 노동 등 여러 가지 기회에 행해졌다. 한 예로 『삼국지』「위지 동이전」을 보면 마한에서는 매양 5월과 10월에 많은 사람들이 떼를 지어 노래 부르고 춤추고 술 마시되 밤낮을 쉬지 않았다(群聚歌舞飲酒 晝夜不休).

'춤'의 어원은 "如意롤 자ᄇᆞ셔 춤츠고(提携如意舞)"(『두시언해』), "모미

뮈는 둘 몰나 니러 춤 츠며"(『月印釋譜』)와 같이 '츠다'란 동사에서 파생된 말이다. 동사 '츠다'는 '날개나 꼬리 따위를 세차게 흔들다'를 뜻하는 '치다'와 어원을 같이 하는 것으로 보인다. '츠다'는 손발, 몸 따위를 흔드는 것으로, 이는 꼬리를 치다(搖尾), 활개를 치다(臂擺), 날개를 치다(扇動)와 근본적으로 의미가 같은 것이다.

한자 '舞'는 춤추는 모양을, '踊'은 '뛰다'를 의미하고, 일본어 '마우(舞う)'는 '돌다'와 어원을 같이 하는 말로, 조용하고 완만한 동작을 의미하고, '오도루(踊る)'는 기세 있게 상하운동 하는 것을 의미한다.

'춤'이 들어가는 말은 크게 두 부류로 나누어 볼 수 있다. 그 하나는 구체적 춤을 나타내는 말이고, 다른 하나는 춤이 비유로서 쓰이는 경우다. 구체적인 춤을 가리키는 말은 다시 춤의 주체, 내용과 방법, 도구 등에 따른 춤으로 나뉘는데, 도구에 따른 춤이 가장 많다.

주체(主體)에 따라 명명된 춤은 '팔먹중춤'이 그 대표적인 것이다. 이는 봉산탈춤, 양주별산대놀이와 같이 가면극에서 먹장삼을 입은 중 여덟 명이 나와 추는 춤이다. 이는 줄여 '먹중춤'이라고도 한다. 이 밖에 '어릿광대춤, 곱사등이춤'이 있다. 어릿광대가 탈을 쓰고 우스운 몸짓으로 춤을 추는 것이다. '곱사등이춤'은 줄여 '곱사춤'이라고도 하는 것으로, 남을 웃기기 위해 곱사등이 차림을 하고 엉거주춤한 자세로 추는 춤이다.

내용에 따라 명명된 춤은 '학춤, 사자춤. 나비춤, 선녀춤, 곰춤, 사당춤' 같은 것이 그것이다. '학춤'은 대궐 안 잔치(呈才)나, 구나(驅儺) 뒤에 향악(鄕樂)에 맞추어 학처럼 차리고 추는 춤이다. '사자춤'은 사자탈을 쓰고 추는 춤으로, 북청사자놀음의 탈놀이가 대표적인 것이다. 학무(鶴舞)와 사자무(獅子舞)는 중국에도 보인다. '나비춤'은 나비가 나는 모양을 흉내 낸 춤, 또는 승무의 한 가지를 가리킨다.

승무(僧舞)로서의 '나비춤'은 소매가 긴 옷을 입고 나비처럼 춤을 추는 것이다. 그러기에 조지훈의 「승무」에도 "얇은 紗 하이얀 고깔은/ 고이 접어서 나빌레라"라고 나비라는 시어가 등장하는 것을 볼 수 있다. '선녀춤'은 하늘에서 인간세계로 내려오는 선녀들의 모습을 묘사한 춤이다. 사실 우리가 흔히 보는 선녀는 비천상(飛天像)의 선녀. '곰춤'은 곰의 흉내를 내면서 추는 춤이고, '사당춤'은 봉산탈춤에서 중들의 파계 장면을 보여 주는 춤이다.

방법에 따라 명명된 춤은 '손목춤, 다리춤, 어깨춤'과 같은 것이 있다. '손목춤'은 손목을 주로 놀리는 춤이고, '다리춤'은 주로 다리를 움직여 추는 춤이다. '어깨춤'은 물론 어깨를 으쓱거리며 추는 춤으로, 우리 전통춤에서 흔히 볼 수 있는 춤사위다.

춤을 출 때 활용하는 도구에 따라 명명된 춤에는 '칼춤, 탈춤, 북춤, 접시춤, 부채춤, 방패춤, 조개춤, 바라춤, 소구춤, 버꾸춤, 방울춤, 수건춤' 따위가 있다. '칼춤'은 검무(劍舞)이나, 이는 좁은 뜻으로 정재(呈才) 때 추는 춤의 하나이기도 하다. 이때에는 여기(女妓) 네 사람이 전립을 쓰고 전복을 입고 검기(劍器)를 두 손에 하나씩 들고 양편으로 나누어 마주 서서 춤을 춘다. 검무, 또는 검기무는 동서양에서 다 볼 수 있는 것이다.

'탈춤'은 가면무(假面舞), 가면무도(假面舞蹈)에 해당한 것으로, 우리의 전통적인 탈춤의 연희 형태는 음악 반주에 의한 춤이 주가 되며, 여기에 가무적 부분과 몸짓에 덕담 또는 재담이라고 하는 사설, 즉 대사가 따르는 연극적 부분의 두 부분으로 구성되어 있다. 주제는 크게 나누어 파계승 놀이와 양반놀이, 서민생활을 보여주는 놀이라 할 수 있다. 현재 전해지는 탈춤은 봉산탈춤, 양주산대놀이 등 12종이 있으며, 모두 중요무형문화재로 지정되어 있다. 이 밖의 '북춤' 이하의 춤은 각각 북, 접시, 부채, 방패, 조개, 바라, 소고, 법고(法鼓), 방울, 수건을 소도구로 하여 추는 춤이다.

'춤'이 비유적 의미로 쓰이는 말에는 '용춤, 엉덩춤, 반춤, 이춤, 가위춤, 어깨춤' 같은 것이 있다. 이 가운데 '용춤'은 남이 추어올리는 바람에 좋아서 시키는 대로 하는 짓을 가리키는 말이다. 어리석은 사람일수록 용춤은 잘 추게 마련이다. '엉덩춤'은 말할 것도 없이 신이 나서 엉덩이를 들썩거리는 것이고, '반춤'은 휘청휘청하는 나뭇가지들이 센 바람이 불 때 춤추는 것같이 흔들거리는 것을 가리킨다. 진짜 춤의 '반쯤' 춤을 추는 것 같다 하여 붙인 이름이라 하겠다.

'이춤'은 해학적인 말이다. 이는 진짜 춤이 아니라, 옷을 두껍게 입거나, 물건을 몸에 지녀 가려워도 긁지 못하고, 몸을 일기죽거리며 어깨를 으쓱거리는 동작을 가리킨다. 가려워서 몸을 일기죽거리는 모습을 상상해 보라. 그것이 어깨춤이라도 추는 것 같지 않겠는가? '가위춤'은 빈 가위를 벌렸다 닫혔다 하는 일을 의미한다. 가위의 손잡이를 잡고 가위를 오므렸다 폈다 할 때 확실히 가윗날은 춤을 춘다. 비유로써의 '어깨춤'은 말할 것도 없이 신이 나서 어깨를 위아래로 으쓱거리는 것을 가리킨다. 우리 선인들은 비유를 해도 이렇게 멋지게 하였다.

영어 'dance'의 어원은 수렵에서 찾는다. 그러나 아무래도 '춤'의 근원은 이와는 달리 기쁨을 억누르지 못해 '수지무지(手之舞之) 족지도지(足之蹈之)'하는 데 있을 것이라 생각된다. 우리 속담에 "동서 춤추게"라는 말이 있다. 자기가 하고 싶어서 남에게 권함을 이르는 말이다. 새해에는 국민 모두가 기뻐 춤추고 싶은 일이 많았으면 좋겠다.

혼인치레 말고 팔자치레 하랬다

치레

일본에서는 남의 집에 갔을 때 들어오라는 말을 듣고 덥석 현관문에 들어서면 실례라 한다. 몇 번 사양을 하고 들어오라는 말이 '인사치레'가 아닌, 진심이라 여겨질 때 비로소 들어가야 한다는 것이다. 우리도 '인사치레'로 들어오라고 하는 경우가 있다. 이런 경우 집안으로 들어서게 되면 주인은 무척 당황할 것이다.

'인사치레'의 사전적 의미는 '성의 없이 겉으로만 차리는 인사'라고 되어 있다. 이는 본래의 의미가 변한 것이다. 본래의 의미는 인사를 치러내는 것이겠다. '인사치레'는 이렇게 인사 치르기, 형식적 인사 등의 의미를 지닌다. 속으로는 손사래를 치면서, 입으로만 쉬어 가라, 자고 가라 하는 따위는 대표적 '인사치레'의 말이다.

우리말에는 '인사치레'나 '병치레'처럼 겉으로 꾸미는 일이나, 치러내는 일을 뜻하는 '치레'란 말이 있다. 이는 문법적으로 명사와 접미사의 두 가지로 나뉜다.

　장식(裝飾)을 뜻하는 '치레'가 명사로 쓰이는 경우는 손질하여 모양을 내는 광식(光飾)과, 실속 이상으로 꾸미어 드러내는 허식(虛飾)의 의미를 지닌다. 이러한 말에는 '치렛감, 치렛거리, 치렛깃, 치렛말, 치레미술, 치레우물' 같은 것이 있다. '치렛감'이나 '치렛거리'는 치레로 삼는 자료다. '치렛깃'은 공작새의 깃과 같이 날기 위한 용도보다 몸치장으로 붙어 있는 아름다운 깃이다. '치렛말'은 인사치레로 하는 말이고, '치레미술'은 장식미술, '치레우물'은 장식우물을 가리킨다. 특히 '치레우물'은 정원에 장식으로 꾸민 우물을 말한다.

　접미사 '-치레'는 일부 명사에 붙어 '치러내는 일'과, '겉으로 꾸미는 일'을 아울러 뜻한다. 이는 '혼인치레'를 생각할 때 쉽게 이해된다. '혼인치레'는 본래 '혼인을 치르는 것'을 의미한다. '치레'는 '일을 겪어 내다'란 동사 '치르다'의 어간 '치르-'에 접미사 '-에'가 붙은 파생어다. 그래서 이는 '혼인을 치르는 것'을 의미했다. 그리고 뒤에 이는 혼인을 호사스럽게 꾸미는 쪽으로 발전하여, 마침내 혼사를 치르는 데에 허례허식과 낭비를 심하게 하는 것으로 의미가 바뀌었다.

　우리말에 "혼인치레 말고 팔자 치레하랬다"는 속담의 '혼인치레'가 바로 그것이다. 이는 잔치를 떡 벌어지게 하고 결혼생활을 잘 못하느니보다, 잔치는 비록 성대하지 않더라도 잘 사는 것이 낫다는 말이다. 이렇게 일을 치러 내는 과정이 꾸미는 과정으로 발전함으로 의미가 바뀌게 되었다. 따라서 접미사 '치레'는 두 개의 다른 의미를 지니게 된 것이다. '병치레, 송장치레'는 전자에, '겉치레, 댕기치레'는 후자에 속하는 예다.

그러면 접사 '치레'가 붙은 말의 예를 보자. 이러한 예는 '치러 내는 일'을 뜻하는 말보다 '겉으로 꾸미는 일'을 뜻하는 경우가 압도적으로 많다. 먼저 겉을 꾸미는 일을 뜻하는 말을 보면, '겉치레, 눈치레, 댕기치레, 말치레, 면치레, 사당치레, 속치레, 신주치레, 옷치레, 외면치레, 이면치레, 중동치레, 집치레, 책치레, 체면치레' 같은 것이 있다. '겉치레, 눈치레, 면치레, 외면치레, 이면치레'는 겉모양만 번드르르하게 꾸미는 외식(外飾)을 의미한다. '눈치레'는 남의 눈에 보기 좋게 치장한다는 말이다. '댕기치레'는 머리에 댕기를 드리며 꾸민다는 뜻과 함께 겉치레를 의미한다. 『고본춘향전』에는 다음과 같은 용례가 보인다.

사또 골내어 하는 말이 "한서부터 주리할 년들, 더벅머리 당기 치레하듯, 파리한 강아지 꽁지 치레 하듯, 꼴 어지러운 것들이 이름 은 무엇이 나오, 나오 거 원 무엇들이냐? 하나도 쓸 것이 없구나."

변 사또가 기생 점고(點考)를 하며 한 말이다. '사당(祠堂)치레'도 사당을 보기 좋게 꾸민다는 뜻 외에 '외면(外面)치레'라는 의미를 지닌다. '말치레'는 실속 없이 말로만 꾸미는 것이고, '속치레'는 '겉치레'의 대가 되는 말이다. '신주치레'는 높은 벼슬 이름이 쓰인 신주(神主)는 특별히 잘 꾸미는 것을 의미한다. "신주치레하다 제(祭) 못 지낸다"는 속담은 이런 상황을 단적으로 보여 주는 말이다. '옷치레'는 물론 좋은 옷을 입어 몸을 가꾸는 것이고, '중동치레'는 중동, 곧 허리 부분을 허리띠, 주머니, 쌈지 등으로 치장하는 것이다. '체면치레'는 체면(體面)이 서도록 꾸미는 것을 말한다.

'일을 치러 내는 일'을 뜻하는 '치레'를 보면 '병치레, 송장치레, 잔병치레' 같은 것이 있다. '병치레'는 병을 앓아 치러내는 일이고, '잔병치레'는 병치레 가운데도 잔병을 자주 않는 것을 의미한다. '송장치레'는 죽은 사람에게 수의를 해 입히고 관을 마련하고 장례를 치르는 따위의 일을 가리킨다. 현기영의 『변방에 우짖는 새』의 '늙은 서방해서 송장치레만 남는다더니 삼은 대감의 아리따운 기첩 취운이가 바로 그 처지였다.'의 '송장치레'가 그 예다.

이 밖에 '인사치레, 조상치레, 혼인치레'는 위의 두 가지 뜻을 아울러 지니는 말이다. '인사치레'와 '혼인치레'에 대해서는 앞에서 설명한 바와 같다. 이에 대해 '조상치레' 조상을 자랑하고 위하는 것과 조상의 치다꺼리 하는 것을 의미한다.

이상 '치레'에 대해 살펴보았다. 외국어의 경우는 일본어와 차이를 많이 보인다. '치레'에 대응되는 일본어는 '가자리(かざり)'라 하겠는데, 일본어에서는 이 말만 가지고도 '설 장식'이 된다. 그리고 'かざり'가 머리털을 의미해 'かざりを下ろす'라 하게 되면 '머리를 깎고 중이 되다'의 의미가 된다. '가자리이시(飾り石)'는 보석 다음의 품위를 지닌 광석 수정 마노(瑪瑙)를 의미하고, '가자리 우스(飾り臼)'는 농가에서 설날 절구 위에 금줄을 치고 거울떡(鏡みもち)을 놓는 일, 또는 그 절구를 의미한다. '가자리다케(飾り竹)'는 설에 장식으로 문 앞에 소나무와 함께 세우는 대나무를 가리킨다. 문화와 언어의 차이를 실감케 한다.

딸이 고마운 '치마양반'

치마

우리 옷은 상하가 분리되는 형식으로 스키타이계 복장이라 한다. 지리적으로는 이러한 저고리와 바지가 분리되는 상의하고형 (上衣下袴形)은 북방계 호북(胡北) 계통의 옷이어 이를 호복(胡服)이라 한다. 호복은 몽고, 티벳, 북유라시아, 중앙아시아, 동부아시아, 일본 등에 널리 채용되고 있다.

고대에 우리 민족은 남자와 여자가 다 겉옷으로 바지를 입었다. 그러던 것이 여자들은 점차 이를 속옷으로 입고 겉에는 치마를 입게 되었다. 그러나 이는 후대의 현상이고, 그 전에는 남녀 모두가 치마를 입었을 가능성이 크다. 치마는 물론 동물의 가죽이나 천으로 하체를 가리는 두렁이의 형태였을 것이다. 한자어 '衣裳'도 본래 '상의하상(上衣下裳)'으로, '상(裳)'은 남녀의 의복을 다 같이 의미하던 말이었다.

우리의 '치마'라는 말은 서너 가지 다른 뜻을 지닌다. 물론 여

319

자의 아랫도리옷이라는 것이 그 대표적 의미다. 이 밖에 조복(朝服)이나 제복(祭服) 등에 덧두르는 옷, 연(鳶)의 아래쪽 색깔 있는 부분, 그리고 '치마머리'와 같이 비유적 의미를 지닌다.

치마는 몇 겹으로 되었느냐에 따라 '홑치마'와 '겹치마', 겉에 입느냐 속에 입느냐에 따라 '겉치마'와 '속치마'로 나뉜다. 고려(高麗)시대에는 치마가 풍성하게 보이도록 하기 위해 일고여덟 벌의 치마를 겹쳐 입었고, 조선(朝鮮)시대에는 '무지기'라는 통치마를 속치마로 세 겹에서 일곱 겹까지 겹쳐 입었다.

'무지기'는 길이가 각각 달라 속의 것은 치마 길이만 하고 밖에 입는 것일수록 짧아 맨 겉의 것은 두어 뼘밖에 되지 않았다. 그리고 이는 끝에 갖가지 물을 들여 여러 겹으로 입으면 무지갯빛을 이루었다. '무지기'는 한자로 '無足' 또는 '無竹衣'라 쓰나, 이는 '무지개'의 차자(借字)일 가능성이 크다.

이 밖에 조선의 궁중에서는 정장(正裝)을 할 때 속치마로 '대슘치마'라는 것을 입었다. 이는 풀 먹인 열두 폭의 모시치마로, 단에 높이 4cm 정도의 창호지 백비(褙布)를 모시에 싸서 붙여 겉치마의 아랫부분이 자연스럽게 퍼져 보이게 하였다. 치마의 멋을 부린 것이다. 또 치마에는 선단이 있느냐 없느냐로 구별되는 통치마와 풀치마가 있다. 개화기(開化期)에 여학생들이 입던 치마는 검은 '통치마'였다. '풀치마'는 좌우 양쪽에 선단이 있어 둘러 입게 된 치마다. 이는 '꼬리치마'라고도 한다.

긴치마와 도랑치마는 길이에 따른 치마의 구분이다. '긴치마'는 발목까지 내려오는 것으로 스란치마 같은 것이 그 예이다. '스란치마'는 금박을 장식한 단이 하나 있는 긴치마다. 단이 둘이 있을 때는 '대란치마'라 한다. '큰치마'는 따로 땅에 끌리도록 길게 만든 치마를 가리킨다. '도랑치마'는 무릎이 드러날 만큼 짧은 치마다. '몽당치마'는 모지라져서 짧은 치마다. 이는 가난의 상징이다. 『흥부전』의 흥부 아내가 바로 이런 '몽당치마', 곧 '몽동치마'를 입고 있었다.

> 의복치장 볼작시면 깃만 남은 저고리, 다 떨어진 누비바지, 몽동치마 떨쳐입고 목만 남은 버선에 뒤축 없는 짚신 신고 문 밖에 떡 나서며……

이 밖의 치마로는 '앞치마, 두렁치마, 행주치마, 쓰개치마' 따위가 있다. '앞치마'는 설거지 따위를 할 때 몸 앞을 가리는 것이다. 이는 '행주치마'를 가리키기도 한다. '행주치마'는 특히 부엌일을 할 때 덧입는 치마다. '행주치마'는 흔히 임진왜란 때 행주산성(幸州山城)에서 아낙네들이 이 치마로 돌을 날랐다 해서 붙여진 이름이라 한다. 그러나 이는 속설이다. '행주치마'라는 말은 권율(權慄) 장군이 행주대첩(1593)을 하기 전부터 있었던 말이다. 1527년 최세진(崔世珍)의 『훈몽자회』에 이미 '힝ᄌ쵸마'란 말이 보인다. 이러한 속설은 지명과 치마의 이름이 비슷해 어원을 잘못 해석한 결과다.

'두렁치마'는 '두렁이'로 어린아이의 배와 아랫도리를 둘러서 가리는 치마같이 생긴 옷이다. '두렁'은 '두르다'의 '두르(圍)'에 접사 '-엉'이 결합된 말이다. '쓰개치마'는 '장옷'과 함께 지나친 남녀관계의 규제로 생겨난 옷이다. 이는 부녀자가 나들이 할 때 내외를 하기 위해 머리에서부터 내려 쓰던, 치마 비슷한 쓰개였다. 따라서 이는 이슬람 여인의 차도르 같은 것이다.

'치마'가 연의 아래쪽을 나타내는 말은 여러 개다. 이들은 연의 빛깔과, 길이의 등분(等分) 수에 따라 붙여진 연의 이름이다. 다홍치마, 먹치마, 분홍치마, 청치마, 홍치마, 황치마는 빛깔에 따른 연의 이름이고, 삼동치마, 이동치마, 사동치마는 아랫부분을 몇 등분했느냐에 따라 붙여진 이름이다.

'치마'가 비유적인 의미로 쓰이는 것에는 앞에서 예를 든 '치마머리'를 비롯하여 '치마상투, 치마양반, 치맛바람' 같은 말이 있다. '치마머리'는 상투를 짤 때 머리털이 적어 본머리에 딴 머리를 덧둘러 감는 데서 생겨난 말이다. '치마상투'는 이렇게 짠 상투다. '치마양반'은 신분이 낮은 집안에서 신분이 높은 집의 딸과 결혼함으로 사회적 지위가 높아진 양반을 가리킨다. 이런 문화는 중국에도 있어 이를 '군대관(裙帶官)'이라 했다. 치마끈 벼슬아치라는 말이다. 발상이 비슷한 명명(命名)이다. '치마양반'의 대표적인 예는 한미한 집안에서 딸을 왕비로 들여보내 세도(勢道)를 부리게 된 양반이라 할 것이다. 이런 집안에서는 딸이 더 없이 고마울 것이다. '치맛바람'이 여자의 극성스러운 활동을 나타냄은 다 아는 사실이다.

끝으로 '녹의홍상(綠衣紅裳)'과 관련되는 이야기를 하나 덧붙이기로 한다. 이는 잘 알려진 성구이나 중국의 성구가 아닌 우리의 것이다. 이는 연두저고리에 다홍치마라는 뜻으로, 젊은 여인의 아름다운 자태를 나타내는 말이다. 동가홍상(同價紅裳)도 마찬가지로 우리의 성구로, 같은 값이면 다홍치마란 뜻이나, 구체적으로는 같은 값이면 젊은 여인(紅裳)이 좋다는 말이다.

이에 대해 '녹의황상(綠衣黃裳)'은 중국의 성어다. 이는 초록 옷의 누런 안감이란 '녹의황리(綠衣黃裏)'와 같은 뜻의 말로, 귀천의 자리가 바뀐 것을 의미한다. 그래서 이는 천첩(賤妾)이 우쭐대는 것에 비유된다. 기녀에 대한 표현도 우리와 중국이 다르다. 우리는 청상(靑裳)이라 하는데, 중국에서는 홍군(紅裙)이라 한다. 이는 바로 그 문화가 달랐기 때문이다.

장도칼에 찔려 많은 왜병이 죽었다

칼1

칼은 권위를 나타낸다. 환웅(桓雄)이 천상에서 이 세상에 내려올 때 천부인(天符印) 세 개 가운데 칼을 가지고 내려 온 것이나, 해모 수(解慕漱)가 역시 하늘에서 내려올 때 허리에 용광검(龍光劍)을 찬 것은 하느님의 아들로서의 위엄과 권위를 상징한다. 그리고 칼은 남성에게는 충성을, 여성에게는 정절을 나타낸다. 백두산의 돌은 칼을 갈아 다 없어졌고, 두만강 물은 말이 마셔 그 물이 다하였 다고 한 남이(南怡) 장군의 시 가운데 칼은 이런 충성을 상징한다. 그리고 여인들의 장도(粧刀)는 정절을 상징해, 욕을 당하기보다 그 장도로 자결함으로 정절을 지키고자 한 것이다. 그리하여 임진왜 란 때는 우리 병사들에게 죽은 왜병보다 여인의 장도에 찔려 죽 은 왜병이 더 많았다는 말이 있을 정도다.

우리말에서 '칼'은 '칼' 외에 '刀', '劍'이란 한자말로도 표현된 다. 고유어 '칼'은 상대적으로 명명에 일반화 경향을 보인다. 특정한 '칼'을 나타낼 때에는 이 '칼'에 꾸밈말을 얹는다. '창칼, 접칼, 식칼, 주머니칼, 큰칼, 삼칼……'과 같은 것이 그것이다. 이에 대해 일본어는 세분화하는 경향을 보인다. '가타나(刀), 야이바(刃), 하모노(刃物), 호쵸(요리용 庖丁), 다치(허리에 차는 太刀), 슈스이(시퍼렇게 잘 간 秋水), 단삐라(날이 넓은 段平)' 같은 것이 그것이다.

'칼'에는 여러 가지 종류가 있다. 이 가운데 가장 많은 것은 용도에 따라 구별되는 것이다. '삼칼1, 삼칼2, 새김칼, 풀칼, 접칼, 도련칼, 찬칼, 식칼, 채칼, 먹칼, 갈이칼, 호비칼, 해부칼, 구두칼, 배코칼, 면도칼, 담배칼' 같은 것이 그것이다.

'삼칼1'과 '품칼'은 각각 인삼과 모시풀의 껍질을 벗기는 데 사용하는 칼이다. 이에 대해 '삼칼2'는 삼[麻]의 잎을 치는 데 쓰는, 나무로 만든 칼이다. 삼실을 얻기 위해서는 삼의 잎을 치고 이를 찐 뒤에 삼을 삼아야 한다. '새김칼'은 글씨나 형상을 나무나 돌 따위에 새기는 데 쓰는 각도(刻刀)다. '풀칼'은 대오리나, 나무오리로 만든, 된풀을 칠하여 붙이는데 쓰는 칼 모양의 물건이다. '접칼'은 나무를 접붙일 때 사용하는 접도(接刀)이다. '도련칼'은 도련(刀鍊)하는 칼, 곧 종이 따위의 가장자리를 가지런히 베는 데 쓰는 것이다.

'찬칼'이나 '식칼', '채칼'은 주방 기구이다. '채칼'은 물론 야채를 채치는 채도(菜刀)를 말한다. '먹칼'은 먹을 찍어 목재나 석재 따위에 표를 하거나 글씨를 쓰는 기구로, 댓개비의 한 쪽 끝을 얇게 깎아 만든 것이다. '갈이칼'은 나무 기구를 갈아 만들 때 쓰는 쇠 연장이다. '호비칼'은 나무 같은 것의 속을 호벼 파는 데 쓰는 칼로, 주로 나막신 코의 속을 파는 데 사용된다. '해부칼'은 메스(mes)이고, '구두칼'은 구두를 만들거나, 수선할 때 쓰는 칼이다. '배코칼'은 배코를 치는 칼이다. '배코'는 상투를 앉히려고 머리털을 깎아낸 자리를 가리킨다. 그리하여 '배코를 치다'는 '상투밑을 치다'와 같은 뜻의 말로, 상투밑의 머리털을 돌려, 면도하듯 빡빡 밀어 깎는 것을 의미한다. '담배칼'은 엽초(葉草)를 써는 데 사용하는 칼로, 이는 다른 칼과는 달리, 작두와 비슷하게 생겼으면서 크기가 아주 작은 것이다.

형태나 재질과 관계된 것으로는 '송곳칼, 접칼, 쌍날칼, 장도칼, 쇠자루칼, 제자루칼'과 '돌칼, 대칼'과 같은 것이 있다. '송곳칼'은 한끝은 송곳으로, 다른 한 끝은 칼로 쓰게 되어 있는 것이다. '접칼'은 접을 수 있게 만든 칼로, 한자어로 '접도(摺刀)'라 하는 것이다. 이는 물론 앞에서 언급한 접도(椄刀)와 다른 것이다. '쌍날칼'은 검(劍)이고, '장도칼'은 장도(粧刀)로, 칼집과 자루에 금, 은, 밀화, 대모, 뿔, 나무 따위로 장식하여 이런 이름이 붙은 칼이다. 주머니 속에 넣거나, 옷고름에 늘 차고 다니는 칼집이 있는 작은 칼이다. 이는 부녀자들의 노리개이며 필휴(必携) 용구였다. '돌칼'이나 '대칼'은 재질에 따라 붙여진 이름이다.

'창칼'이나 '주머니칼'은 칼 일반의 명칭으로, '창칼'은 여러 가지 작은 칼을 통틀어 이르는 말이고, '주머니칼'은 주머니에 넣고 다니는 작은 칼이라 하여 붙여진 이름이다.

이 밖에 '칼'은 비유적 의미로도 쓰인다. 죄인에게 씌우던 형틀이 '칼'이다. 두껍고 긴 널빤지의 한 끝에 구멍을 뚫어 죄인의 목을 끼우고 비녀장을 지르는 것이다. 이를 한자어로는 가(枷), 또는 항쇄(項鎖)라 한다. 이러한 칼에는 '큰칼, 작은칼, 행차칼'이 있다. '큰칼'이란 중죄인의 목에 씌우던 형구로, 길이가 135cm 쯤 된다. 『춘향전』에서 춘향이에게 씌운 칼도 이런 것이었다. 동양문고본 『춘향전』에는 춘향이에게 칼을 씌우는 장면이 익살스럽게 묘사되어 있다.

"네 한 80여근 되는 전목 칼 들이라."

"젛사오되 팔십 근 칼은 업사오되 살옥죄수(殺獄罪囚) 쓰이는 전목 칼이 매우 육중하외다."

"그러면 살옥죄인은 적은 칼을 쓰이고, 그 칼을 벗겨서 저놈의 모가지 놓았던 데는 다 살살 고이 깎아서 드려다가 저년을 쓰여 후일 다시 치량으로 하옥하되, 행여 관속이나 촌 민중이나 심지어 타읍 백성이라도 저를 만일 가까이 살손 붙여 칼머리 들거나 따라가는 놈 있거든 그놈을 내 분부로 가로 딴 목을 툭 쳐서 덜걱 자빠지거든 배때기를 디디고 호패(號牌)를 다 떼어 바치고, 또 저를 가두는 데라도 다른 죄수는 하나도 두지 말고 저 하나만 똑 가두어 착실히 엄수하라."

옥사장(獄鎖匠)이 분부 듣고 매우 착실히 뵈려 하고,

"젛사오되 저를 칼 씌워 소인이 한가지로 내려가서 소인의 집에 기별하여 밥을 하여다가 먹삽고, 앉으나 누우나 한 착고에서 밤낮으로 맞붙들고 독상직(獨上直)하오리다."

"이놈 웃간에서 지키되, 바로 보지도 말고 돌아앉아서 각별히 수직하라."

'작은칼'은 길이가 1m 가량의 형구이다. '행차칼(行次-)'은 옥중에 있는 죄인을 다른 곳으로 옮길 때 목에 씌우던 형구이다. 이는 '도리칼'이라고도 하는 것으로, 한자어로는 '행가(行枷)'라 한다. 죄인을 유배 보낼 때도 이런 '도리칼'을 씌운다.

칼의 역사를 보면 위엄과 권위의 상징에서 실용의 기구가 되더니, 형구(形具)로까지 전락하였다. 그러나 무어니 무어니 하여도 칼의 대표적 상징은 '무력(武力)'이라 할 것이다.

고기 한칼을 선물하던 인정

칼2

『삼국지』를 보면 손권(孫權)이 유비(劉備)를 청해 주연을 베푸는 자리에서 검무(劍舞)를 추는 장면이 나온다. 손권의 진영에서 무사들로 하여금 칼춤을 추게 하다가 술잔을 던지는 것을 신호로 유비를 살해하도록 음모를 꾸민 것이다. 이 음모는 술잔을 잘못 떨어뜨림으로 사전에 발각되고, 계교(計巧)는 실패로 돌아가고 말았다. 이와는 달리 신라의 화랑 황창(黃倡)은 칼춤을 추다가 백제 왕을 죽였다는 고사가 있다. 검무는 이에 연원되어 황창무, 검기무(劍器舞)라고도 하여 신라인의 기개와 애국심을 고양하는 역할을 하게 되었다.

검무는 신라 때부터 전하여 온 대궐 안 잔치 때 벌이던 춤(呈才)이었는데, 둘 또는 네 사람의 여기(女妓)가 전복(戰服)과 전립(戰笠)을 차려 입고 마주 서서 표정만방곡(表正萬方曲)에 맞추어 양손에 쥔 검기를 휘두르며, 춤을 춘다. 그러나 이는 그간에 사라져 무당들

329

의 굿에 그 흔적을 남기고 있을 뿐이다.

검무, 곧 칼춤은 칼이란 도구를 활용한 하나의 예술이라 할 수 있다. 우리말에는 이렇듯 칼이 도구나 수단을 나타내는 단어들이 여럿 있다. '칼국수, 칼버나, 칼살판, 칼싹두기, 칼제비, 칼장단, 칼재비, 칼자' 같은 것이 그것이다.

'칼국수'는 틀국수 아닌 칼로 썬 국수란 말이다. 요사이는 발로 써는 국수도 있는지 '손칼국수'란 말도 생겨났다. '칼싹두기'는 밀가루 같은 것을 반죽하여 굵직굵직하고 조각이 나게 싹둑싹둑 썰어 끓인 음식이다. 따라서 '칼싹두기'는 그 형태가 국수보다는 수제비에 가까운 음식이다. 그러나 이를 '수제비'라 보지는 않는다. '칼국수'나 '칼싹두기'는 수제비와 구별하여 '칼제비'란 말을 따로 사용하고 있는가 하면 한자어로는 도면(刀麵)이라 하여 국수류에 소속시키고 있다. 수제비는 한자어로 박탁(餺飥)이라 한다.

'칼버나'나 '칼살판'은 우리 민속놀이와 관계가 있는 말이다. '칼버나'는 남사당놀이에서 대접 돌리기 재주의 하나로, 칼자루 위에 대접을 올려놓고, 칼끝과 물부리를 이은 담뱃대를 이마에 세워 대접을 돌리는 것이다. 이에 대해 '칼살판'은 같은 남사당놀이의 땅재주의 하나다. 손에 칼을 들고, 껑충껑충 뛰다가 몸을 틀어 공중돌기를 한 뒤에 바로 서는 것이다. 몹시 위태로운 모험을 "칼 물고 뜀 뛰기"라고 하거니와 이보다는 못하다 하더라도 매우 위험한 재주임에 틀림없다.

'칼장단'은 도마질을 할 때 율동적으로 나는 칼 소리를 비유적으로 장단(長短)이라 한 것이다. 따라서 '젓가락 장단'처럼 장단을 맞추기 위한 장단은 아니다. '칼재비'는 전통적인 우리의 운동 태껸에서, 엄지와 검지를 벌려 목을 쳐내는 손 기술이다. 일본 스모에서도 이런 장면을 볼 수 있다. '칼자'는 '칼잡이'와 의미상 관련된다. 이는 지방 관아에 속하여 음식 만드는 일을 맡아보던 하인을 가리키는 말이기 때문이다. 음식을 만들 때는 무엇보다 칼이 있어야 할 것이다. '칼자'는 '칼자이'라고도 하며, 한자어로는 '도척(刀尺)'이라 한다. 여기서 '자', '尺'은 사람을 가리킨다. 춤을 추던 악공 '춤자이(舞尺)'도 같은 예다.

'칼'은 형태, 곧 도형(刀形)을 의미하는 말로도 쓰인다. '칼귀, 칼깃, 칼나물, 칼잠, 갈고등어, 갈치'가 이런 말들이다. 귀는 태아가 어머니의 뱃속에 있을 때의 모습과 같다고 한다. 그런데 '칼귀'는 이러한 귀의 곡선이 없는, 칼처럼 삐죽한 귀를 가리킨다. '칼나물'은 중들의 은어(隱語)로 생선을 가리키는 말이다. 술을 곡차(穀茶)라고 하듯 금기(禁忌)로 여기는 것을 완곡하게 돌려 표현한 것이다. 떳떳이 내어놓고 먹고 마시지 못하는 문화를 반영한다.

'칼잠'은 넉넉지 못한 공간에서 여럿이 잠을 잘 때 바로 눕지 못하고 옆으로 누워 자는 잠을 말한다. 불편한 잠이다. '갈고등어'나 '갈치'의 '갈'은 '칼'의 옛말이다. 따라서 이는 고등어와 갈치가 '칼'처럼 생긴 데서 붙여진 이름이다. '갈치'를 한자어로 '도어

(刀魚)'라 하는 것도 같은 발상의 명명이다.

'칼'은 또한 예리한 성질, 나아가 매섭고 독한 것을 나타내는 말로도 사용된다. '칼감, 칼바람, 칼바위, 칼벼락'과 같은 말이 이런 것들이다. '칼감'은 성질이 표독한 사람을 얕잡아 이르는 말이다. 사람의 성질이 부드럽고 온순한 데가 없이 칼의 재료로나 씀직한 표독한 성질을 지녔다는 말이다. 요사이는 남자도 부드러워야 한다고 한다. 사람이 '칼감'이 되어서는 곤란하다. '칼바람'은 '몹시 매섭고 독한 바람'이고, '칼바위'는 바위가 칼날처럼 날카롭고 뾰족뾰족하게 생긴 것이다. '칼벼락'은 몹시 혹독한 벼락을 가리킨다. 한승원의 『아리랑 별곡』에는 이런 용례가 보인다.

　　　그 입 놀리는 사람들은 제명대로 살지 못하고 벼락을 맞아도
　　칼벼락을 맞으리라.

'칼'은 그의 베는 기능을 나타내는 말로도 쓰인다. '칼가래질, 칼금, 칼집, 한칼' 같은 것이 그것이다. '칼가래질'은 가래를 모로 세워서 흙을 깎는 일을 가리킨다. 원래 가래는 흙을 파헤치거나 떠서 던지는 기구이다. 그러기에 깎는 기능과는 거리가 있다. 이에 '칼'이 합성되어 흙을 깎는 구실을 나타내게 한 것이다. '칼금'은 예리한 칼날에 스쳐서 생기는 가는 금을 말한다. 베어서 피가 난다기보다 살짝 피부에 금이 가는 것이다. '칼집'은 검실(劍室) 외

에 요리를 할 때 재료를 가볍게 에어서 낸 진집(틈)을 의미한다. '고기에 칼집을 내어 굽는다'가 그 예이다. '한칼'은 일도양단(一刀兩斷)의 의미와 함께 쇠고기 따위를 한 번에 벤 덩이를 가리킨다. 이무영(李無影)의 『제일과 제일장』에는 다음과 같은 용례가 보인다.

> 조선에 나와서도 지금의 신문사 사회부 기자라는 직업을 얻기까지의 삼년간은 십전짜리 상밥으로 연명해 온 그였고, 직업이라고 얻어서 결혼을 한 후도 고기 한칼 떳떳이 사 먹어 보지 못한 그였다.

예의 '한칼'은 한 번에 벤 고깃덩이를 뜻하는 말이다. 이는 큰 고깃덩이를 뜻하는 것이 아니다. 약간의 고기를 뜻한다. "술 한 잔 합시다."의 '한 잔'과 같은 완곡한 표현이다.

추석이 다가온다. 고기 '한칼'에 감사의 마음을 담아 보내던 지난날의 소박한 인정이 그립다.

코 아래 진상이 제일이다
코

우리 속담에 "코 아래 진상이 제일이다"라는 것이 있다. 이는 남의 환심을 사기 위해서는 먹이는 대접을 하는 것이 무엇보다 좋다는 말이다. '코 아래'는 '입'이고, '진상(進上)'은 '임금이나 높은 관리에게 지방의 토산물(土產物)을 바치는 것'을 의미한다.

'코'는 얼굴의 중앙에 튀어나와 있어 흔히 고만(高慢), 경멸과 같은 이미지와 연결된다. '코가 높다, 코 큰 소리, 코가 납작해지다, 코를 떼다'와 같은 말이 그것이다.

사람의 '코'를 나타내는 말에는 여러 가지가 있다. '매부리코, 사자코, 말코, 개발코, 들창코, 전병코, 벽장코, 함실코, 활등코' 등은 코의 생긴 모양에 따라 붙여진 이름이다. '매부리코'란 매의 부리처럼 삐죽하게 아래로 숙은 코다. 이러한 코는 서양 사람에게 많다. 영어로는 aquiline nose라 한다. '사자코'는 사자의 코처럼 생긴 들창코를 가리킨다. '들창코'란 들어 올려서 여는 창인 '들창'처럼 생긴 코란 말이다. '개발코'는 개의 발처럼 너부죽하고 뭉툭하게 생긴 코다. 이의 용례는 이태준의 「촌띄기」에 보인다.

울어서 눈이 뻐꾸기 눈처럼 시뻘개진 장군이 처가 그래도 울음을 참노라고, 그 장군이가 제일 보기 싫어하던 개발코를 벌룽거리면서 철둑을 올라섰다.

'전병코'는 전병(煎餅)처럼 넓적하게 생긴 코고, '벽장코'는 콧등이 넓적하고 그 가가 우묵하게 들어간 코다. '함실코'는 푹 빠져 입천장과 마주 뚫린 코를 가리킨다. '함실'은 불길이 아궁이로부터 방고래로 넘어 들어가는 곳이 없이, 불길이 그냥 곧게 고래로 들어가게 되어 있는 아궁이다. 코에 콧구멍이 없이 바로 입천장과 마주 뚫려 있어 이런 이름이 붙은 것이다. 이렇게 비유적인 코의 이름엔 바로 우리의 문화와 사고방식이 반영되어 있다.

비유적 코의 이름과는 달리 코의 상태를 묘사한 것에 '삭은코'란 재미있는 말도 있다. 이는 코를 몹시 다쳐서 골병이 들어 조그만 충격에도 코피가 잘 나는 코다. 삭은니(蟲齒)처럼 코가 삭았다는 말이다. '큰코다치다'는 관용어가 단일어로 변한 말이다. 이는 '크게 봉변을 당하다'를 뜻한다. 황순원의 『신들의 주사위』에는 이 말이 "내 말 듣고 있지 않군요. 아직 미혼이라고 남의 일처럼 듣다가는 큰코다치지, 큰코다쳐요."라 쓰이고 있다.

'코끼리, 코뚜레, 코푸렁이' 같은 말도 우리 겨레의 발상을 엿보게 하는 말이다. '코끼리'는 '고키리'가 변한 말이다. '코'는 옛날에는 '고'라 하였다. '키리'는 '길다'의 '길'에 사물을 뜻하는 '이'가 연결된 것이다. 이는 코가 긴 짐승이라 하여 이런 이름이 붙은 것이다. '길이'가 '키리'가 된 것은 코의 옛말 '고'에는 'ㅎ' 말음(末音)이 있었기에 이것이 '길다'의 '길'을 거센소리 '킬'로 바꾸어 놓은 것이다. 따라서 '코끼리'의 이름은 '코'라는 부분(部分)으로 그 전체를 의미하는 비유, 제유(提喩)에 의해 명명된 것이다. 이는 영어 elephant나 일본어 '조(象)'와는 명명 과정을 달리한 것이다. 한자 상(象)은 코끼리의 모양을 본뜬 상형문자(象形文字)다.

 '코뚜레'는 소의 코를 꿰뚫어 끼는 고리 모양의 나무다. 이는 소를 제어하기 위한 족쇄에 해당한다. '코뚜레'는 지난날 '콧도래'라 하였다. '코-ㅅ-도래'는 코의 도래라는 뜻이며, '도래'는 '돌(廻)-애(접사)'가 결합한 것으로, '도는 것', 또는 '둥근 것'을 뜻한다. 그러나 '코뚜레'는 이 말이 바로 변한 것으로 보지 않는다. 오히려 이 말의 어원을 '코-뚫(貫)-에'라 본다. '코를 뚫은 것'이란 뜻으로, '코를 뚫다'에 초점을 맞추어 명명한 것이다. 일본의 '하나와(鼻輪)'나, 영어의 nose ring은 '콧도래'와 발상을 같이 하는 명명이다.

 '코푸렁이'는 코를 풀어 놓은 것처럼 흐물흐물한 것, 또는 줏대가 없고 흐리멍덩한 사람을 가리킨다. 이는 '코-풀(吹)-엉이(접사)'가 합성된 말이다. '풀'은 '풀다'의 어간이고, '엉이'는 접사다. 이는 코를 풀어 놓은 것이란 비유적 표현이다. '풀다'는 '불다(吹)'가 변한 말로 코를 푸는 것은 '코를 부는 것'이다. 이때의 '코'는 콧물이다. 콧물을 불어내는 것이 코푸는 것이다. '코'는 이렇게 오관(五官)의 하나인 코(鼻) 자체와 함께 비액(鼻液)을 의미한다. 이는 '코-ㅅ-물'의 '물'이 생략되었음에도 '코'가 '콧물'의 의미까지 나타내고 있는 것이다. '코'의 의미 확대다. 이러한 경우는 '코가 떨어진다'란 말에서 확인된다. 코는 베어내지 않는 한 떨어지지 않는다. 떨어지는 것은 '코'가 아닌, '콧물'이다.

이밖에 코와 합성된 복합어에 '코방아, 코웃음, 코춤, 코침, 콧방귀, 콧장단' 같은 말이 있다. '코방아'는 엎어져 코를 바닥에 부딪치는 것이고, '코웃음'은 비소(鼻笑), '코춤'은 웃을 때 코를 쫑긋쫑긋하는 것이다. '코침'은 콧구멍에 심지를 넣어 간질이는 동작이다. 이는 자는 동료를 놀리느라고 하는 일종의 놀이다. '콧방귀'는 코로 나오는 숨을 막았다가 갑자기 터뜨리면서 불어내는 소리다. 이는 흔히 '콧방귀를 뀌다'와 같이 아니꼽거나 못마땅할 때 내는 소리다. '콧장단'은 흥흥 하며 콧소리로 맞추는 장단이다. '콧장단'을 맞출 때는 제법 흥겨울 때다.

코는 숨을 쉬고, 냄새를 맡는 후각(嗅覺)기관이다. 오관(五官) 가운데 고등 감각기관은 아니지만, 사랑을 나누는 데에는 더할 수 없이 소중한 기관이다.

콩멍석같이 얽어 차마 보기 어렵다
콩1

'콩'은 쌀, 보리, 조, 기장과 함께 오곡 가운데 하나다. 그러기에 이 말에는 우리의 생활문화가 많이 반영되어 있다. '콩강정, 콩고물, 콩국, 콩국수, 콩기름, 콩나물, 콩나물국, 콩나물밥, 콩다식, 콩된장, 콩떡, 콩몽둥이, 콩밥, 콩버무리, 콩비지, 콩설기, 콩소, 콩엿, 콩자반, 콩죽, 콩찰떡, 콩탕' 같은 것은 콩을 재료로 한 우리의 음식문화와 관련된 말이다.

'콩강정, 콩다식, 콩엿, 콩몽둥이'는 우리의 전통 다과를 가리키는 말이다. '콩강정'은 볶은 콩을 엿으로 버무려 뭉친 강정, 또는 콩가루에 굴려 묻힌 강정을 이른다. '콩다식'은 다식(茶食) 가운데 하나로 콩가루로 만든 것이고, '콩엿'은 볶은 콩을 섞어 만든 엿이다. '콩몽둥이'는 어떤 몽둥이가 아니고, 콩엿의 일종으로, 둥글게 비비어 길쭉하게 잘라 만든 것이다. 이들은 오늘날 향수 어린 음식이 되었다.

'콩국, 콩국수, 콩나물국, 콩나물밥, 콩나물죽, 콩밥, 콩죽, 콩탕'
은 주식(主食)과 관계된 말이다. '콩국'은 여름철 음식이다. 이는
흰콩을 약간 삶아 맷돌에 갈아 짜낸 물로, 국수 따위를 말아먹는
것이다. 한자말로는 두갱(豆羹)이라 한다. 이런 콩국으로 말아서 만
든 국수가 '콩국수'이다. '콩나물국'이나, '콩나물밥, 콩나물죽'은
콩을 시루 따위의 그릇에 담아 이른바 수경재배(水耕栽培)한 나물을
재료로 하여 끓인 국이거나 밥, 죽을 가리킨다. 이런 음식은 아마
도 이 지구상의 다른 어느 곳에서도 찾아볼 수 없을 것이다. '콩
나물'은 일본에도 있지만 우리와는 달리 '마메모야시(豆萌し)'라고
하여 '콩싹'이라 한다.

'콩밥'은 물론 쌀에 콩을 섞어 지은 밥이다. 그런데 이는 또 다
른 우리 문화를 반영한다. 그것은 죄수의 밥을 속되게 이른다는
것이다. 안수길(安壽吉)의 『북간도(北間島)』에서 "'우리도 자칫하면 콩
밥을 먹게 되겠군.' 교장이 웃었다."의 '콩밥'이 그것이다. '콩밥'
이 죄수의 밥, 나아가 징역살이를 의미하게 된 것은 일제시대 농
촌생활이 궁핍할 때 죄수에게 만주(滿洲)지방에서 생산되는 값싼
콩으로 밥을 지어 먹인 데서 연유하는 것으로 보인다. '콩밥 신
세를 지다, 콩밥을 먹다, 콩밥을 먹이다'가 다 이러한 징역생활을
나타내는 말이다.

'콩죽'은 '콩밥'의 상대적인 말이다. "콩죽은 내가 먹고, 배는
남이 앓는다"란 속담의 콩죽이 이런 것이다. 이는 좋지 못한 짓

은 자기가 하였으나, 이에 대한 비난이나 벌은 남이 당하게 됨을 비유적으로 이르는 말이다. 이에 대해 '콩탕'은 고운 날콩가루를 찬물에 풀어 끓이다가 순두부처럼 엉길 때에 진잎(무성귀의 생잎)을 썰어 넣고 다시 끓여 양념한 국을 이르는 말이다. 이 밖에 '콩비지'라는 음식이 있다. 이는 두부를 빼지 아니하고 만든 비지를 가리킨다. 따라서 '값싼 비지떡'의 비지가 아니라, 고소하고 맛있는, 귀한 비지다.

'콩된장'이나, '콩자반'은 반찬과 관계되는 말이다. '콩된장'은 정통 된장으로, 쌀이나 보리 아닌 콩을 원료로 하여 만든 것이다. '콩자반'은 콩을 볶거나 삶아서 기름, 깨, 물엿 따위와 함께 간장에 넣고 조린 반찬이다. 이는 지난날 도시락 반찬으로 많은 사랑을 받았다.

'콩떡, 콩버무리, 콩설기, 콩찰떡'은 떡을 가리키는 말이다. '콩떡'은 쌀가루에 콩을 섞어 찐 떡이고, '콩버무리'는 '콩무리'라고도 하는 것으로, 멥쌀가루에 콩을 뒤섞어 켜를 짓지 아니하고 찐 것이다. '콩설기'는 쌀가루에 콩을 섞어서 켜를 지어 찐 것이고, '콩찰떡'은 찹쌀 가루에 검은콩을 섞어서 켜를 지어 찐 떡이다. 이 밖에 '콩고물'은 팥고물과 함께 대표적인 떡고물로, 콩으로 만들어 인절미 따위에 묻히는 것이다. '콩소'는 떡에 넣는 콩이나 콩가루로 만든 소다.

이 밖에 '콩깻묵, 콩나물시루, 콩대우, 콩댐, 콩머리비녀, 콩명

석, 콩윷' 같은 말도 우리 문화를 반영하는 말이다. '콩깻묵'은 콩에서 기름을 짜내고 남은 찌끼를 이르는 말이다. 이는 '콩'과 '깻묵'이 합성된 말이다. '깻묵'이 본래 기름을 짜 낸 깨의 찌끼를 이르는 말이니, '콩-깻묵'이란 말은 다소 어색한 말이다. 이는 '깻묵'이란 말이 차용된 것으로 볼 때 '콩기름'이 참기름이나 들기름에 비해 나중에 생겨난 것임을 미루어 알 수 있다.

'콩나물시루'는 콩나물을 기르는 둥근 질그릇으로, 그 자체가 우리의 문화일 뿐 아니라, '사람이 몹시 많아서 빽빽함'을 비유하는 말로서 또한 우리 문화를 반영한다. 어느 나라에서 사람이 빽빽이 많은 것을 '콩나물시루'라고 비유하던가? '콩대우'는 콩을 간작(間作)하거나, 그런 콩이다. '대우콩'도 이런 콩을 가리킨다. '콩댐'은 오늘날의 니스에 해당한 것이라고나 할까? 이는 불린 콩을 갈아서 들기름 따위를 섞어 장판에 바르는 일, 또는 그 물건을 이르는 말이다. 장판이 오래 가고, 윤이 나라고 니스를 칠하듯, 전에는 콩댐을 했다. '콩멍석'은 본래 콩을 털어놓는 멍석을 가리키는 말이다. 그런데 이 말은 비유적으로, 몹시 매를 맞거나, 물것에 물려 살가죽이 부르터 두툴두툴한 것을 나타내거나, 얼굴이 몹시 얽은 것을 나타낸다. 그래서 『장화홍련전(薔花紅蓮傳)』의 계모 허 씨(許氏)의 모습도 다음과 같이 그려져 있다.

허씨를 장가드니 그 용모를 의논할진대 두 볼은 한 자가 넘고,

눈은 퉁방울 같고, 코는 질병 같고, 입은 메기 같고, 머리털은 돼지털 같고, 키는 장승만하고, 소리는 이리 소리 같고, 허리는 두 아름이나 되는 것이 게다가 곰배팔이요, 수중다리에 쌍언청이를 겸하였고, 그 주둥이를 썰어내면 열 사발은 되겠고, 얽기는 콩멍석 같으니 그 형용은 차마 보기 어려운 중에……

'콩윷'은 콩짜개로 만든 윷을 가리킨다. 이는 이런 윷 문화가 있었기에 문화의 화석으로 남게 된 말이다. '콩머리비녀'는 머리 부분이 이분음부(二分音符)처럼, 콩 머리 모양으로 생긴 비녀를 가리킨다. 지난날 우리네 어머니들이 흔히 쪽진 뒤 꽂던 비녀가 이런 것이었다.

집구석이 콩가루집안이라

콩2

우리의 낱말은 그 의미가 다의적이다. 사전을 보면 어떤 낱말이건 여러 개의 말뜻이 풀이되어 있다. 그런데 묘하게 '콩'의 경우는 그렇지 않다. '콩과의 한해살이 풀'로만 설명되어 있다. 이는 일본어나 영어와 다른 점이다. 한 일한사전(日韓辭典)은 콩을 이르는 '마메(まめ)'를 다음과 같이 네 가지 뜻으로 풀이하고 있다.

① 콩 특히 大豆
② 공알의 딴 이름 = ひなさき
③ <俗> 소·돼지의 콩팥
④ <접두어적으로> 소형의 것. まめ電球(소형전구), まめ自動車
   (소형자동차)

이는 우리 문화의 단면을 이해하는 데 좋은 참고가 된다. ②의

'공알'은 음핵(陰核)을 이르는 말이다. 이는 분명히 '공'과 '알(卵)'의 합성된 말이겠으나 '공'의 정체가 분명치 않다. 그런데 일본어에서는 이를 이르는 '히나사키(ひなさき)'의 딴 이름으로 '마메(豆)' 곧 '콩'이라 한다는 것이다. 이로 볼 때 우리의 '공알'은 '콩알>공알'로 바뀌었을 가능성을 생각해 볼 수 있다. 우리 조상들도 그것을 '콩알'같다고 생각했을 수 있다.

③의 '콩팥'도 그러하다. 우리는 '신장'을 속어 아닌 고유어로 '콩팥'이라 한다. 일본사람이 '콩'이라 한데 대해 우리는 콩이요 팥같이 생겼다고 본 것이다. 사전에서는 아직 이를 콩과 팥의 합성어로 보고 있지는 않다.

④의 '소형의 것'이라 보는 발상도 우리와 비슷하다. 물론 '콩 전구, 콩 자동차'라고는 하지 않는다. 오히려 '꼬마 전구, 꼬마 자동차'라고, '콩' 아닌 '꼬마'라 한다. 그러나 '콩' 아닌 '콩알'이 매우 작은 물건을 비유적으로 이르고 있음이 사실이다. 사실 콩알보다 작은 것들이 많음에도 작은 것에 '콩알'이 비유되는 것이다. 일본의 '마메(豆)'도 사실은 이 콩알을 의미하는 말이다. '콩알'의 용례를 하나 보면 다음과 같다.

막음례와 개똥이를 실은 소금배는 점점 멀어져 가고 그들 모자의 모습도 콩알만큼 작아져 보였다. 〈문순태, 『타오르는 강』〉

콩의 이름에는 재미있는 것들이 있다. '까치콩, 밤콩, 불콩, 새알콩, 제비콩, 쥐눈이콩' 등은 그 생긴 모양으로 말미암아 붙여진 이름이다. '까치콩'은 '편두(扁豆)', 또는 '작두(鵲豆)'라고도 하는 것으로 그 빛깔이 흑백으로 된 데 연유한다. '밤콩'은 빛깔과 맛이 밤과 비슷해 붙여진 이름이다. '불콩'은 열매가 붉다 하여 붙여진 것이다. 이는 비유에 의해 '총알'을 이르기도 한다. 그런데 영어로는 이를 'blue beans'라고 하여 우리와 차이를 보인다. '새알콩'은 새알처럼 한편은 푸르고 다른 편은 아롱아롱해 붙여진 이름이다.

'제비콩'은 빛이 희고 알이 납작하며 가에 제비부리 모양의 검은 점이 있어 이런 이름이 붙은 것이다. '쥐눈이콩'은 서목태(鼠目太)라고도 하는 것으로, 콩알이 쥐의 눈처럼 새카맣고 작게 생겨 붙여진 이름이다. 이는 '여우콩'이라고도 한다. 덜 익어 아직 물기가 있는 콩을 이르는 '청대콩'은 '청태(靑太)'가 변한 말이라 하겠다. 일본어로는 '아오마메(靑豆)'라 한다.

이들 명명과는 달리 '강낭콩'은 들어온 경로를 반영하고 있는 이름이다. 이는 남아메리카 원산이나, 중국을 거쳐 들어온 것이다. 그러기에 '강남(江南)' 곧 중국을 가리키는 말이 붙게 되었다. 이는 방언에 '당(唐)-콩'이라고 하는데 이것이 그 확실한 증거다. '밥밑콩'은 밥에 두어 먹는 콩이라 하여 붙여진 이름이다. 이를 반미콩(飯米-)이라 하는 것은 방언이다. '선비잡이콩'은 묘한 이름의 콩으로, 그 어원을 알 수 없다. 무슨 일화가 있을 것 같은 이름이다. 이 콩은 약간 푸르고 눈 양편에 검고 둥근 점이 있다. 이 밖에 '다섯콩'이란 말이 있는데 이는 진짜 콩을 이르는 것이 아니고, 아이들의 놀이인 공깃돌을 콩에 비유하여 재미있게 일컫는 말이다. 요사이는 이 '다섯콩' 놀이, 곧 공기놀이를 거의 볼 수 없다.

다음엔 민속관계 용어로서의 '콩'을 보기로 한다. '콩꺾기'란 씨름에서 상대편의 무릎에 오른손을 대고 밀어붙이다가 갑자기 두 손으로 두 다리의 오금을 걸어 당기는 기술을 말한다. 무릎을 밀다가 오금을 걸어 당기는 것이 콩을 꺾는 것 같다 하여 붙여진 이름이겠다. '콩동지기'는 농악(農樂) 동작의 하나로, 두 줄로 마주 선 상태에서 옆 사람과 등을 마주 대고 서로 업었다 내려놓는 동작을 말한다. 상대방을 업는 것을, 콩을 꺾어 묶은 덩이 '콩동'을 지는 것에 비유한 것이다. '콩볶기'는 음력 2월 초하룻날에 콩을 볶아 먹는 일을 가리킨다. '콩심기'는 남사당패놀이의 줄타기에서 두 발을 폈다 오므렸다 하면서 앞으로 나아가는 재주를 이른다. 이는 콩을 심을 때 한 발로 흙을 덮고 다지면서 절룩거리며 나아가는 것과 그 행동이 비슷하여 이런 이름이 붙었을 것이다.

끝으로 두어 개의 복합어를 보기로 한다. '콩가루집안'은 분란(紛亂)이 일어나거나 가족들이 모두 제멋대로여서 엉망진창이 된 집안을 이르는 말이다. 이는 콩이 완전히 부서져 콩가루가 되듯, 집이 엉망진창이 된 것을 비유적으로 나타내는 말이다. 박경리(朴

景利의 『토지』에는 "대대로 청백리로서 평판이 난 가문에, 어물전 망신은 꼴뚜기가 시킨다더니 이 부사 댁도 이제는 콩가루 집안이다."란 용례가 보인다.

'콩끼'는 '콩-기운(氣運)'을 뜻하는 말이겠다. 이는 말이 콩을 많이 먹어 세차고 사납게 된 기운을 뜻하는 말이기 때문이다. "콩 본 당나귀같이 흥흥한다"고 당나귀는 콩을 좋아하는 짐승이다. 따라서 '콩끼'가 이런 뜻을 지니게 된 것이다. '콩끼'는 사람이 반지 빠르고 세참을 비유할 때 쓰이는 말이기도 하다. '콩부대기'는 완전히 여물지 아니한 콩을 깍지째 불에 굽거나 찐 것, 또는 그렇게 하여 먹는 일을 뜻한다. 지난날에는 간식할 것이 없었기 때문에 이 콩부대기를 많이 해 먹었다. 지난날 콩서릴 하여 먹거나, 쇠죽에 얹어 삶아 먹던, 향수가 어려 있는 음식이다.

'탈놀이'는 놀이 아닌 벽사(辟邪)

탈(假面)

목중 : 이키 이게 웬 일이냐? 아, 이게 어느 놈이 별안간에 사
람이 채 나오지도 안 해설랑 쳐?

옴중 : 나오지도 안했음 제길헐 놈, 남 대방놀이에 와 육칠월
송아지 풀 뜯어먹고 영각하듯이 어어으 아아, 거 무슨
안갑하는 소리야?

목중 : 거 어떻게 허는 말이야? 내가 나오기는 부모 배 밖에 이
제 나왔다고 한 것이 아니라, 대방놀이판에 처음 나왔다
는 말이야.

옴중 : 옳것다. 네가 배 밖에 나온 게 아니라, 대방놀이판에
처음 나왔다는 말이야?

목중 : 영락없지.

옴중 : 내 것이야.

목중 : 아이구 남의 것이야.

이는 「양주별산대놀이」의 서두 부분의 대사다. 양주별산대놀이는 우리 가면극의 대표적인 것의 하나다. 가면극은 '탈놀이', 또는 '탈놀음'이라고도 하는 것으로, 등장인물이 탈(假面)로 얼굴 또는 머리 전체를 가리고, 다른 인물이나, 동물 또는 초자연적 존재(神) 등으로 가장하여 극적인 장면을 연출하는 연극을 말한다. 우리의 탈놀이에는 꼭두각시놀음, 산대놀이 따위가 있다.

한국의 '탈놀이'의 기원에 대해서는 농경의례설(農耕儀禮設), 기악설(伎樂說), 산대희설(山臺戲說)의 세 가지를 든다. 이는 고구려의 무악, 백제의 기악(伎樂), 신라의 처용무(處容舞)와 오기(五伎) 등의 각종 선행 예능을 거쳐 조선 후기, 대체로 17세기 중엽에 이르러 오늘날 전하는 것과 같은 산대놀이 계통의 가면극이 정착되었다.

이러한 탈놀이를 산대놀이, 또는 산대도감극(山臺都監劇)이라 하는 것은 조선 전기 나례(儺禮)를 관장하던 나례도감(儺禮都監), 및 산대도감의 관장 아래 '산대'라 불리는 무대에서 이 놀이를 행하였기 때문이다. 전기의 탈놀이는 후대의 풍자적인 가면극이 아니라, 악귀를 쫓는 벽사(辟邪)의 탈놀이였다. 따라서 탈은 악귀보다 더 무서운 모습으로 조형되었다. 오늘날 전해지는 산대도감계통의 탈놀이로는 '양주별산대놀이', '송파산대놀이' 등 10종이 있으며, 이밖에 계통을 달리 하는 '하회별신굿놀이', '북청사자놀음' 등이 있어 탈놀이는 12마당이 전하는데, 이들은 모두 중요무형문화재로 지정되어 있다.

'탈'은 고유어로 보이는 말이다. 따라서 '가면'이란 한자어가 들어오기 이전부터 '탈'은 있었다 할 것이다. '탈'은 사전에서 가면, 마스크, 면구(面具)라 풀이하고 있다. 그러나 이와는 달리 종래에는 동음이의어 '탈(頉)'을 가면을 의미하는 말로 보아, 이 말이 '가면' 외에 '사고(災殃), 병'도 의미하는 것으로 보았다. 최남선의 『신자전(新字典)』에 '儺(나) 驅疫 탈'은 여기에서 더 나아가 '탈'이 병을 물리치는 것으로까지 의미가 확장되어 있다. 사고, 병, 트집을 뜻하는 '頉(탈)'은 중국의 한자가 아닌 우리의 속자이다.

'탈'의 재료는 주로 나무와 종이, 그리고 바가지를 사용하였다. 중부지방의 산대탈은 주로 바가지를 사용하였고, 황해도 지방의 탈은 종이를, 영남 지방의 탈은 종이와 바가지를 주로 사용하고, 대바구니와 모피도 사용하였다. 『증보문헌비고』에 의하면 인조(仁祖) 때 나례(儺禮)에 종이 가면을 사용하면 비용이 많이 들므로 나무 가면으로 바꾸어 매년 개장(改粧)하여 쓰기로 논의된 사실이 보인다. '탈'을 '탈바가지', 또는 '탈박'이라고도 하는데 이는 탈을 나무나 종이 아닌 바가지로 만든 데 연유한다.

그리고 여기 덧붙일 것은 '탈'과 '광대'의 관계다. '광대'는 물론 인형극이나 가면극 같은 연극이나 줄타기·땅재주 같은 곡예를 하던 사람이다. 배우, 배창(排倡), 화랑이가 그들이다. 그런데, '광대'는 이 밖에 '연극이나 춤을 추려고 낯에 물감을 칠하던 일', 또는 '탈춤 같은 것을 출 때에 얼굴에 쓴 탈'도 의미한다. '광대'

가 '탈'의 의미를 갖는다.

『훈몽자회』에서 '괴뢰(傀儡)'를 새기며 "傀 광대 괴', '儡 광대 뢰 傀儡假面戲 俗呼鬼臉兒"라 하고, 『역어유해』에서 "鬼臉兒, 鬼頭, 假面 광대"라 한 것이 그 예다. 조선조에는 '곡도'도 같은 개념으로 보았다. 『역어유해』의 "面魁 곡도"가 그것이다. 따라서 황필수(黃泌秀 : 1864~1907)의 『명물기략(名物紀略)』에 "儺禮 나례 木偶戲曰 傀儡 괴뇌 又曰 郭禿 곽독 俗訓 곡독각시 以象郭姓病禿者"라 보이듯, 조선조(朝鮮朝) 말기까지 나례와 목우희, 목우와 가면, 가면희는 엄격히 구별되지 않았음을 알 수 있다.

'탈'은 신앙(信仰)가면과 예능가면으로 대별되며, 신앙가면에는 벽사(辟邪)가면, 의술가면, 영혼가면, 신성(神聖)가면 등이 있고, 예능가면에는 무용가면과 연극가면이 있다. 우리의 탈놀이는 무용가면과 연극가면의 성격을 겸하고 있다. 탈놀이와 관계되는 말에는 '탈광대(탈을 쓰고 연기하는 광대), 탈굿(탈을 쓰고 하는 굿), 탈꾼(탈춤 추는 일을 업으로 하는 사람), 탈막(탈놀이를 하기 위해 쳐 놓은 막), 탈보(뒷머리를 가리기 위하여 탈의 뒤에 붙인 천), 탈판(탈춤이 벌어지는 마당이나 무대)' 같은 말이 있다. '하회(河回)탈', '양주(楊州)탈', '산대탈' 등은 각각 그 탈놀이에서 사용되는 탈을 가리킨다. '사자탈'은 사자춤에서 사자의 형상을 본뜬 탈이다.

탈을 쓰고 추는 춤을 '탈춤'이라 하며, 이러한 놀이를 '탈춤놀이'라 한다. 탈놀이의 연희 형태는 음악 반주에 의한 춤이 주가 되며, 여기에 노래가 따르는 가무적(歌舞的) 부분과 몸짓에 대사가 따르는 연극적 부분으로 나뉘는데, 이때의 춤이 '탈춤'이다. '사자춤'에서 사자의 탈을 쓰고 추는 춤도 '탈춤'임은 물론이다. 이 밖에 '탈머리굿'이라는 민속이 있다. 이는 호남 농악에서 행하는 놀이의 하나로 상쇠가 대포수의 모자를 벗겨 영기(令旗)에 달아 높이 드는 것이다.

'탈'은 이러한 가면의 의미가 아닌, 정반대의 의미도 지닌다. 그것은 '원형, 정체'를 의미하는 것이다. 이러한 풀이는 사전에 따로 보이지 않으나, 복합어를 통해 쉽게 확인할 수 있다. 그것은 '탈바꿈'이란 말의 '탈'이 그것이다. '탈바꿈'은 원래의 모양이나 행태를 바꾸는 것을 의미한다. 따라서 여기 '탈'은 '가면'이 아닌, '원래의 모양이나 행태'를 의미함을 알 수 있다. 이러한 말로는 '탈바꿈-뿌리, 탈바꿈-잎, 탈바꿈-줄기'와 같은 것이 있다. 이들은 각각 '변태근(變態根), 변형엽(變形葉), 변태경(變態莖)'을 의미한다.

요사이는 사물의 정체를 알 수 없는 세상이다. 원형인지 가면인지가 분간이 잘 안되고, 말도 많고 탈도 많다. '탈바가지' 같은 세상이다.

요새 '범털방' 사정은 어떨까?

털

프랑스의 소설가 르나르(Jules Renard)의 일화에 이런 것이 있다.

르나르의 집에 사람들이 모여서 이런 이야기를 하였다.

"선생님의 작품을 처음 한 줄만 읽고 이 작가는 머리털이 정녕코 붉을 것이라고 생각했어요. 그런데 머리털이 붉은 사람은 고약해요. 그러나 선생님은 회색이네요."

이 말에 르나르가 대답했다.

"내 머리털은 본래 붉었어요. 그런데 붉은 털이라 마음에 안 들었는데, 철이 들면서 선량한 사람이 됨에 따라 회색으로 변했어요."

'털'은 털이 난 위치에 따라 상징적 의미가 다르다. 머리털은 사고력과 생명력 그리고 영감(靈感)을 나타내고, 몸의 털은 형이하학적 힘, 성욕이나 감정을 상징한다. 르나르의 일화는 그의 작품에 반영된 사고의 문제를 제기한 것이라 할 수 있다. 이에 대해 중이 머리를 깎는 것은 육체의 힘을 포기한 것을 의미한다. 부처의 곱슬머리는 생명력의 제어(制御)를 나타내는 것이라 본다.

'털'은 또한 그것이 잘 성장하므로 풍요를 상징하기도 한다. 우리의 경우는 '신체발부(身體髮膚)는 수지부모(受之父母)'라 하여 효(孝)도 상징한다. 단발령(斷髮令)이 내려졌을 때 머리는 자를 수 있지만 머러털은 자를 수 없다(頭可斷 髮不斷)고 한 것은 이런 구체적 예다.

'털(毛)'은 성질이 다른 서너 종류가 있다. 첫째는 털의 대표라 할 수 있는 동물의 피부에 나 있는 것이고, 둘째는 '솜털'과 같이 사물의 거죽에 부풀어 일어나는 것이고, 셋째는 식물의 융모(絨毛)가 그것이다. 둘째, 셋째의 털은 첫째의 털이 비유적으로 쓰이며, 의미가 확대된 것이라 할 수 있다. '털(毛)'의 이러한 세 가지 의미는 일본어나, 중국어에도 다 같이 보인다. 그러나 영어의 경우는 다르다. 영어에서는 머리털은 hair, 짐승의 털은 fur(양모는 wool), 깃털은 down, 잎이나 줄기 표면의 털은 hair나 trichome과 같이 분화된다.

'털'을 나타내는 말도 서너 종류가 있다. 첫째, '개털, 범털, 새털, 종려털'과 같이 털이 난 주체를 나타내는 말이 있다. 이 가운데 '개털', '범털'은 은어로도 씌어 매스컴에 오르내리기도 했다. '개털'은 형무소에 수감되어 있는, 일반 재소자(在所者)를 의미하고, '범털'은 거물급 재소자를 의미하는 것이 그것이다. 사전에는 '범털방'이 실려 있는데, '지적 수준이 높은 죄수를 수용한 방'이라 풀이되어 있다. 이는 언어현실과 좀 거리가 있는 것 같다. 한동안 은 대통령(大統領)을 비롯한 거물급 인사들이 많이도 수감되더니, 요즈음은 대통령의 잦은 사면으로 '범털방'의 사정이 어떤지 모 르겠다.

둘째, '깃털, 머리털, 몸털, 뿌리털, 코털'과 같이 털이 난 부위 를 나타내는 말이 있다. '깃털'은 본래 새날개의 털을 의미하는 말이다. 그러나 이는 의미상 신어라 할 말로서도 쓰인다. 그것은 게임기 사건 '바다이야기'와 같이 '몸통'은 손대지 못하고 '깃털' 만 잡았다고 하는 것이 그것이다. '깃털'은 주범 아닌 '종범(從犯)' 이란 말이다.

셋째, '센털(剛毛), 솜털, 잔털, 흰털'과 같이 털의 성상을 나타내 는 말이 있다.

'털'이란 말은 이밖에 관형어로 쓰어 털이 난 주체(主體)와 부위 에 초점이 놓인 것이 많다. '털게, 털고사리, 털구름, 털매미, 털 벌레, 털복숭아, 털오랑캐꽃, 털파리'는 털이 난 주체에 초점이 놓 인 말이다. 이에 대해 '털가슴, 터럭손, 털다리게, 털발말똥가리' 같은 말은 털이 난 부위에 초점이 놓인 것이다. 이 밖에 '터럭줄, 털너널, 털메기, 털바늘, 털상모, 털여물'과 같이 털이 자료가 된 사물을 나타내는 말도 많다.

'터럭줄'은 터럭으로 꼰 줄을 말한다. 그러나 이것은 그냥 터럭 이 아니다. 사람의 머리털로 꼰 줄이다. 터럭줄은 이 말이 변해

355

'타락줄'이라고도 한다. '털너널'은 털가죽으로 크게 만든 버선이다. 몹시 춥거나, 먼 길을 갈 때 덧신는 것이다. '너널'은 그간 잘 사용하지 않아 생소한 말이다. 이는 추운 겨울에 신는 커다란 솜 덧버선을 가리킨다. 아열대 기후로 바뀌고 있는 우리나라에서는 점점 '너널'이나, '털너널'과는 인연이 멀어질 것 같다. '털메기'도 지난날의 문화를 반영하는 말이다. 이는 굵고 거칠게 삼아 털이 난 짚신이란 말이겠다. 소설에 더러 용례가 보이는데, 김주영(金周榮)의 『객주』에는 다음과 같은 것이 보인다.

부서진 관 부스러기를 챙겨 싸고 모숨을 굵게 잡아 험하게 삼
은 털메기 두 켤레를 괴나리봇짐에 달고 다시 서울길에 올랐다.

'털바늘'은 미끼를 깃털로 만들어 단 바늘로 오징어 따위를 잡는 데 쓰는 것이다. 이것을 사용하여 하는 낚시는 '털낚시'라 한다. 이는 '털바늘낚시'의 '바늘'이 준 말이다. '털상모'는 해오라기의 깃과 구슬로 만든 상모를 가리킨다. '상모(象毛)'는 물론 벙거지 꼭지에 달려 돌리는 기구로, 농악대의 농무(農舞)에서 볼 수 있다. '털여물'의 '여물'은 마소를 먹이기 위해 잘게 썬 짚이나 마른 풀이 아니다. 여기서의 '여물'은 흙을 이길 때, 바른 것이 뒤에 해지지 않고 잘 붙어 있도록 섞는 썬 짚을 가리킨다. '털여물'은 이 여물이 짚이 아니라 털인 것이다. 하얀 회벽에 검거나 누르스름

한, 가는 털이 박혀 있는 것이 이것이다.

이밖에 털이 관형어로 쓰인 색다른 말이 있다. 그것은 '털날, 털없는날, 털수세, 털찜' 같은 말이다. '털날'은 민속 용어로, 설날부터 열이틀까지의 날들 가운데 일진(日辰)이 털 있는 짐승의 날을 가리킨다. 곧 子(쥐), 丑(소), 寅(범), 卯(토끼)와 같은 일진의 날이 그것이다. 이런 날이 설날일 때는 풍년이 든다고 한다. 이에 대해 '털없는날'은 辰(용), 巳(뱀)와 같은 일진의 날로, 이런 날이 설날일 때는 흉년이 든다고 했다. '털수세'는 털이 많이 나서 험상궂게 보이는 수염을 가리키는 말로, '털수세미'에서 온 말이겠다. '털찜'은 돈을 주책없이 함부로 쓰는 기질, 또는 그런 사람을 가리킨다. 따라서 그 돈을 먹는 편에서 '털찜'은 '봉'을 의미한다.

털도 안 뽑고 먹으려는 세상이다. 포식자(捕食者) 가운데 가장 무서운 존재가 '머리 검은 짐승' 사람이다.

당기어 주소 톱질이야

톱

지난 추석 때 불어닥친 태풍은 위세가 대단했다. 그래서 많은 나무가 부러지고 뿌리째 뽑혔다. 우리 집 근처 공원의 나무도 족히 일, 이백 그루는 부러지고 쓰러진 것 같다. 그래서 그 나무를 자르느라 공원은 여기저기서 윙, 윙 기계톱 소리가 요란했다.

나무나 쇠붙이 따위를 자르거나 켜는 연장을 '톱'이라 한다. 톱은 한어로는 ju(鋸)라 하고, 일어로는 '노코기리(のこぎり)'라 하며, 영어로는 Saw라 한다. ju(鋸)는 깔쭉깔쭉한(齬) 칼붙이라는 말이고, Saw는 돌과 바위를 의미하는 라틴어 Saxum과 동계의 말이다. 이로 볼 때 고대의 톱은 돌도끼(石斧) 모양의 뾰족한 연장을 의미한 것임을 알 수 있다. 이는 우리의 '톱'이라는 말이 증거가 된다.

우리말 '톱'은 톱(鋸)인 동시에 손톱, 발톱의 조(爪)를 의미했다. 손톱, 발톱은 다 같이 '톱'이고, 이를 구분하기 위해 생긴 말이 '손톱'이고 '발톱'인 것이다. 『훈몽자회』의 '톱 거(鋸)'나, 『신증유

합』의 '톱 조(爪)'가 그것이며, 『석보상절』의 "톱과 엄괘 놀캅고"란 용례가 그것이다. 석보상절의 예는 '손톱과 어금니가 날카롭고'라는 뜻의 말이다. '톱'이 석기시대(石器時代) 이후 본격적인 톱으로 진화하고, '기계톱'으로 발달하며, 인류의 문명은 가일층(加一層) 발전하게 되었을 것이다.

톱은 그 종류가 많다. 우선 형태나 재료에 따라 '기계톱, 대톱, 두덩톱, 둥근톱, 띠톱, 붕어톱, 세톱, 실톱, 양날톱, 전기톱, 중톱, 틀톱, 큰톱'과 같이 나뉘고, 용도에 따라 '내릴톱, 동가리톱, 쇠톱, 쥐꼬리톱, 허튼톱' 같은 것으로 나뉜다.

'대톱, 중톱, 큰톱'은 톱의 크기에 따라 분류한 것이다. '기계톱'은 동력의 변화를 나타내는 것이다. 인력(人力)에 의하던 것을 전동기와 같은 동력을 이용하여 톱날을 움직여 물체를 자르는 것이다. 따라서 작업의 속도나 양에 있어 지난날과는 비교가 안 되고, 무엇보다 편해졌다. 제재소의 대형 '전기톱'은 작업량이 인력으로는 상상할 수 없을 정도로 대단하다. '두덩톱'은 톱의 쇳조각, 곧 톱양이 짧고 배가 둥근 톱을 말한다. 이는 널빤지에 홈을 팔 때 쓴다.

'둥근톱'과 '띠톱'은 다 같이 기계톱으로, '둥근톱'은 모양이 둥근 것(圓鋸)이고, '띠톱'은 띠 모양으로 된 것(帶鋸)이다. '띠톱'은 얇은 쇠오리에 톱니가 붙어 있어 이것이 빙빙 돌며 나무를 자르게 되어 있다. '붕어톱'은 등이 둥근 톱이고, '세(細)톱'은 이가 잘고 날이 작은 세공용(細工用) 톱이다. '실톱'은 실같이 가늘고 긴 톱으로, 여러 가지 모양을 도림질할 때 사용한다. '양날톱'은 외날 톱의 대가 되는 날이 양쪽으로 난 톱이다.

'틀톱'은 두 사람이 양쪽에서 밀고 당기면서 켜게 된 큰 톱이다. 큰 나무를 자르거나 켤 때 쓰인다. 『흥부전』에서 박을 탈 때에도 이 '틀톱'이 쓰인 것으로 보인다. 흥부의 박은 흥부 내외가 톱질을 하여 타고, 놀부는 삯을 주고 켠다. 흥부는 신이 나서 소리를 하여가며 켰다. 경판 25장본에는 첫 박을 켤 때 "슬근슬근 톱질이야 당기여 주소 톱질이야. 복창한월성미파(北窓寒月聲未罷)에 동자(童子)박도 가얘(可也)로다. 당하자손만세평(堂下子孫萬世榮)의 세간박도 가얘로다. 슬근슬근 톱질이야.", 이렇게 소리를 하고 있다.

용도에 따른 톱의 이름인 '내릴톱'은 나무를 세로로 켜는 톱이고, '동가리톱'은 나무를 가로로 자르는 톱이다. 이들은 톱날이 달리 되어 있다. 현기영의 『변방의 우짖는 새』에는 '동가리톱'의 용례가 보인다.

교인들이 큰 동가리톱을 마주 들고 달려들어 팽나무 밑동에 갖다 대자 나머지 교인들은 좌우로 늘어서서 톱 양쪽에 달린 밧줄을 잡았다. 톱질이 시작되었다. 양편은 서로 갈마들며 힘차게 밧줄을 잡아당겼다.

이에 대해 '허튼톱'은 톱니의 생김새가 동가리톱과 내릴톱의 중간이어 나무를 켜기도 하고 자르기도 하게 된 톱이다. 앞에서 언급한 '큰톱'은 두 사람이 마주 잡고 켜는 대톱이나, 그 용도로 볼 때에는 내릴톱에 속한다. '쇠톱'은 금속을 자르는데 쓰는 톱이고, '쥐꼬리톱'은 나무를 굽게 켜는 데 쓰는 가늘고 긴 톱이다.

손톱과 발톱의 '톱'은 낱낱으로 보면 뾰족한 톱니와 같다. 그러나 손가락이나 발가락을 쭉 펴게 되면 엄지손가락, 또는 엄지발가락에서부터, 새끼손가락 또는 새끼발가락에 이르는 손톱과 발톱이 톱날처럼 늘어선 것으로 볼 수 있다. 층층이 된 지붕을 '톱날지붕'이라고 하는데 손톱과 발톱이 '톱날지붕'처럼 늘어서 있는 것이다. '손발톱'의 날카로움은 새 발톱, 특히 싸움닭의 발달된 '며느리발톱'을 '싸움발톱'이라고 하는 데서 그 실체를 확인할 수 있다.

'며느리발톱'은 사람의 경우 새끼발톱 바깥쪽에 덧달린 작은 발톱을 말하나, 짐승이나 새의 경우는 뒤 발톱을 이른다. '손톱눈'은 속손톱이 아닌, 손톱과 좌우쪽 살과의 사이를 이른다. '발톱눈'은 발톱의 양쪽 구석을 가리킨다. '속손톱'이란 손톱에 있는 반달 모양의 부분이다. 이는 '반달'이라고도 한다.

그리고 여기 하나 덧붙일 것은 '모래톱'이란 말이다. '모래톱'이란 사전에 '강가나 바닷가의 넓고 큰 모래 벌판. 모래사장. 사장(沙場)'이라 풀이하고 있다. 그렇다면 '모래'에 합성된 '톱'은 거(鋸)의 의미와는 관계가 없는 것일까? 그렇지는 않은 것 같다. '모

361

래톱'의 본래의 의미는 사주(沙洲), 삼각주(三角洲), Delta일 것이다. 이는 강물이나 밀물이 운반하여 쌓인 삼각형의 '톱날' 모양의 모래 퇴적층이 본래의 의미일 것이기 때문이다. 따라서 '모래톱'의 '톱'도 본래의 뜻은 '톱(鉅)'의 뜻으로, 비유적으로 쓰인 것이라 하겠다. 큰 톱날이다.

'톱'이 어두에 오는 복합어에는 '톱날', '톱니'라는 복합어에 다시 기구나 동식물의 이름이 합성된 것이 많다. '톱날-꽃게, 톱날-나사, 톱날-집게벌레', '톱니-날-도끼, 톱니-오리, 톱니-잎' 등이 그것이다. 이들은 물론 그 사물의 외형이 '톱날', 또는 '톱니'와 비슷해 이런 이름이 붙은 것이다.

다 터진다 놀부의 애통이야

통(桶)

『춘향전』이나 『흥부전』을 보면 운자(韻字)에 의한 타령이나 사설이 많이 보인다. 『춘향전』의 인자(因字)타령, 연자(緣字)타령, 정자(情字)타령, 절자(節字)사설, 덕자(德字)사설이나, 『흥부전』의 통운(桶韻)사설, 대운(臺韻)사설, 풍운(風韻)사설, 사운(斜韻)사설, 연운(年韻)사설, 인운(因韻)사설, 연운(緣韻)사설, 절운(節韻)사설, '질'자타령, '기'자타령이 이러한 것이다. 이들 사설은 어말음을 활용해 운율적이고 익살스러운 표현을 한 것이다.

이러한 운자 사설 가운데 경판 『흥부전』의 '통'운 사설은 다음과 같이 되어 있다.

또 켜고 보니 요령소리 나며 상제(喪祭) 하나가 나오며 어이어이, 이보시오 벗님네야, 통자 운을 달아 박을 켜리라. 헌원시 배를 무워 타고 가니 이제 불통코, 대성현 칠십 제자가 육예(六藝)를 능통하니 높고 높은 도통이라. 제갈량의 능통지략(能通智略) 천문을 상통, 지리를 달통하기는 한나라라 방통이오, 당나라 굴돌통 글강의 순통이오, 호반(虎班)의 전동통이오, 강릉 삼척 꿀벌 통, 속이 답답 흉복통, 초란의 닙식통, 도감(都監)포수 화약통, 아기 어미 젖통, 다 터진다 놀부의 익통이야. 어서 타라 이놈 놀부야.

놀부의 셋째 박을 탈 때 읊어진 것이다. '불통(不通), 능통(能通), 도통(道通), 능통(能通), 상통(相通), 달통(達通), 방통(龐通), 굴돌통, 순통(順通), 전동통(箭筒), 꿀벌통(桶), 흉복통(胸腹痛), 입식통(笠飾桶), 화약통(火藥桶), 젖통, 애통'의 '通, 筒, 桶, 痛'이 '통'韻으로 쓰인 것이다. 그런데 이 가운데는 '젖통, 애통'과 같이 고유어가 끼어 있다.

그렇다면 '젖통, 애통'의 '통'은 무엇을 의미하는가? 고유어 '통'은 사전에 의하면 예닐곱 가지가 있다. '통1'은 노름에서의 '망통'을 의미한다. '통2'는 몇 가지 의미를 지니는 것으로 되어 있다. '바짓가랑이 등의 속 넓이, 허리 등의 굵기나 둘레, 사람의 도량이나 씀씀이, 광맥의 넓이'가 그것이다. '통3'은 배추나 박 같은 것의 몸의 굵기를 나타낸다. '통4'는 필(疋)과 같은 뜻의 말이며, '통5'는 뜻이 맞아 하나로 묶인 무리를 뜻하는 말이다. '통6'은 의존명사로 이는 '비가 오는 통에'와 같이 쓰여, '-ㄴ 바람에'를 뜻하는 말이다. '통'이란 말이 이에 그친다면 '젖통'이나 '애통'의 '통'은 해당되는 곳이 없다.

'젖통'은 '젖퉁이'와 같이 쓰이는 말이며, '애통'은 '애(腸子)'와 같은 뜻의 말이다. 따라서 이들 '통'은 '몸, 몸체'를 뜻하는 말이라 하겠다. 이 말은 선행어(先行語)의 의미를 강조하는 것으로, 접미사처럼 쓰이는 명사다. 이는 반드시 쓰여야 할 것이 아니다. 쓰이지 않아도 좋을 말이다. 따라서 위 『흥부전』의 "아기 어미 젖통, 다 터진다 놀부의 익통이야"는 '아기 어미 젖, 다 터진다 놀부의 애야'라 해도 좋을 것을 강조하기 위해 '통'을 덧붙인 것이다. '다 터진다 놀부의 애통'은 나오라는 금은보화가 나오지 않고, 첫째 박에서는 한 떼의 가얏고쟁이가, 둘째 박에서는 노승(老僧)이 나와 재물을 빼앗아가므로 속이 터진다는 것이다.

 '통'이 이러한 의미를 지니는 것에는 '가슴통, 골통, 대갈통, 매통, 멱통, 몸통, 병통, 부아통, 산멱통, 상통(相-), 숨통, 심통, 안통, 허리통' 따위가 있다. 이들은 보기에서 알 수 있는 바와 같이 선행어가 모두 명사다. '대갈'은 '대가리'가 준 형태로, '대갈-빡, 대갈빼기, 대갈패기'와 같이 비속어나 방언에서 쓰이는 것을 볼 수 있다.

 '매통'은 벼를 갈아 겉겨를 벗기는 기구로 '목매(木磨)'라고도 하듯, 본디말 '매'에 강조의 '통'이 합성된 것이다. '산멱통'은 살아 있는 동물의 목구멍을 뜻하는 '산멱'에 '통'이 붙은 말이다. '숨통'은 '숨통을 끊다'란 관용어가 숨을 끊는 것을 의미하듯, 기관 아닌 '숨'이 본래의 의미이다. '심통'은 '나쁜 마음자리'로 풀이

되나, 이도 '마음이 고약하다'를 '심통이 사납다'라 하듯, '마음 심(心)'자의 '心'일 뿐이다. '안통'은 그릇 안의 넓이를 의미하는 경우와 달리, 속마음을 속되게 이르는 경우에는 '안'이 내심(內心)을 의미하는 것으로 보아야 한다.

　'허리통'도 허리의 둘레를 의미하는 것과는 달리, '허연 허리통을 드러내고'의 '통'의 경우는 '허리' 자체를 의미한다. 이에 대해 '장구통, 절구통'은 약간 다르다. 이들은 '몸'이나, '몸체'를 의미하는 것은 사실이나, 지체(支體)에 대한 본체(本體)라는 상대적 의미를 지닌다. '장구통'은 장구채에, '절구통'은 절구 공이에 상대되는 이름이다. '아래통, 웃통, 굽통(마소의 발굽 몸통), 한통속'도 '통'이 몸체를 의미한다. 그러나 이들은 합성 구조가 다르다. 이들 '통'은 선행어와 동격으로 쓰인 것이 아니라, 선행어가 관형어의 구실을 한다. 여기서 '통'은 각각 몸의 아랫부분, 윗부분, 또는 말이나 소 따위의 발굽, 몸통을 가리킨다. '한통속'은 '한 몸속', 이의 준말 '한통'은 '한 몸'을 의미한다고 할 것이다.

　이 밖에 동음이면서 뜻을 달리 하는, 좀 색다른 '통'도 있다.

　곡식을 담은 섬의 부피를 뜻하는 '섬통'의 '통'은 부피의 의미를 나타내며, 통째로, 전부를 뜻하는 '온통'의 '통'은 전부, 모두를 뜻하는 '통'이다. '요사이 그를 통 못 봤다'의 '통'이다. 두 어깨의 너비를 뜻하는 '어깨통'의 '통'은 '소매통, 바지통'의 '통'과 같이 폭을 의미하는 말이다. '돌림통, 북새통, 싸개통, 야바위통, 엄벙통'의 '통'은 '-ㄴ바람에'의 뜻을 나타내는 의존명사와 같은 구실을 하는 것으로 '-는 가운데'를 나타낸다. '돌림통'은 돌림병이 돌아다니는 가운데, '북새통'은 북새를 떠는 가운데, '싸개통'은 다투어 승강이 하는 가운데, '야바위통'은 야바위를 치는 가운데, '엄벙통'은 엄벙한 가운데를 의미한다.

고유어 '통'은 이렇게 다양한 의미와 기능을 가진 말로, 우리말에서만 볼 수 있는 특이한 표현이다.

녹의홍상에 머리틀을 얹고

틀

　'틀'이란 말을 들으면 사람들의 머릿속에는 무엇이 떠오를까? 어쩌면 대부분이 일정한 개념이 떠오르지 않는다고 할는지 모른다. 그만큼 이 말은 단독으로 잘 쓰이지 않게 된 말이다. '틀국수, 틀니, 뜀틀, 베틀, 솜틀, 수틀, 창틀' 하면, 아아, 그렇구나 할 것이다.

　'틀'은 고어에서는 기계(機械)를 의미했다. 그래서 최세진의 『훈몽자회』에서는 '기(機)'자를 '틀 긔(機)'라 하고 있고, 두보(杜甫)의 시를 번역한 『두시언해(杜詩諺解)』에도 "우는 뵈트레 버혀 ᄂᆞ리오니(裂下鳴機)"와 같이 '기(機)'를 '뵈틀(베틀)'로 번역한 것을 보여 준다.

　오늘날 '틀'이 단독으로 쓰일 때는 '틀로 찍어 낸 것 같다, 판에 박은 것 같다'와 같이 형(型)이나 판(版·板)의 의미로 잘 쓰인다. 그리고 '틀', '틀거지'라고 사람의 몸이 외적으로 갖추고 있는 생김새나 균형을 나타낸다. "그 사람은 틀이 조그만 구멍가게나 할 사람이 아니다. 대기업을 일굴 사람이다."와 같이 쓰이는 것이 그 것이다. '허우대'는 이의 유의어다. 외모의 뜻으로 쓰이는 '틀' 관계 말을 문학작품에서 몇 개 보면 다음과 같다.

- 계산대 쪽의 지배인 눈치를 흘끗 훔쳐보고 나서 틀거지가 점 잖아 보이는 손님석으로 스적스적 걸어갔다. 〈김용만,「그리고 말씀하시길」〉
- '백정놈이 공부하여 무엇하노' 또 수염을 쓰다듬으며, '허허, 허허' 틀스럽게 웃고 돌아서서 다시 천천한 걸음을 놓았다. 〈홍명희, 『林巨正』〉
- 홍안백발의 외모도 틀지게 보이거니와 반말로 치는 말소리가 위엄 있게 들리었다. 〈홍명희, 『林巨正』〉

'틀'은 복합어로 쓰이는 경우는 기계, 기구를 많이 나타낸다. 기계와 관련된 말 '틀국수, 틀누비, 틀바느질, 틀수'는 기계로 국수, 누비질, 바느질을 하고 수를 놓는 것이고, '틀기름'은 기계의 윤활유, '틀메, 틀톱기'는 기계장치로서의 메, 톱이다. 또한 '국수틀, 기름틀, 돗틀, 두레박틀, 발틀, 베틀, 손틀, 솜틀, 재봉틀'은 기계 자체다.

'국수틀'은 국수를 눌러 빼는 틀, 곧 간단한 기계다. 국수틀로 뺀 국수는 틀국수, 기계국수라 한다. 이는 '칼국수', 혹은 '손국수'의 대가 된다. '기름틀'은 유착기(油搾機)이고, '돗틀'은 돗자리를 짜는 틀이다. '두레박틀'은 두레박질을 쉽게 하도록 만든 장치다. 한자말로는 길고(桔橰)라 한다. '손틀'과 '발틀'은 손과 발의 어느 쪽을 사용하느냐에 따라 구별되는 틀로, 이의 대표적인 것이 재봉(裁縫)틀의 '손재봉틀'과 '발재봉틀'이다. '베틀'은 물론 베를 짜는 전통적 직조기(織造機)다. 재봉틀은 다 아는 바와 같이 옷감 따위를 말라서 바느질하는 기구이다. 이는 1790년 Thomas Saint가 발명하여 그간 여러 번의 개량을 거쳐 1851년 오늘날과 같은 재봉틀로 발전하였다.

'틀'은 '기구'의 의미로도 많이 쓰인다. 묘하게도 우리 국어사전에는 '틀'이 기구(器具)를 의미한다는 풀이가 빠져 있다. 연구하지 않고 서로 베낀 탓일 게다. 기구(器具)와 관련된 말로는 우선 '틀'이 어두(語頭)에 오는 '틀계단, 틀니 틀망, 틀사냥, 틀톱'이 있다. '틀계단'은 틀처럼 간단히 짜서 만든 계단이고, '틀니'는 의치 (義齒)이고, '틀망'은 여러 개의 살창이 달린 네모진 틀 위에 그물이 달려 있는 어망이다. '틀사냥'은 덫이나 올무, 함정 따위를 놓아 짐승을 잡는 것이다. '틀톱'은 톱에 틀이 붙어 있어 두 사람이 밀고 당기게 되어 있는 옛날식 톱이다. 흥부 내외가 켠 톱도 이런 톱이다.

'틀'이 어말(語末)에 오는 것으로는 '고랑틀, 날틀, 담틀, 뜀틀, 머리틀, 받침틀, 북틀, 신틀, 운동틀, 재양틀, 적틀, 전골틀, 죔틀, 증편틀, 토담틀, 편틀, 형틀, 홍두깨틀' 따위가 있다. '고랑틀'은 형틀인 차꼬이고, '날틀'은 베를 짤 때 날을 바로잡는 틀이다. 이는 구멍이 열 개가 있어 가락을 열 개 꿰게 되어 있다. '담틀, 흙담틀'은 축판(築板)이다. '머리틀'은 '떠구지'의 구한말(舊韓末) 때의 딴 이름이다. '떠구지'란 큰머리를 틀 때 머리 위에 얹는 나무로 만든 머리틀이다. 여자들은 혼례(婚禮)와 같은 예식을 할 때 큰머리를 틀었다. 이기영의 『봄』에 보이는 "녹의홍상으로 큰머리를 틀고 금봉채를 꽂은 신부가 연지곤지를 찍고……'"가 그 용례다. '큰머리'를 틀 때에는 '머리틀'을 얹었다. 이는 나무에 머리를 땋은 것처럼 음각을 하고, 전체에 옷칠을 하고, 아래쪽에 두 개의 비녀를 꽂은 것이다. 문자 그대로 머리를 크게 보이게 하기 위한 장치다.

'북틀, 홍두깨틀'은 각각 북을 올려놓고, 홍두깨를 걸쳐 놓던 기구다. '신틀'은 미투리나 짚신을 삼을 때 신날을 걸게 된 기구다. '재양틀'은 명주나 모시 따위를 풀 먹여 반반하게 편 다음 말리거나 다리던 기구다. '적(炙)틀'은 산적을 담는 직사각형의 제기(祭器)이고, '편틀'은 떡을 괴어 올려놓는 굽이 높은 나무그릇이다. '전골틀'은 전골을 끓이는 그릇이고, '증편틀'은 증편을 찌는 기구로, 운두가 낮은 쳇바퀴에 대오리로 너스레를 놓은 것이다. '형틀'은 일반 형구 외에, 옛날 죄인을 얽매어 앉히고 심문하던 의자를 말한다.

'틀'은 또 '테두리'를 의미한다. '귀틀, 금정틀, 마룻귀틀, 반자틀, 병풍틀, 수틀, 장귀틀, 장지틀, 창틀'이 그것이다. '귀틀'은 마룻귀틀과 천장틀이 있다. '마룻귀틀'은 마루청을 놓기 전에 가로 세로로 짜놓는 굵은 나무다. 가로 귀틀을 '동귀틀', 세로 귀틀을 '장귀틀'이라 한다. '금정틀'은 무덤을 팔 때 굿의 길이와 넓이를 정하는 데 사용하는 정(井)자형의 나무틀이다. '반자틀, 병풍틀'은 반자를 들이거나 병풍을 꾸미는 바탕이 되는 기구다. '수틀'은 자수틀이라고 하는 것으로, 수를 놓을 때 헝겊을 팽팽하게 하기 위하여 헝겊의 가장자리를 끼는 틀이다. 전에는 수예 시간도 있어 여학생들이 많이 가지고 다녔다. '장지틀'은 장지를, '창틀'은 창을 끼우는 틀이다.

'틀'은 이밖에 '편지틀'과 같이 격식·형식을 의미하기도 하며, '소리틀(발성기관)', '숨틀(호흡기관)', '흔적틀'과 같이 생물체의 기관을 의미하기도 한다. '흔적틀'이란 흔적기관(痕迹器官)으로, 전에는 생활에 활용되었으나, 그간 사용하지 않아 흔적만 남고 퇴화한 기관을 말한다. 사람의 꼬리뼈, 고래의 뒷다리 같은 것이 그것이다.

잘 의식되지 않는 '틀'은 이렇게 독자적으로도 쓰이지만, 복합어를 이루어 다양한 의미와 기능을 나타내는 말로 사용되기도 한다.

편보다 떡이 낫다
편(餠)

"명태나 북어나"는 서로 다르지 않고 같다는 말이다. 그런데 우리말에는 이와는 달리 같은 종류의 물건이나, 한쪽이 더 낫다는 뜻을 나타내는 말도 있다. "편보다 떡이 낫다"가 그것이다. '편'은 '떡'과 같이 '병(餠)'을 의미하는 말이지만, '떡'에 비해 점잖은 말이다. 제상(祭床)에 올려지는 '밥'을 '메'라고 하듯, 제상에 올려지는 '떡'을 '편'이라 하는 것이 그것이다.

그러나 언어 현실을 보면 딱 그렇지만은 않다. 본래부터 '시루떡'과 같이 '떡'이란 이름이 붙은 것이 있는가 하면, '절편'과 같이 '편'이란 이름이 붙은 것도 있다. 그래서 대부분의 '편'과 '떡'은 그 이름이 바뀌어 쓰이지 않는다. 오히려 '편'과 '떡'은 광의의 떡(餠) 가운데 다른 종류를 가리킨다고 할 수 있다. 예를 들어 설날 떡국을 끓여 먹는 '흰떡'과 '白편'은 서로 다른 것이다 '백편'은 백설기 또는 흰무리를 뜻하기 때문이다.

떡의 종류는 조리법에 따라 네 가지로 나뉜다. 시루떡과 같이 찌는 떡, 인절미와 같이 치는 떡, 송편과 같이 빚는 떡, 화전(花煎)과 같이 지지는 떡이 그것이다. 그리고 재료에 따라서는 멥쌀떡, 찹쌀떡, 잡곡 떡 등으로 나뉜다('떡'에 대해서는 상권 228-232쪽 참조).

'편'은 그 성격으로 볼 때 서너 가지 부류로 나눌 수 있다. 그 하나는 곡식의 가루를 찌거나 삶아서 만든 음식인, 문자 그대로의 '떡'에 해당한다. 이에 속하는 것으로는 '백편, 송편, 절편, 증편'이 있다. '송편'은 송병(松餠)으로 흔히 추석 때 빚어 먹는 것이다. 멥쌀가루를 반죽하여 소를 넣고, 반달 모양으로 빚어 솔잎을 깔고 찌는 떡이다.

'송편'에는 물송편, 무리송편, 오례송편 따위가 있다. '물송편'은 정통적 송편은 아니다. 변종이다. 물송편의 한 가지는 반죽한 쌀가루를 조금씩 떼어 끓는 물에 삶은 뒤 곧 찬물에 담갔다가 건져낸 것이다. 따라서 이는 송편이라기보다 수제비 같은 것이다. 그러나 한자어로도 수송병(水松餠)이라 한다. 또 한 가지는 꿀 소를 넣고 송편같이 빚어서 녹말을 묻혀 삶아낸 떡이다. '무리송편'은 불린 쌀을 매에 갈아 체에 밭친 앙금인, 무리(水米粉)로 빚어서 만든 송편이다.

'오례송편'은 올벼(早稻)로 만든 송편이다. 한자어로는 조도병(早稻餠)이라 한다. '절편'은 절병(切餠)으로, 둥글거나 모나게 꽃 판을 눌러 만드는 흰떡이다. 절편에는 잔절편과 색절편이 있다. '잔절편'

은 절편을 잘게 만든, 세절(細切)편이고, '색절(色切)편'은 여러 가지 빛깔의 물을 들여 만든 절편이다. '증편'은 반죽할 때 멥쌀가루에 막걸리를 조금 타서 빵처럼 부풀어 일게 하여 찐 떡이다. 이는 한자어로 농병(籠餠), 또는 증병(蒸餠)이라 한다. 증편에는 '방울증편, 승검초증편' 등이 있다. '방울증편'은 멥쌀가루 반죽을 증편틀에 붓고, 은행 알만하게 만든 꿀팥소를 벌여 놓고, 다시 반죽한 것을 부은 다음, 밤·곶감·대추 등의 고명을 얹어 찌는 것이다. 영증병(鈴蒸餠)이라 하는 것이 그것이다. '승검초증편'은 반죽할 때 승검초 가루를 넣어서 만드는 것이다. 이는 한자어로 신감채증병(辛甘菜蒸餠)이라 한다.

'편'의 둘째의 부류는 졸여서 굳힌 기호식품으로서의 떡이다. '편'은 이 부류의 것이 제일 많다. '감편, 과실편, 녹말편, 딸기편, 모과편, 밤편, 버찌편, 산사(山査)편, 살구편, 새앙편, 팥편, 앵두편, 잡과편, 잣편' 등이 그것이다. 이들은 대부분이 과실을 재료로 하여 만드는 것이다. '감편'은 감의 껍질을 벗긴 다음 잘게 쳐서 짜낸 즙에 녹말과 꿀을 치고 조려서 굳힌 것이다. 한자어로는 시병(柿餠)이라 한다. '딸기편, 모과편, 밤편, 버찌편, 산사편, 살구편, 앵두편, 잣편' 등이 모두 과실편이다. 이들은 재료로 하는 과실을 갈거나, 으깨거나, 찌고 으깨거나, 채치거나 하여 즙을 낸 다음 녹말과 꿀을 치고 조려서 굳힌 음식이다.

이 밖에 여러 과실로 만든 '과실편, 잡과편'과 '녹말편, 새앙편, 팥편, 수구레편'이 있다. '과실편'은 여러 가지 과실로 만든 편이고, '잡과편'은 잡과병(雜果餅)으로, 두 가지 의미를 지닌다. 그 하나는 밤·대추·곶감·호두·청매당(靑梅糖)·귤병(橘餅)·용안육(龍眼肉)·건포도·민강(閩薑) 중에서 몇 가지를 섞어 만든 떡이다. 그리고 또 한 가지는 찹쌀가루를 반죽하여 작은 전병 비슷하게 얇게 반대기를 지어 삶은 뒤 대추를 삶아서 체로 거르고, 호두·잣·계핏가루를 넣어 만든 소를 박고 반을 접은 떡이다. 이 잡과편은 그릇에 담을 때 썰어 말린 대추와 곶감을 채쳐 잣가루와 한데 섞어 켜켜이 뿌리기도 한다. 그러니 꽤나 손이 많이 가는 호사스런 음식이다. '녹말편'은 녹말에 오미자(五味子) 물과 꿀을 타서 달여 굳힌 음식이고, '새앙편'은 '생강편'으로, 생강즙에 꿀과 검은엿을 넣고 조리어 조그만 타원형으로 만들어서 그 위에 잣가루를 뿌린 떡이다. '팥편'은 팥을 삶아 으깨어 체에 밭여 낸 팥물에 우무와 꿀을 넣고 끓여 굳힌 것이다.

편의 셋째 부류는 고기를 고아서 굳힌 음식이다. 이는 조리과정이 둘째 부류와 비슷하나, 떡이라기보다 반찬의 성격이 짙은 것이다. 이러한 것에는 '수구레편, 조기젓편, 족편' 따위가 있다. '수구레편'은 쇠가죽에서 벗겨 낸 질긴 고기, 수구레를 고아서 굳힌 음식이다. '조기젓편'은 조기젓의 살과 쇠고기를 함께 고아서 얇게 그릇에 퍼 담고, 버섯·석이(石耳)·알고명·실고추 따위를 뿌려 굳힌 반찬으로 염석어교(鹽石魚膠)라고도 한다. '족편'은 소의 꼬리·족·가죽 또는 쇠머리·돼지머리 등을 고아 고명을 뿌려 식혀서 묵처럼 응고시킨 식품이다. 한자어로는 교병(膠餅), 족병(足餅)이라 한다.

이 밖에 '편'이 들어가는 말에는 '물편, 편쑤기, 편청, 편틀'이 있다. '물편'은 시루떡을 제외한 모든 떡을 총칭하는 말이고, '편쑤기'는 정월 초하룻날에 차례를 지내는 떡국을 말한다. 이들은 거의 잊힌 말이 되었다. '편청(-淸)'은 떡을 찍어 먹는 꿀로, 흔히 절편을 찍어 먹는다. '편틀'은 떡을 괴는 데 쓰는 굽이 높은 나무 그릇이다. 잔칫상을 차릴 때 흔히 보게 되는 것이다.

한식을 세계화한다고 한다. 그런데 우리는 전통적인 고유음식인 떡도 그러하고, 편에 대해서 너무 많이 잊은 것 같다.

풀은 민중(民衆)을 비유한다

풀(草)

우리는 풀이라면 흔히 잡초를 생각한다. 그래서 풀은 베거나 뽑아야 할 대수롭지 않은 대상으로 여긴다. 그러나 유목민(遊牧民)이나 서양 사람은 그렇게 생각하지 않는다. 유목민에게는 풀은 없어서는 안 될 생명과 같은 존재이며, 로마에서는 풀의 왕관(a crown of grass)이 영웅에게 주어지는 최고의 영예였다. 영어에서 풀 (grass)이 '초원, 목장'을 의미하는가 하면, 화본과(禾本科)에 속하는 초본류(草本類)까지 가리켜 인생과 뗄 수 없는 관계를 보여 주는 것도 우리와 다른 서양 사람들의 풀에 대한 가치관을 보여 주는 것이다.

우리 언어문화를 보면 '풀'은 세 가지 구실을 하는 것으로 나타난다. 그 하나가 퇴비 구실을 하는 것이고, 다른 하나가 생활 용구의 재료로 쓰이는 것이며, 또 다른 하나가 짐승의 사료가 된다는 것이다.

378

우리말에 '나무하러 간다'는 말이 있다. 이는 초동(樵童)이 땔감을 마련하러 산에 나무를 베러 간다는 말이다. 이에 대해 '풀 하러 간다'는 말이 있는데, 이는 퇴비로 쓸 풀을 베러 간다는 말이다. '갈풀, 거름풀, 모풀, 풀갓, 풀꺾기, 풀모' 같은 말은 바로 이 퇴비와 관련이 있는 말이다.

우선 '갈풀'은 줄여 '풀'이라 일러지기도 하는 말로, 논에 거름을 하기 위해 베는 부드러운 나뭇잎이나 풀을 가리킨다. 이는 지력(地力)을 높이거나, 모에 비료가 되게 못자리 할 논에 뿌려진다. '거름풀'은 문자 그대로 거름으로 쓰기 위해 벤 풀이나 나뭇잎으로, 이는 다른 퇴비와 함께 섞어 거름더미를 만들어 썩힌 뒤에 퇴비로 쓴다. '모풀'은 앞에서도 말이 나온 못자리에 거름으로 넣는 풀이다. '모풀'을 거꾸로 한 '풀모'는 이러한 모풀로 거름한 못자리를 말한다. '풀갓'은 '나뭇갓'과 함께 '말림갓'의 하나다. '말림갓'은 나무나 풀 등을 함부로 베지 못하게 말리어 가꾸는 땅이나 산을 가리킨다. '풀꺾기'는 갈풀베기로, 모낼 논에 거름으로 쓸 '거름풀'을 마련하기 위한 작업이다.

풀을 재료로 한 생활 용구는 여러 가지가 있다. 그런데 '풀'과 복합어를 이루는 말은 의외로 많지 않다. 중국어의 경우는 '草帽(맥고모자), 草席(짚방석), 草荐(침대에 까는 짚자리), 草鋪(짚멍석), 草包(멱서리), 草鞋(짚신)'와 같이 많은데, 우리의 경우는 이를 '풀'로 일반화하지 않고, 구체적 사물로 나타내는 경향이 있다. '풀갓'과 '풀막'은 이런 가운데 '풀'과 합성된 귀중한 말이다. '풀갓'이란 초립(草笠)과 같은 말로, 이는 옛날에 나이가 어려서 관례(冠禮)한 남자가 쓰던 누런 풀로 엮어 만든 갓이다. '초립동', 또는 '초립동이'란 이런 초립을 쓴 사람을 가리킨다. '초립'의 예는 최명희의 『혼불』에 다음과 같은 것이 보인다.

> 방으로 들어서기가 바쁘게 봉수는 노오랑 초립과 빨강 두루마기를 홀러덩홀러덩 벗어 내던진다.

이에 대해 '풀막'은 물가나 산기슭에 뜸집처럼 지붕을 풀로 잇고 임시로 지은 집을 가리킨다. 이는 한자어 '초막(草幕)'과는 구별된다. 초막은 짚이나 풀 따위로 지붕을 인, 조그마한 막사인데 대해, 풀막은 비·바람·볕 따위를 막는 데 쓰는 뜸, 곧 초둔(草芚)으로 인 임시 막집이기 때문이다.

'풀'은 동물의 먹이로 사용된다. 사람이 식용하는 경우는 이를 '풀'이라 하지 않고 따로 '나물', 또는 '남새'라 한다. '풋나물, 푸성귀'라고도 한다. 한자어로는 물론 채소(菜蔬), 소채(蔬菜), 야채(野菜)라 한다. '풀'이 동물의 먹이로 쓰일 때는 따로 '꼴'이라 하기도 한다. '꼴 베러 간다', '쇠꼴'과 같은 것이 그 용례다. 동물의 먹이와 관련이 있는, '풀'과의 합성어로는 '풋소, 풀살, 풀시렁, 토끼풀' 같은 것이 있다. '풋소'는 '풀소', 곧 '초우(草牛)'를 가리키는 말이 변한 것이다. '푿소'는 여름에 생풀만 먹고 사는 소로, 힘을 잘 쓰지 못하여 부리기에 적당하지 않은 소다. 풀을 뜯기고 해거름에 소를 몰고 돌아오는 시골풍경이 평화롭게 느껴지나 이런 의외의 면도 있다. 따라서 '푿소가죽'이나 '푿소고기'도 좋은 가죽이나 좋은 고기를 의미하지 않는다. 그런 가운데 '풀살'은 말이나 소가 풀을 잘 뜯어먹어 오른 살을 가리킨다. '풀시렁'은 소의 사료인 건초나 여물을 얹는 시렁이다. 요사이는 사료의 혁명으로 '풀시렁'은 용도가 폐기되어 사어(死語) 단계에 접어들지나 않았는지 모르겠다. '토끼풀'은 클로버로, 토끼가 잘 먹는다 하여 붙여진 이름이다.

'풀각시, 풀각시놀이, 풀싸움, 풀피리, 풀뿌리민주주의'는 독특한 문화를 반영하는 말이다. '풀각시'는 막대기나 수수깡의 한쪽 끝에 풀로 색시머리 땋듯 곱게 머리를 땋아 만든 인형이다. '풀각시놀이'는 이런 풀각시를 만들어 옷을 해 입히고, 여자 아이들이 혼례(婚禮)하는 흉내를 내며 노는 놀이다. 이에 대해 '풀싸움'은 정해진 시간 안에 누가 많은 풀을 뜯어오나 겨루는 놀이다. 한자어로는 투초(鬪草)라 한다. '풀싸움'에는 이밖에 풀줄기를 엇걸어 끊거나, 잔디풀씨 줄기의 수액을 짜내어 그 물방울을 서로 빼앗는 놀이도 있다. '풀피리'는 두 입술 사이에 풀잎을 대거나 물고 부는 초적(草笛)을 말한다. 풀피리와 비슷한 것에 호드기, 버들피리가 있다. '풀뿌리민주주의'란 'Grass-roots democracy'의 번역어로 서

구문화가 이입된 것이다. 종순(從順)의 상징인 민중을 풀에 비유하는 것은 세계적 경향인데, 여기 Grass-roots도 서민, 민중을 비유한다. 민중(民衆)의 의사를 직접적으로 반영하고, 민중의 지지를 받는 대중적 민주주의가 '풀뿌리민주주의'다. 이를 위해서는 시민운동이 직접 정치에 관여한다. 이러한 민주주의 정착을 위해서는 우리도 적잖이 고난의 투쟁을 해 온 바 있다.

끝으로 덧붙일 것은 같은 한자문화권이라 하나 중국어에서는 우리와 달리 '풀(草)'이 위의 보기에도 나타나듯 '짚'을 의미하는가 하면, 가축의 '암컷'을 의미하기도 한다는 것이다. '草鷄(암탉) 草騾(암노새), 草驢(암당나귀), 草馬(암말)'가 그것이다. 이에 대해 수놈은 '公' 자를 말머리에 붙여 나타낸다. 公牛(수소), 公鷄(수탉), 公猫(수고양이)가 그것이다.

매품도 못 판 흥부

품

미국발(美國發) 경제위기를 맞아 경제 사정이 말이 아니고, 기업들은 도산까지 하고 있다. 일손이 모자라 안달을 해야 할 판에 공장은 할 일이 없어 쉬어야 한다 하니, 참으로 딱한 일이다.

어떤 일을 하는 데 필요한 인력을 '품'이라 한다. '품이 많이 든다', '품을 산다'와 같이 쓰이는 것이 그것이다. 국어사전을 보면 '품'은 '어떤 일에 드는 힘이나 수고'라 풀이하고 있다. 한중사전은 '품'을 '工, 工夫', 곧 일과 일손이라 했고, 한일사전은 '데마(手間), 로료쿠(勞力)', 곧 수고와 노력(勞力)이라 보았다. '품'은 이렇게 노력과 고공(雇工), 일손을 나타내는 말이다. 그러나 이것만으로는 '품'의 설명이 미흡하다. 우리의 '품'은 농경사회의 산물로, 이는 주고받는 것을 전제로 한다. 이를 대변하는 말이 '품앗이'다.

'품앗이'는 힘든 일을 서로 거들어가면서, 품을 지고 갚고 하는 것이다. 품을 진다(負)는 것은 남의 품을 받는 것이고, 품을 갚는

383

다는 것은 받은 남의 품을 갚는다는 말이다. 품을 갚는 것은 '품갚음'이라 한다. '품앗이'는 이렇게 상부상조(相扶相助)하는 것이다. '품앗이'가 주고받는 것이라 함은 '품앗이가락, 품앗이굿, 품앗이반'이란 말이 잘 보여 준다. '품앗이가락'이란 경상남도 삼천포(三千浦) 등지의 농악에서 상쇠와 부쇠가 주고받고 하며 치는 가락을 가리킨다. '품앗이굿'도 농악 가운데 하나인데, 이는 상쇠가 치면 그대로 부쇠가 치는 가락을 말한다. '품앗이반'은 지난날 농촌에서 품앗이로 서로 거들어 주기 위하여 짰던 반(班)이다. 그러면 여기서 '품앗이'가 주고받는 것임을 나타내는 색다른 예를 하나 보기로 한다. 예는 홍명희의 『林巨正』에 보이는 것이다.

"품앗이해 줄라우?" 밑도 끝도 없는 말을 물으니, 황천왕동이는
무슨 말인지 몰라서 "무어야?" 하고 되물었다. "내 죽게 된다면
같이 죽는다고 할 테냐 말이야."

이는 품앗이 그것도 죽음의 품앗이를 말하고 있는 것이다.

그러면 '품'에는 어떤 것이 있는가? '고지자리품, 길품, 다리품, 매품, 바느질품, 빨래품'과 같은 것이 있다. '고지자리품'은 고지 품삯을 받고 농사를 지어 주는 일을 말한다. '고지'란 논 한 마지기에 대하여 일정한 값을 정하고, 모내기에서부터 마지막 김매기까지 일을 해 주고 미리 삯을 받아서 쓰는 것이다. 말하자면 일

종의 노임(勞賃) 선불(先佛)이다. 고지는 '고지품'이라고도 한다.

'길품'과 '다리품'은 유의어다. 이들은 남이 갈 길을 대신 가고 삯을 받는 것이다. 최남선의 『고본춘향전』을 보면 한 아이가 이도령에게 보내는 춘향의 편지를 가지고 한양엘 올라간다. 이 아이가 바로 '길품', 또는 '다리품'을 팔고 있는 것이다. 그러기에 도령이 그 편지를 나를 달라고 하였더니, 그 아이는 "그리면 반삯 받은 것은 어찌하란 말이오?"라 하는 것을 보여 준다. 이 아이도 노임 반을 선불로 받고 있다.

'매품'은 지난날 삯을 받고 남의 매를 대신 맞던 것을 말한다. 『흥부전』을 보면 흥부도 매품을 팔았다. 마냥 굶고 있는 처자식을 두고 볼 수 없어, 30냥을 받기로 하고 무고(誣告)를 당한 김 부자를 대신하여 매를 맞기로 한 것이다. 그러나 재수 없는 놈은 뒤로 자빠져도 코가 깨진다고 국가에 경사가 있어 죄인을 방송(放送)하게 되어 감영(監營)에 갔다가 매도 맞지 못하고 귀가했다. 이 과정에서 흥부의 아내가 자탄을 하는데, 여기에 "원수의 가난으로 하늘같은 우리 가장 매품 말이 웬 일인고?"라고 '매품'이란 말이 쓰이고 있다. '바느질품', '빨래품'은 각각 바느질과 빨래를 해주고 품삯을 받는 것이다. 침모(針母)요, 표모(漂母) 노릇을 하고 삯을 받는 것이다.

품을 파는 방법도 몇 가지가 있다. '날품, 달품, 반품, 온품'이 그것이다, '날품'은 날삯(日當)을 받고 일을 하는 것이고, '달품'은 한 달에 얼마씩의 품삯을 받기로 하고 품을 파는 것이다. '온품'은 날품을 팔되 온 하루의 품을 파는 것이고, '반품'은 하루품의 절반, 곧 반공(半工)을 하는 것이다.

품을 파는 사람은 여러 가지로 일러진다. '품꾼, 품팔이, 품팔이꾼'은 품팔이 하는 사람의 통칭이다. 한자말로는 고공(雇工), 고역(雇役)이라 한다. '날품팔이, 날품팔이꾼'은 일정한 직업이 없이 하루하루 벌어서 살아가는, 일용 근로자를 가리키는 말이다.

이 밖에 '품'과 관계가 있는 말로 '품갈이, 품값, 품돈, 품밥, 품버리다, 품삯, 품셈' 같은 것이 있다. '품갈이'는 '고용'을 의미하는 '품'에, 경작을 의미하는 '갈이'가 합성된 말로, 고용되어 밭을 가는 것을 의미한다. 이는 한자어로 용경(傭耕)이라 한다. '품값, 품돈, 품삯'은 품팔이에 대한 삯, 고임·노임을 의미한다. '품밥'은 품을 파는 사람에게 먹이는 밥이다.

고용(雇用)에는 품밥을 제공하는 경우와 그렇지 않은 경우가 있다. 이기영의 「민촌」에는 다음과 같은 용례가 보인다.

남의 장리를 얻어서 농사를 진 사람으로는 이원의 몇 갑절이 더 들었을 것인데, 이러한 품밥이 든 생각은 하지 않고 장사하는 놈들이 제 맘대로 쌀값을 올렸다 내렸다 하는 것은 불공평한 일이다.

여기 쓰인 '품밭'은 비유적 표현이다. '품버리다'는 '품(雇工)을 버린다(捨)'는 구조의 말로, 일해야 할 시간을 다른 일에 쓰는 것을 말한다. '한 시가 급한데 공연히 다른 일로 품버릴 필요가 없습니다.'라고 할 때의 '품버릴'이 이러한 용례다. '품셈'은 품이 드는 수효와 값을 계산하는 일을 의미한다. '품셈'을 정확하게 잘해야 일의 차질이 생기지 않는다. 이는 개인적인 일이나 국가대사가 다 마찬가지다. 세계 경제위기도 이 '품셈'이 제대로 되지 않아 닥친 인재(人災)라 할 것이다.

• • •

피는 물보다 진하다

피(血)

부부는 돌아누우면 남이라 한다. 그러나 부자지간(父子之間)은 그렇지가 않다. 설령 불구대천(不俱戴天)의 원수가 된다 해도 인연은 끊어지지 않는다. 그러면 부모나 자식, 형제보다 가까워 촌수가 없다는 부부인데, 부부는 왜 그런 것일까? 그것은 피가 통하지 않았기 때문이다. 달리 말하면 피를 나누지 않았기 때문이다. 이런 것이 바로 "피는 물보다 진하다"는 뜻일 것이다. "피는 물보다 진하다"는 속담은 "Blood is thicker than water."와 같이 영어권에도 보이고 일본어권에도 보인다.

'피(血)'는 혈관을 돌며 산소와 영양분을 공급하고, 노폐물을 운반하는 붉은 색의 액체다. 우리말의 피는 ① 혈액, ② 혈통, 핏줄, ③ 혈기의 뜻을 나타낸다. 이에 대해 영어 Blood는 ① 피, 혈액 ② 체액, 수액 ③ 유혈, 살인죄, 희생, ④ 순혈(純血), ⑤ 혈기, ⑥ 혈기 왕성한 사람, 멋있는 젊은이, 한량 등의 의미를 지니는 것으로 본다. 영어의 Blood는 '체액, 수액, 살인죄, 희생' 등 우리와 다른 의미 영역도 지닌다. 중국어 '血(xue)'의 경우도 우리와 다른 몇 가지 의미를 나타낸다. '월경, 돈(金錢), 외곬이고 정의감이 강하다'의 의미를 나타내는 것이 그것이다. '袋裏沒有血的窮光蛋'은 낭중무일푼(囊中無一分)의 빈털터리를 의미해 '피(血)'가 돈을 나타내는 예이고, '熱血靑年'의 '피(血)'는 외곬으로 정의감이 강한 것을 의미한다. 이러한 용례는 우리말 '피'에는 없는 것이다.

『춘향전』의 이 도령은 의리 있는 청년이기는 하나, '열혈청년(熱血靑年)'은 아니다. 그는 오히려 차가운 사람이라 할 것이다. 李 어사는 옥에 갇힌 목불인견(目不忍見)의 춘향을 보고도 '暗行御史 出頭'를 하지 않고, 뜸을 드린다. 변 사또의 생일잔치에 참석하고, 한가롭게 시를 짓기도 했다. 그 시는 이러하다.

금준미주(金樽美酒)는 천인혈(千人血이)요,
옥반가효(玉盤佳肴)는 만성고(萬姓膏)라.
촉루낙시(燭淚落時)엔 민루락(民淚落)이요,
가성고처(歌聲高處)엔 원성고(怨聲高)라.
술독의 향기로운 술은 천 사람의 피요, 상 위의 좋은 술안주는 만 배성의 기름이다.
촛농이 떨어질 때 백성의 눈물이 떨어지고, 노래 소리 높은 곳엔 백성의 원성이 높다.

이 시는 백성의 고혈(膏血)을 갈취해 연락(宴樂)을 하고 있는 변사또를 질책한 것이다. '고혈'이란 물론 사람의 기름과 피다. 그런데 이는 흔히 '고혈을 짜다', '고혈을 빨다'와 같이 쓰여, 가혹하게 착취하거나 징수하는 것을 의미한다. 그리고 이때의 '피'는 비유적으로 몹시 고생하여 얻은 이익이나 재산을 가리킨다.

'피'는 이렇게 정도가 심한 것을 비유적으로 나타낸다. '피눈물, 피땀, 피멍, 피맺히다, 피비리다' 같은 것이 이러한 예다. '피눈물'은 혈누(血淚)로, 몹시 슬프고 분하여 나는 눈물이다. '피땀'은 혈한(血汗)으로, 무엇을 이루기 위해 애쓰는 노력과 정성에 비유된다. '피땀 흘려 이룩한 재산'과 같은 것이 이런 용례다. '피멍'은 '피가 진 멍울'이 본래의 의미이나, 씻기지 않을 만큼 억울하거나 원통한 일을 비유적으로 나타내기도 한다. '피맺히다'는 가슴에 피가 맺힐 정도로 한이 사무친다는 말이다. '피비리다'는 물론 선지피에서 나는 냄새 같은 것을 가리킨다. 그러나 이는 전쟁이나 살상 따위로 매우 살벌한 상태를 비유적으로 나타낸다. 이런 냄새는 '피비린내'라 한다. 한자어로는 혈성(血腥)이라 한다. '피비린내'의 용례는 이문열의 『사람의 아들』에도 보인다.

이곳저곳에서 반란과 폭동이 일어나고, 지키려는 자와 무너뜨리려는 자 사이에 피비린내 나는 싸움이 벌어졌다.

'피바람, 핏덩어리'도 정도가 심한 것을 비유적으로 나타내는 말이라 하겠다. '피바람'은 수많은 사람을 죽이는 참극을 비유적으로 이른다. 혈풍혈우(血風血雨)의 '혈풍'이 이에 해당한다. 옛날 정변이 일어나게 되면 이러한 '피바람'은 흔히 부는 것이었다. 수양(首陽)이 왕위를 빼앗기 위한 계유정난(癸酉靖難)이 그러했고, 연산군(燕山君)의 어머니 윤씨 복위(復位)문제로 연산군이 일으킨 갑자사화(甲子士禍)가 그러했다. '핏덩어리'는 혈괴(血塊)를 의미하는 외에 '갓난아이'를 비유적으로 이르는 말이다. 아직 살이 굳지 않은 핏덩이란 뜻이다.

이 밖에 혈액과 직접 관계되는 것으로 조금 생소한 말에 '핏골집'이 있다. 이는 푸줏간 같은 집을 가리키는 말이 아니라, 음식을 가리키는 말이다. 돼지의 창자에 피를 섞어서 삶아 만든 음식이다. 한자어로는 혈장탕(血臟湯)이라 한다. '피똥, 피오줌'도 혈액과 관계되는 말이다. 이들은 각각 혈변(血便), 혈뇨(血尿)를 가리키는 말로 신체적 이상현상을 보여 주는 것이다. 한 시조에는 '피똥'의 재미있는 용례를 보여 준다. 사람 같지도 않은, 변변찮은 아들 하나 두고 예쁜 며느리를 타박하는 시집 식구들을 원망한 며느리의 시조다. 여기에도 혈연의 문제가 가로놓여 있다.

시어머님 며늘아기 나빠 壁바닥을 치지 마소
빚에 쳐 온 며느린가, 값에 받은 며느린가, 밤나무 썩은 등걸에

회초리 난 이같이 앙살피신 시아버지, 볕 뵌 쇠똥같이 되종고신
시어머니, 三年 결은 노망태기에 새 송곳 부리같이 뾰족하신 시
누이님, 唐피 갈은 겉에 돌피 난 이같이, 샛노란 외꽃같이 피똥
누는 아들 하나 두고

　건 밭에 메꽃 같은 며느리를 어디를 나빠하시오?

　지난날 며느리에게 시가(媤家) 식구는 확실히 우군(友軍)이 아니라
대부분이 적군(敵軍)이었다.

더도 덜도 말고 한가위만 같아라

한가위

우리 속담에 "더도 덜도 말고 늘 한가윗날만 같아라" 하는 것이 있다. 이는 매일 매일이 한가윗날만 같았으면 좋겠다는 말이다. 그것은 추석에는 오곡백과(五穀百果)가 풍성하고, 이날은 많은 음식을 장만하여 잘 먹고, 즐거운 놀이를 하며 놀게 되므로 늘이날만 같았으면 더 바랄 것이 없겠다는 것이다. 배불리 먹지 못하고, 일에 시달린 이 나라 민중의 소박한 소망을 대변하고 있는 것이라 하겠다.

'한가위'란 추석을 이르는 말이다. 『동국세시기』에 의하면 이 '한가위'를 '가배(嘉俳)'라 하였다. 『동국세시기』에는 추석에 대해 다음과 같이 기록하고 있다.

(8월) 15일을 우리나라 풍속에서 秋夕 또는 嘉俳라 한다. 新羅
風俗에서 비롯되었다. 시골 농촌에서는 일년 중 가장 중요한 名節

393

로 삼는다. 새 곡식이 이미 익고, 秋收가 멀지 않았기 때문이다.
이날 사람들은 닭고기, 막걸리 등을 모든 이웃들과 함께 실컷 먹
고 취하여 즐긴다.

'가배'는 신라시대에 '추석'을 이르던 말이다. 그런데 이 말은
한자로 표기되긴 하였으나, 순수한 고유어이다. 이는 '가운데',
'중간'을 이르던 말로, '보름'을 의미했던 것이다.

'嘉俳'란 '가배'로, 그 형태를 분석하면 '갑-애'가 되는 말이다.
여기 '갑'은 '중간이다, 반이다'란 뜻을 나타내는 형용사 '갑다'의
어간이며, '애'는 명사를 만들어 주는 접미사이다. 이러한 추정은
『월인석보』 가운데 '깊 가온디 쉬우믈 爲ᄒᆞ야 두 涅槃올 니르니
라'의 '가온디' 등을 통해 가능하다. '가온디'는 '가운데'를 뜻하는
말로 '가온'은 '갑다'의 관형사형이며, '디'는 장소를 나타내는 명
사이기 때문이다. 그리고 이것이 '가온대>가운데'가 된다.

오늘날 '되·말·자의 수를 셀 때 그 단위의 약 반에 해당한
분량이 더 있음을 나타내는 말'인 '가웃'도 이러한 해석을 하는
데 도움을 준다. 이는 '갑다'의 어간 '갑'에 접사 '-옷'이 연결되
어 '가봇>가옷>가옷>가웃'으로 변한 말이기 때문이다. '한되 가
웃, 두 자 가웃'과 같이 쓰이는 것이 그것이다. '한가위'는 '가위'
에 '크다(大)'의 뜻을 나타내는 말, '하다'의 관형사형 '한'이 붙은
것이다. '큰 보름'이 '한가위'로, 8월 보름을 특히 '큰 보름'으로

본 것이다. 이러한 발상은 '한-보름'이란 말에도 그대로 나타난다. '한보름'은 민속에서 큰 보름이란 뜻으로, 오늘날도 음력 정월대보름을 명절로 이르는 말이다. '정월대보름'의 '대보름'은 이 '한가위'의 '한'을 한자 '대(大)'로 바꾼 것이다. 설날의 옛말인 '한-첫날'도 같은 발상의 말이라 할 수 있다. 이는 정월 초하루가 어느 초하루보다 '큰 초하루', 곧 '큰-첫날'일 것이기 때문이다.

'한가위'의 '한'은 오늘날에도 접두사로 쓰인다. 이는 세 가지 다른 뜻을 지니는 것으로 본다.

첫째, '큰'의 뜻을 더하는 접사로 쓰인다. '한걱정, 한고비, 한글, 한길, 한댁, 한동안, 한바다, 한사리, 한숨, 한시름'과 같은 것이 그것이다. '한걱정'은 '큰 걱정', '한고비'는 '큰 고비', 더 나아가 '어떤 과정에서 가장 중요하거나 어려운 때'를 뜻한다. 우리 글자의 이름인 '한글'도 '큰 글'이 본래의 뜻이겠다. '한길'은 물론 사람이나 차가 다니는 넓은 길을 뜻한다. 한자어 '행로(行路)'에 해당한 말이다. '한댁'은 '큰 집'이나, 건물이 아닌, '살림살이의 규모가 매우 큰 집'을 가리키는 말이다. '한동안'은 '꽤 오랫동안'을 의미하는 말이고, '한바다'는 '매우 깊고 넓은 바다'를 뜻하는 말이다. '한사리'는 '큰사리', 또는 '대사리'라고도 하는 것으로, 음력 보름과 그믐 무렵에 밀물이 가장 높은 때를 이르는 말이다. 이는 한자어로 대조(大潮), 대고조(大高潮), 대기(大起)라 하듯 '큰 사리'를 뜻한다. '한숨'은 '큰 숨', 나아가 근심이나 서러움이 있을

때 길게 몰아쉬는 숨, 대식(大息), 또는 태식(太息)을 이른다. 영어에
서는 이를 sigh라 하여 유연성(有緣性)을 지니지 아니한 단일어로
표현하고 있다. '한시름'은 문자 그대로 '큰 시름'을 뜻한다. '한
다리, 한박, 한새, 한쇼, 한할머님' 같은 말은 이 유형에 속할 옛
말이다. '한다리'는 '넓적다리'를, '한박'은 '큰 박'으로 오늘날의
'함박'을 가리키는 말이다. '한새', '한쇼'는 '황새', '황소'로 변한
말이다. 이들은 모두 '黃'이 아닌, '큰 새', '큰 소'를 뜻하던 말이
다. '한할머니'는 '큰 할머니', 곧 증조할머니를 뜻하는 우리의 옛
말이다. 그리고 여기 덧붙일 것은 요사이의 유행어 '한미모(美貌)한
다'의 '한'과 같은 것도 이 유형에 속한다고 할 것이다.

둘째, '정확한' 또는 '한창인'의 뜻을 더하는 접사로 쓰인다.
'한가운데, 한가을, 한겨울, 한낮, 한더위, 한물, 한밤, 한밤중, 한
복판, 한봄, 한여름, 한잠, 한중간, 한추위, 한허리' 같은 말이 이
유형에 속할 말이다. 이 가운데 '한가운데, 한낮, 한밤, 한밤중,
한복판, 한중간, 한허리'는 보다 '정확한, 정확히'와 가까운 뜻의
말이다. '한허리'는 황진이의 시조에도 쓰인 말이다.

冬至ㅅ 달 기나긴 밤을 한허리를 버혀내어
春風 니불 아래 서리서리 너헛다가
어론님 오신 날 밤이여든 구뷔구뷔 펴리라.

여기 쓰인 '한허리'란 '허리의 한가운데'를 뜻하는 말이다. 이에 대해 '한가을, 한겨울, 한더위, 한물, 한봄, 한여름, 한잠, 한추위' 같은 말은 보다 '한창인'의 뜻을 나타내는 말이다. 이 가운데 '한물'은 '채소나 과일 어물 따위가 한창 수확되거나 쏟아져 나올 때'를 이르는 말이고, '한잠'은 '아주 깊이 든 잠'을 뜻하는 말이다.

셋째, '같은'의 뜻을 더하는 접사로 쓰인다. 이는 '하나(一)'란 뜻에서 '같다(同)'의 뜻으로 바뀐 것이라 할 수 있다. 따라서 사전에서 같은 접사로 취급하고 있으나, 본래는 형태적으로 다른 말이라 하겠다. 이러한 것에는 '한날, 한대중, 한동갑, 한동기(同氣), 한동네, 한때, 한마을, 한목소리, 한배, 한사람, 한시(一時), 한집, 한집안, 한통속, 한패' 같은 말이 있다. "한날한시에 난 손가락도 길고 짧은 것이 있다"는 속담의 '한날한시'도 같은 것이다. 이러한 발상의 변화는 우리 국어의 한 특질이 아닌가 생각된다.

흙내를 맡은 싱싱한 나무처럼……

흙1

　근자에 '토문강(土門江)'이 다시 매스컴에 등장하였다. 숙종 38년 (1712년)에 세운 정계비(定界碑)에 나타나는 '토문(土門)'은 우리나라와 중국의 국경과 관련된 예민한 문제의 강이다. 정계비(定界碑)에는 "西爲鴨綠(서위압록) 東爲土門(동위토문)"이라 하여 서쪽은 압록강, 동쪽은 토문강을 경계로 한다고 하였다. 그런데 이 '토문'을 두고 중국과 한국이 입장을 달리한다. 그 동안 중국 측에서는 '토문'을 '두만강'의 이사(異寫)라 하고, 한국 측에서는 문자 그대로 '토문강' 이라 하여 의견 대립을 보여 왔다.

　'토문강'은 송화강(松花江)의 지류로, 문자 그대로 거대한 흙문(土門)을 이루고 있으며, 두만강과는 달리 북쪽으로 흐르는 강이다. 이 흙문은 작은 그랜드 캐니언이다. 중국은 지층이 황토로 된 곳이 많기 때문에 이러한 흙벽은 도처에서 볼 수 있다.

　'흙'은 인간의 근본이다. 그러기에 흔히 사람은 흙에서 나서 흙으로 돌아간다고 한다. 『구약성서』에서는 아담을 흙으로 빚어 생기를 코에 불어넣은 것으로 되어 있다. 사실 '아담'은 히브리어로, 사람이란 뜻이며, 흙과 같은 어원을 지니는 말이기도 하다. 이런 의미에서 우리말의 '흙내'라는 말과 관련된 관용어는 재미있다. '흙내를 맡다'라는 말은 옮겨 심은 식물이 새 땅에서 뿌리를 내려 생기가 나는 것을 의미한다. 흙이 생명의 고향임을 암시한다. 새해 들어 우리 겨레들 모두가 흙내를 맡은 싱싱한 나무처럼 잘 정착하여 생기가 넘치는 안정된 삶을 누렸으면 좋겠다. 이와는 달리 '흙내가 고소하다'라는 말은 죽고 싶은 생각이 남을 비유적으로 이른다. 흙의 냄새가 향기롭고, 흙이 친근하게 느껴진다는 것으로, 곧 생명의 고향인 흙에 묻히고 싶다는 말이다.

'흙'은 땅이요, 농토로서 양식을 공급해 주는 터전이다. 먹을 것이 없어 토문강과 두만강 사이의 간도(間島)로 떠난, 가난한 우리 동포들은 실은 이 농토를 찾아 떠난 것이었다. 목구멍이 포도청이었기 때문이다. 그래서 넓은 땅을 보고 마냥 기쁘기만 했다. '흙'은 그러기에 '농사'와 관련된 합성어가 여럿 있다. '흙거름, 흙구이, 흙깔기, 흙넣기, 흙덮기, 흙들이다, 흙밥, 흙비료, 흙주접, 흙태우기, 흙펴기, 몸흙' 같은 것이 이런 말들이다. '흙거름'은 '흙비료'와 같은 말로, 흙에 두엄 소석회(消石灰) 따위를 섞어 만든 비료다. 삼포(蔘圃)에서 거름을 섞은 흙은 따로 '몸흙'이라 한다. '흙거름'을 '토비(土肥)'라고는 하지 않는다. 이는 또 구운흙이나 썩은 흙 따위를 거름으로 쓰는 것을 이르기도 한다. '흙구이'는 소토(燒土)로 토양 소독법(消毒法)의 하나다. 이는 논밭의 겉흙을 긁어모아 그 위에 마른 풀이나 나뭇조각을 놓고 태우거나, 철판 위에 흙을 펴 놓고 불을 때어 살균하는 소독법이다. '구운흙, 흙태우기'라고 도 한다.

'흙깔기'는 '흙펴기'와 동의어로 부토(敷土)를, '흙넣기'는 보리 따위의 포기 사이에 흙을 뿌려 넣는 일, 토입(土入)을 가리킨다. 한 가지 농작물만 연이어 지어서 땅이 메마르는 현상은 '흙주접'이 라 한다. 주접이 든 땅이나 지력(地力)이 낮은 논밭을 개량하기 위 해서는 다른 곳의 좋은 흙을 파다 섞게 된다. 이를 '흙들이기'라 한다. 말하자면 땅에 수혈을 하는 것이다. 한자어 객사(客土)가 이 것이다. 객토는 방언으로 '흙갈이'라고도 한다. 구재기의 시(詩) 「흙갈이」가 그것이다. '흙밥'은 경작(耕作)의 한 과정에서 나타나는 현상으로, 가래, 괭이, 호미 따위로 한번에 떠서 올리는 흙을 가 리킨다. 떠 올려진 흙을 가래나 괭이 호미 따위가 먹은 밥으로 본 것이다. 쟁기나 극쟁이 따위에 갈려서 양쪽으로 넘어가는 흙 도 '흙밥'이라 한다.

'흙'은 이런 농업 아닌, 주거생활(住居生活)과도 밀접한 관련을 갖 는다. 전통적 우리 가옥은 초가삼간(草家三間)의 흙집이다. 재료가 나무와 흙인가 하면, 집을 꾸밀 때도 흙이 동원되었다. 그래서 건 축 관계 용어에는 이 '흙'이라는 말이 많이 쓰인다. '흙시멘트, 매흙, 모래흙, 질흙, 홍두깨흙'은 재료로서의 이름이다. 이 가운데, '흙시멘트'는 근대 문화를 반영하는 용어다. 시멘트에 흙과 물을 섞어 만든 것으로, 길바닥이나 수로 공사 따위에 쓰인다. '매흙' 은 초벽(初壁) 재벽(再壁)이 끝난 다음 벽 거죽에 바르는 보드라운 잿빛의 흙이다. 이런 매흙을 바르는 일은 '매흙질'이라 한다. 최명희의 소설『혼불』에는 이 '매흙'과 '매흙질'의 용례가 보인다.

초벌 재벌 단단히 황토를 바른 부뚜막에, 마무리로 거죽을 곱게 먹여 바르는 매흙을 몇 번이고 입혀서 계란같이 매끄럽게 매흙질하는 것도 큰 일거리였다.

'모래흙'은 물론 모래가 많이 섞인 흙이다. 이는 보통 80% 이상의 모래가 섞인 것을 말한다. '질흙'은 빛깔이 붉고 차진 흙이거나, 질척질척하게 짓이겨진 흙이다. '홍두깨흙'은 기와를 이을 때 수키와가 붙어 있도록 그 밑에 괴는, 반죽한 흙을 가리킨다. 이는 홍두깨처럼 가늘고 길게 이겨져서 붙여진 이름으로, 우리 문화의 한 특성을 드러내 준다.

'흙기둥, 흙다짐바닥, 흙담집, 흙마루, 흙방, 흙벽, 흙벽돌, 흙벽돌집, 흙섬돌, 흙성, 흙집, 흙창'은 건축물과 관련된 말들이다. '흙다짐바닥'은 흙이나, 흙과 회를 섞어 반죽하여 다진 바닥이며, '흙담집'은 토담만 쌓아 그 위에 지붕을 덮은 집이다. '흙마루'는 토방(土房)과 같은 말로, 방에 들어가는 문 앞에 좀 높이 편평하게 다진 흙바닥이다. '흙마루'라는 말은 여기에 쪽마루를 놓기도 하여 붙여진 이름이겠다. '흙방'은 토방과 달리 방바닥과 벽에 장판을 바르거나 도배를 하지 않아 흙이 드러나 있는 초라한 방이다. 그러기에 박경리의 『토지』에는 "마구간 같은 흙방에서 다리를 뻗게 되니 소, 돼지 신세하고 뭐가 다를까?"와 같은 용례가 보인다. '흙섬돌, 흙성, 흙집'은 돌로 된 석계(石階), 석성(石城), 석조가옥(石造家屋)과 달리 흙이 재료가 되었음을 일러 주는 말이다. '흙창(窓)'은 좀 색다른 말이다. 이는 창살의 안팎에 종이를 발라 방을 컴컴하게 만든 창을 이른다.

홍 생원네 흙질하듯

흙2

소설가 이무영은 「흙에 눈에」에서 다음과 같이 쓰고 있다.

발을 들여 놀 때마다 아래 종아리에 흙과 물이 튈 때의 감촉,
띄엄띄엄 소가 발을 드놀 때마다 철벅거리는 물소리. 흙에서 나서
흙을 만지며 늙은 이 농부에게는 논과 밭을 가는 사람의 팔자는
그대로 신선이었다. 이런 농부에게 있어서는 흙- 땅은 그대로 희
망이었고 기쁨이었다. 그것은 그대로 종교였다.

세상이 많이도 변하였다. 흙과 땅은 오늘날 농민들에게 희망도
기쁨도 아닌 모양이다. 그래서 우리의 농민들은 외국에까지 원정
(遠征)을 가서 데모를 하고 있다. '농부'의 팔자가 신선과는 큰 거
리가 있는 것이다. 농민들이 <태평가(太平歌)>를 읊는 날이 돌아와
야 하겠다.

앞에서 농업과 건축에 관련된 '흙' 관계 어휘들을 살펴보았다. 이번에는 앞에서 미처 다루지 못한 건축 관계 용어들을 좀 더 살펴보고, 이어서 예술 관계 어휘들을 살펴보기로 한다.

우리말에는 '흙일', 곧 토역(土役)과 관련된 말이 많다. '흙다짐, 흙도배, 흙막이, 흙벽치기, 흙손질, 흙질, 매흙질' 같은 것이 그것이다. '흙다짐'이란 건축용어로 땅바닥을 단단하게 하기 위하여 흙을 눌러 다지는 일이다. 근자에는 지구가 곳곳에서 요동을 치고 있다. 우리나라도 지진(地震)의 안전지대가 아니라고 한다. 그래서 그런지 요사이는 '흙다짐'을 부지런히 하고 있는 것 같다. '흙도배'란 벽 따위에 벽지를 발라 도배하거나 회칠하는 것이 아니라, 흙으로 도배하는 것을 말한다. 보드라운 잿빛의 흙을 바르는 '매흙질'은 '흙도배'의 일종이다. '매흙질'은 줄여 '맥질'이라고 하는데, 이는 무엇을 많이 바른다는 의미로 쓰이기도 한다. 여인의 짙은 화장을 보고 '분으로 맥질을 했다'고 하는 것이 그것이다.

'흙막이'는 흙을 팔 때나 높은 땅이 무너지는 것을 막기 위하여 통나무, 널말뚝, 철근 따위로 설치하는 구조물을 말한다. 이는 우리가 빌딩을 짓기 위해서 땅을 파거나, 지하철 공사를 하기 위해 땅을 팔 때 흔히 목격하는 것이다. '흙벽치기'란 '이토(泥土)질'이다. 흙으로 벽을 치는 것이다. 석벽이나 철벽이 아닌 토벽, 진흙으로 벽을 만드는 것이다. 몽촌토성(夢村土城)의 성벽은 이 '흙벽치기'의 옛 모습을 우리에게 보여 준다. '흙손질'은 흙으로 바르고 나서 흙손으로 반반하게 마무리하는 것이다. 흙손질을 함으로 벽이나 방바닥의 불균형이 매끈하게 다듬어진다. '흙질'은 흙을 묽게 이기거나 물에 풀어 바르는 일이다. 이런 일을 하는 것은 '흙질하다'라 한다.

우리 속담의 "홍 생원네 흙질하듯"의 '흙질하듯'이 그것이다. 농촌에서는 해마다 집에 흙물을 바르는 '흙질'을 하는데, 매우 정성스럽게 하였다. 그런데 洪가 성을 가진 이는 그 흙질을 매우 소홀히 하였다. 그래서 흙질을 할 때 무성의하게 하는 것을 "홍 생원네 흙질하듯"이라 하게 되었고, 이는 나아가 무슨 일이나 성의 없이 함부로 하는 것을 비유적으로 이르게 되었다. 우리는 작은 나라이면서 수출 강대국이 됐다. 그러나 끝마무리, 끝손질을 잘 하지 못한다는 말을 곧잘 듣는다. "홍 생원네 흙질하듯" 하는 일이 사라져야 이런 비판을 면하게 될 것이다.

'흙일'을 할 때 사용하는 기구를 나타내는 말도 여러 가지가 있다. '흙손, 흙받기, 흙손끌, 흙체'가 그것이다. '흙손'은 흙일을 할 때 이긴 흙이나 시멘트 따위를 떠서 바르고, 그 표면을 반반하게 하는 연장이다. 이는 '흙칼'이라고 할 정도로 칼 모양의 납작한 평면의 쇠붙이가 붙어 있어 이것으로 바르고, 표면을 반반하게 고르게 된다. 이에 대해 '흙받기'는 흙손질할 때 이긴 흙이나 시멘트를 받쳐 드는 연장이다. 이는 네모난 널조각으로 되어 있으며, 널조각 한복판의 밑에 받쳐 드는 손잡이가 달려 있다.

'흙손끌'은 흙손과 비슷한 모양의 것으로, 홈통의 바닥이나 벽돌 사이를 바르는데 쓰는 연장이다. '흙체'는 흙을 곱게 거르는 데 쓰는 체(篩)다.

예술과 관계되는 말은 '흙공예, 진흙상'이 그 대표적인 것이다. '흙공예'는 물론 흙을 재료로 하는 공예이고, '진흙상(像)'은 진흙으로 만든 인형을 말한다. '진흙상'은 예전에 장사지낼 때 부장하던 물품의 하나로, 사람의 형상을 한 것이다. 토우(土偶), 토용(土俑)이 그것이다. 진시왕릉(秦始皇陵)의 무수한 무사의 토용은 세계인의 경탄을 사고 있다. 이 밖에 예술 관계 용어로는 '흙가래, 흙가루먹임, 흙구슬, 흙부처, 흙북, 흙테' 같은 것이 있다. '흙가래'는 도자기를 만들 때 쓰는, 가래떡처럼 만든 흙덩이이고, '흙가루먹임'은 칠을 하려고 흙가루를 물에 풀어 나뭇결에 바르는 것이다. '흙구슬'은 흙으로 만든 작은 구슬이다. 이는 신석기 시대와 청동기 시대의 유물로 신라시대의 무덤에서 출토된 바 있다. 이의 용도는 아직 알려져 있지 않다. '흙부처'는 이불(泥佛)이고, '흙북'은 토고(土鼓)이다. '흙테'는 도자기를 만드는 데 쓰기 위하여 흙덩이로 만든 테두리다. 이는 일종의 주형(鑄型)인 셈이다.

이 밖에 '흙' 관계 용어로 주목되는 것에 '흙받기줌, 흙뒤, 흙빛, 흙냄새 나다'가 있다. '흙받기줌'은 궁술(弓術)과 관계되는 말이다. 이는 활을 당길 때 손회목을 뒤로 젖혀 등힘이 고르게 뻗지 못하고 몸의 균형이 깨어져 화살이 제 길로 가지 못하는 자세를 뜻한다. '줌'은 손으로 쥐는 활의 한가운데 부분으로, '줌통'을 줄인 말이다. '흙뒤'는 발뒤축의 위쪽에 있는 근육이다. '흙빛'은 물론 토색(土色)을 의미한다. 그런데 이는 흔히 어둡고 경직된 표정이나 얼굴빛을 비유적으로 이른다. 심훈의 『상록수』에 "그 말을 듣는 청년들의 얼굴빛은 금세 흙빛으로 변하였다."고 한 '흙빛'이 그것이다. 이는 사색(死色)의 의미까지 지닌다. 일본어의 '쓰치케이로(土氣色)'도 마찬가지다. '흙냄새 나다'는 '쓰치구사이(土臭い)'와 차이가 난다. 우리말은 '농촌에서 나서 자란 사람으로서의 품격과 체취가 느껴지다'란 긍정적 의미를 나타내는 데 비해, 일본어는 '촌스럽다, 세련되지 못하다'라는 부정적 의미를 지닌다. 같은 말도 민족과 문화에 따라 차이가 난다.

흥정도 부조다
흥정

엄마는 여러 가게에서 흥정을 하다가는 값이 안 맞아 그만 두
곤 했다.

박완서의 소설 『그 많던 싱아는 누가 다 먹었을까?』의 한 구절
이다. 여기 보이는 '흥정'은 어떤 물건을 사고팔기 위해 품질이나
가격 등을 의논하는 것을 의미한다. 요사이는 대부분의 상점이
정찰제를 실시하여 이런 협상의 기회가 거의 사라졌지만 지난날
에는 언제나 이런 흥정을 통해 매매가 이루어졌다. 그래서 흥정
하는 사람에 따라 가격에 차이가 났고, 이로 말미암아 희비극이
곧잘 벌어지기도 했다.
'흥정'은 이렇게 물건을 사고팔기 위해 품질이나 가격을 의논
하는 것을 의미한다. 그러나 이는 부차적인 의미 확장으로, 주가
되는 본래의 의미는 '물건을 사고파는 일', '매매'이었다. 그것은

우리의 고어 '흥정바지, 흥정바치, 흥정와치, 흥정아치'가 모두 장사치, 매매인을 의미하였던 것을 보아 알 수 있다.

- 흥정바지 舍衛國으로 가리 잇더니 『釋譜詳節』
- 내 흥정바치 아니라도 『老乞大諺解』
- 네 빅셩 도의리 네 가지니 냥반과 녀름지으리와 공쟝와치와 흥정와치라(古之爲民者四士農工商是也) 『正俗諺解』
- 흥정아치 賣買人 『韓淸文鑑』

그런데 오늘날은 '흥정'이 '매매'의 뜻으로는 잘 쓰이지 않고, '가격의 협상'이란 부차적 의미로 주로 쓰인다. 그리고 더 나아가 '정치적 흥정'과 같이 어떤 문제의 형세를 자기에게 유리하게 하기 위해 상대방에게 수작을 하는 것을 의미한다.

'흥정'에는 여러 가지가 있다. '낱흥정, 단거리흥정, 도흥정, 드림흥정, 맞흥정, 모개흥정, 싼흥정, 억매흥정, 절박흥정, 푼내기흥정' 따위가 그것이다.

'낱흥정'은 도거리로 흥정하지 않고, 낱개로 값을 매겨 흥정하는 것이다. 산매(散賣)에 해당된다. 이의 대가 되는 것이 '모개흥정'이다. 이는 낱개 아닌 모개로 흥정하는 것이다. '도흥정'은 '모개흥정'의 유의어로, 물건을 모개로 값을 정해 팔고 사는 것을 의미한다. 도매(都賣)에 해당된다. 도매는 산매(散賣)의 대가 되는 말로,

도매의 '都'는 '모두, 전부'를 의미하는 말이다. 도매는 한어로는 'pifa(批發)'라 하고, 일어로는 'orosiuri(御賣)'라 한다. '단거리흥정'은 좀 색다른 말이다. 이는 뱃사공이 터주(地神)를 위하는 데 쓰려고, 납으로 조그맣게 만든 다리미, 가위, 인두 따위를 사는 일을 말한다. '드림흥정'은 물건을 사고 팔 때 여러 번에 나누어 값을 치르기로 한 흥정이다. 요즘 말로 하면 일시불 아닌 할부로 매매하는 것이다.

'맞흥정'은 중간에 사람이 끼지 않고, 팔고 사는 사람이 직접 흥정하는 것이고, '싼흥정'은 싼 값으로 사고파는 것이다. '억매흥정'은 부당한 값에 억지로 팔거나 사려고 하는 흥정이다. '억매'는 억매(抑買) 또는 억매(抑賣)를 의미하는 것으로 볼 수 있다. 이러한 흥정은 권력기관에서 물건을 매입할 때 종종 자행하던 것이다. 예를 들면 독재정권 하에서 강제로 토지를 수용(收用)해 헐값을 지불한 경우 같은 것이 그것이다.

'절박흥정'이란 융통성이 없는 빡빡한 흥정이다. 이런 흥정에서는 계약 단계에 몇 푼 더 깎자거니, 더 달라거니 하여 다 된 흥정이 깨지는 것을 볼 수 있다. '푼내기흥정'은 푼돈으로 셈하는 잔 흥정이다. 여기 쓰인 '푼'은 '푼돈'의 푼으로, 화폐의 작은 단위 '푼문(分文)'의 '分' 및 '푼(分錢)'의 '分'이다. 한 푼은 돈 한 닢을 말한다. 거지가 '돈 한 푼 적선하십시오' 하는 '한 푼'도 마찬가지다.

다음에는 '흥정'과 관련된 몇 개의 단어 '흥정거리, 흥정꾼, 흥정되다, 흥정하다, 흥정판, 흥정즈름'을 보기로 한다.

'흥정거리'는 물론 흥정하는 물건이나 대상이다. '흥정꾼'은 물건을 사고파는 사람 사이에 끼어 매매가 이루어지도록 주선하는 사람이다. 우리 옛말에서는 이를 '흥정즈름'이라 하였는데, 이는 '매매 거간(居間)'이란 말이다. '즈름'은 오늘날의 '주릅'으로 '거간'을 의미하는 말이다. '거간'은 흥정을 붙여주고 보수를 받는 것을 직업으로 하는 사람이다. 이는 특히 우마시장(牛馬市場) 같은 데서 쉽게 볼 수 있다. 이들은 소 임자와 소를 사려는 사람의 중간에 끼어 가격을 조정해 매매가 이루어지도록 하고 구문(口文)을 받는다. 이들을 영어로는 브로커(broker)라 한다. 팔고 사는 사람 사이에 끼어 매매 등을 거간하여 주는 것은 '주릅들다'라 한다.

'흥정되다, 흥정하다'는 '흥정'의 용언으로 각각 능피동을 나타내는 말이다. '흥정판'은 흥정을 하는 자리다. 흥정판은 가격을 두고 밀고 당기는 자리여서 재미가 있다. 이때 사려는 사람이 하는 말은 좀 더 밑져 달라는 것이고, 에누리 없는 장사가 어디 있느냐는 것이다. 그런데 현대사회에서는 앞에서도 언급한 바와 같이 대부분 정찰제를 실시하고 있기 때문에 이 흥정을 하고 에누리 하는 재미를 거의 맛볼 수 없게 되었다.

"흥정도 부조다"나 "흥정은 붙이고 싸움은 말리랬다"는 '흥정'이 활용된 속담이다. "흥정도 부조다"는 흥정을 잘 해 주면 파는 사람이나, 사는 사람 모두에게 좋은 일을 한 것이니 그들에게 부조(扶助)한 것과 같다는 말이다. "흥정은 붙이고 싸움은 말리랬다"는 좋은 일은 도와주고, 궂은일은 말리라는 말이다. 인생의 잠언(箴言)이다.

'흥정'은 매매란 한자어에 밀려 주의(主意)를 거의 상실하고 말았다. '협상'이란 부의(副意)만이 건재하다. '흥정'은 하나의 커뮤니케이션 수단으로, 이는 잘만 운용하면 경제적 실리를 챙기게 하고, 인생의 활성화도 꾀하게 할 것이다. 이를 오늘날은 브로커가 한다.

힘은 근육의 작용이다

힘

이 세상에는 많은 사물이 있다. 이 많은 사물의 이름을 어떻게 붙였을까? 구상적(具象的) 사물은 형상(形狀)이나 성질(性質) 따위를 활용해 이름을 붙인다. 그러나 추상적인 것은 그럴 수가 없다. 추상적(抽象的) 사물은 그 이름을 붙이기가 상대적으로 힘이 든다. 그래서 이들은 흔히 비유하여 나타낸다. '추상적 사실'과 관련이 있는 구체적 사물의 이름을 빌어 나타내는 것도 이러한 것의 하나다.

체력이나 동력 따위를 의미하는 '힘'이란 것도 추상적 사물에 속하는 것이다. 그렇다면 우리의 '힘(力)'이란 말은 어떻게 명명된 것일까? '힘'이란 말은 '힘爲筋'이라고 15세기의 『훈민정음』해례본에 보이는 것처럼 본래 '근육' 혹은 '힘줄'을 의미하는 말이었다. 『훈몽자회』의 '힘 근(筋)'도 마찬가지다. '힘(力)'이란 근육의 작용이다. 따라서 우리는 '근육'을 의미하는 말로 '힘(力)'을 대신 나타낸 것이다. 이는 추상적 사실과 관련이 있는 구체적 사물의 이름을 빈 것이다. 이들의 용례를 15세기 문헌에서 보면 다음과 같다.

호지(護持)ᄒᆞᆫ논 히ᄆᆞ로(힘으로) 신통(神通)올 일워 『석보상절』

ᄌᆞᆺ본(가쁜) 히믈(힘을) 쉬우노라(息勞筋) 『두시언해』

'힘'이 근육을 의미한다 함은 오늘날 우리가 즐겨 먹는 '안심', '등심'이란 말에서도 엿볼 수 있다. 이 말은 '안힘', '등힘'이란 말이 변한 것이다. 곧 '갈비 안쪽의 근육', '등골에 붙은 근육'이기에 '안-힘', '등-힘'이라 하던 것인데, 이 '힘'이 '심'으로 바뀌며 '안심', '등심'이 된 것이다. '쇠심/소심', '쇠심떠깨/소심떠깨', '쇠심회/소심회', '떡심'도 같은 것이다. 이때의 '심'은 대체로 '힘줄'을 의미하고 있다. '쇠심'이나 '소심'은 '소의 힘줄'을, '쇠심떠깨', '소심떠깨', '심떠깨'는 '힘줄이 섞여 질긴 쇠고기'를 의미한다. '쇠심회', 또는 '소심회'는 '소의 등심 속에 있는 쇠심떠깨의 힘줄로 만든 회'를 의미한다. 이는 얇게 가로 썰어서 초고추장에 찍어 먹는다. '떡심'은 '억세고 질긴 근육'을 의미하는 말이다. 이는 검질긴 사람을 비유적으로 이르는 말이기도 하다.

'힘'은 이렇게 본래 '근육(筋肉)'을 의미하던 말이었다. 그러나 지금은 이 말이 이러한 뜻의 말이란 것을 거의 알지 못하게 되었다. '힘줄', '심줄'이나 '쇠심', '소심'에서 겨우 '근육의 기초가 되는 희고 질긴 살의 줄'을 떠올릴 수 있을 뿐이다.

김정한(金廷漢)의 「사하촌(寺下村)」에는 '떡심 풀리다'란 관용어가 쓰인 것을 보여준다.

여기저기 탱고리 수염 같은 벼 포기가 벌써 빨갛게 모깃불감이 되고, 마을 앞 정자나무 밑에는 떡심 풀린 농부들의 보람 없는 걱정만이 늘어갈 뿐이었다.

일본어에서는 '힘'을 '지카라'라 하는데 이를 '스지카라(筋幹)'가 변한 말이라고 보는 설이 있다. 이는 믿기 어려우나 만약 그렇게 볼 수 있다면 이는 우리와 발상이 비슷한 것이다. 영어의 'Power' 는 '되다, 능력이 있다'를 뜻하는 말에서 나온 말로 우리와 차이를 보인다. 중국어 '리(力)'자는 손의 근육이 부풀고 심줄이 솟은 모양을 상형해 우리와 근본적으로 발상을 같이 한다.

'힘'이 '근육' 아닌 근력, 동력 등의 '힘(力)'을 나타내는 말은 여러 가지가 있다. '간힘, 굳은힘, 내밀힘, 등힘, 안간힘, 입힘, 제힘, 죽을힘, 헛힘' 등이 그것이다. '간힘'은 숨쉬는 것을 억지로 참으면서 고통을 이겨내려고 애쓰는 힘을 뜻한다. '간힘을 쓰다, 간힘을 주다'는 이의 관용어이다. 그러나 이 말은 별로 쓰이지 않는다. 유의어 '안-간힘'이란 말을 많이 쓴다. 이는 '어떤 일을 이루기 위해 몹시 애쓰는 힘' 또는 '고통이나 울화 따위를 참으려고 숨쉬는 것도 참으면서 애쓰는 힘'을 뜻한다. '굳은힘'은 모질게 쓰는 힘을, '내밀힘'은 밖이나 앞으로 밀고 나아가는 힘, 또는 자기의 의지나 주장을 굽힘없이 자신 있게 내세우는 힘을 뜻한다. '추진력'이 이에 상당한 말이다.

'등힘'은 체육 용어로, 활을 잡은 손등으로부터 어깨까지 고르게 뻗는 힘을 뜻한다. '입힘', '헛힘'은 '입심', '헛심'의 원말이나, 변한 말이 오히려 세력을 지닌 말이다. '입심'은 '기운차게 쉼 없이 말하는 힘'을 뜻한다. 채만식의 「치숙」에는 "이 애가 시방 입심 겨룸을 하재나!"와 같은 용례가 보인다. '헛심'은 보람 없이 쓰는 힘, 공력(空力)을 뜻한다. '쓸데없는 일에 헛심을 쓰면 너만 손해다'가 그 용례다. 이들 '입심'이나, '헛심'에 해당한 일어나 영어의 단어는 보이지 않는다. '제힘'은 물론 자기의 힘이고, '죽을힘'은 죽기를 각오하고 쓰는 힘, 곧 사력(死力)을 뜻하는 말이다. 현진건의 『적도』에는 "그는 물결을 따라 내려가지 않고 죽을힘을 써 가며 물결을 거슬러 올라가고 있었다."란 용례가 보인다.

이와는 달리 '힘'이 변한 '심'이 '힘(力)'을 나타내는 말도 여럿 있다. '고갯심, 다릿심, 당길심, 뒷심, 뚝심, 뱃심, 좆심, 주먹심, 팔심, 허릿심' 따위가 그것이다. 이들은 오늘날 원말 '힘'과 결합된 합성어는 보여 주지 않는다. '고갯심'은 '고개의 힘'을 뜻한다. "아기가 고개를 드는 것을 보니 제법 고갯심이 생겼나 보다." 이렇게 쓰인다. '다릿심'은 다리의 힘, 각력(脚力)을 뜻하는 말이고, '당길심'은 자기편으로 끌어당기려는 욕심을 뜻하는 말이다. '뒷

416

심'은 남이 뒤에서 도와주는 힘, 또는 끝판에 가서 회복하는 힘을 뜻하는 말이다. 채만식의 『태평천하』에는 "그렇게 뒷심을 보실 테거들랑 돈을 애끼지 말구서, 우선 오늘 저녁부텀이라두 척 돈을 좀 몇십환 듬뿍 쓰세야죠."가 보이는데, 이는 앞의 뜻으로 쓰인 것이다. '뚝심'은 굳세게 버티어 내는 힘을 뜻하는 말이고, '뱃심'은 염치없이 고집대로 욕심만 부리며 버티는 힘을 뜻한다. '배짱'과 비슷한 뜻의 말이다. '좆심'은 비속한 말로, 사내의 성교하는 힘을 이르는 말이다. 요사이 광고를 보면 이 능력을 강화한다는 것이 많이도 보인다. '주먹심'은 주먹으로 때리거나 쥐는 힘, 또는 남을 억누르는 힘을 의미한다. 알리는 왕년에 바로 이 '주먹심'의 왕자였다. '팔심'은 '완력(腕力)'이고, '허릿심'은 허리의 힘을 뜻하는 말이다. 씨름과 깊은 관계를 가질 말이다.

세상을 살아가자면 무엇보다 힘이 있어야 한다. 힘은 육체적 힘부터 길러야 한다. '힘爲筋'이라고 힘은 근육에서 나온다. 건강한 정신은 건강한 육체에 있다(Sound mind in a sound body)고 정신적 건강, 곧 힘은 육체에서 나오게 마련이다. 우리 모두 근육(筋肉)을 단련할진저.

어휘 색인

ㅁ